EUGÈNE GRASSET

(Ouvrage posthume)

JOSEPH DE MAISTRE

SA VIE ET SON ŒUVRE

AVEC UNE PRÉFACE DE M. FRANÇOIS DESCOSTES

CHAMBÉRY

ANDRÉ PERRIN, LIBRAIRE-ÉDITEUR

6, RUE DE BOIGNE, 6

1901

JOSEPH DE MAISTRE

SA VIE ET SON ŒUVRE

Eugène GRASSET

(*Ouvrage posthume*)

JOSEPH DE MAISTRE

SA VIE ET SON ŒUVRE

Avec une Préface de M. François Descostes

CHAMBÉRY

André PERRIN, Libraire-Éditeur

6, RUE DE BOIGNE, 6

1901

A M. Cl. BOUVIER

Mon cher Ami,

Vous avez eu la délicate pensée de me demander quelques lignes d'introduction au beau livre de notre pauvre ami Grasset. C'est un honneur dont je sens, croyez-le bien, tout le prix. Je voudrais pouvoir vous dire que j'éprouve à l'accepter une satisfaction sans mélange ; mais, en parcourant ce manuscrit auquel la mort a attaché son funèbre signet, je me souviens, hélas ! que c'est là une œuvre d'outre-tombe...

Oui, nous le savons bien, vous et moi, celui qui a écrit ces pages revit là-haut dans cet autre monde auquel il croyait avec la même foi, aveugle et raisonnée tout ensemble, que notre grand de Maistre ; mais nous n'aurons plus ici-bas le bonheur de le revoir, de l'entendre et de passer auprès de lui une seule de ces heures que sa verve et son érudition savaient rendre à la fois si agréables et si utiles... Et devant cette inexorable réalité, mon cœur se serre, ma plume hésite et, en dépit de la marche du temps, dans ce cabinet de travail d'où je vous écris, en face de cette photographie (1) appendue parmi les chers souvenirs du passé qui me servent de compagnons et d'entourage, je revis le chagrin poignant que nous éprouvâmes tous, vous vous en souvenez, lorsque, le 30 avril 1896, on vint nous annoncer que Grasset venait de rendre son âme à Dieu.

Je veux pourtant vous remercier, au nom de sa mémoire, au nom de ses amis et je suis certain de pouvoir ajouter au nom des siens, qui ne me désavoueront pas, de la touchante inspiration que vous avez eue d'éditer cette œuvre ; et, puisque vous me chargez de la présenter au public d'élite auquel elle est destinée, je ne pourrais mieux remplir mon mandat qu'en essayant de retracer en tête du livre la physionomie de l'auteur, cette figure de sensitive si vive, si mobile, si impressionnable, si parlante, sur laquelle on lisait la brise qui passe, le soleil qui égaie, le soir qui assombrit : figure charmante, aimable, sympathique jusque dans ses brusques variations, ses indignations généreuses, ses sautes de vent·vite apaisées, parce que cet enfant du Midi, devenu un fils adoptif de nos Alpes, cumulait en quelque sorte les qualités et les vertus de deux races.

(1) Je la tiens du fidèle Grimal, l'ancien premier clerc de Grasset, qui le soigna avec tant de dévouement durant sa dernière maladie.

Chez lui aussi, « le bon sens savoyard et la froide pénétration s'alliaient à l'impétuosité méridionale (1). » Le Midi lui avait donné la flamme, l'enthousiasme, l'imagination créatrice, les nobles ardeurs, le verbe abondant, la plume féconde et colorée, ce que Joseph de Maistre appelait si bien pour lui-même le « soufre de Provence ». De nos Alpes il semblait avoir reçu la pondération, la maturité et l'indépendance de l'esprit, le sens exact des hommes et des choses, le besoin d'investigation et de critique, l'amour du travail méthodique, le culte des affections et des joies du foyer.

Eugène Grasset appartenait par ses origines à l'une des familles les plus honorables et les plus distinguées du département de l'Hérault : famille de vieille bourgeoisie, unie, vraiment patriarcale, qui compte dans ses rangs des illustrations non seulement régionales, mais nationales. Ce n'est pas trop dire. Le docteur Grasset, l'éminent professeur de clinique médicale à l'Université de Montpellier, — dont notre ami était si justement fier d'être le frère, — a une réputation plus qu'européenne et ses découvertes sur les maladies du système nerveux et le traitement qu'elles comportent en ont fait un des plus grands spécialistes de notre époque, un des maîtres incontestés de la science française.

Peu d'années après notre annexion de 1860,

_____

(1) Voir plus loin, à la page 30 du livre.

M. Grasset père, qui exerçait de hautes fonctions dans l'administration des douanes, fut appelé au poste de Chambéry. Eugène Grasset, né le 19 mai 1854 à Montpellier, avait alors dix ans. Son adolescence et sa première jeunesse se passèrent donc en Savoie. Le Lycée de Chambéry le compta au nombre de ses plus brillants élèves. Etudiant en droit de la Faculté de Grenoble, il y fit de fortes études juridiques qu'il couronna, en 1878, par l'obtention du diplôme de docteur en droit.

Rentré à Chambéry, il se fit inscrire au barreau. Son ambition eût été de prendre place dans les rangs de la magistrature de son pays : il lui eût fait honneur par sa science juridique, ses rares aptitudes, l'élévation de son caractère et la dignité de sa vie. Déjà il était attaché au parquet lorsque des exigences de parti inquiétèrent son indépendance. « Sans barguigner », suivant le mot de Joseph de Maistre, il sacrifia l'avenir de ses rêves.

Et pourtant ses débuts à la barre avaient révélé un orateur de talent, nerveux, précis, à la dialectique puissante, à la parole chaude, vibrante et acérée. Plusieurs de ses plaidoiries, l'une entr'autres qu'il prononça dans un de ces procès de presse, si nombreux à cette époque, peuvent être citées comme des modèles. Certes, il lui en coûta, — je me rappelle encore les larmes que je lui vis verser ce jour-là, — d'enlever du vestiaire sa robe à l'épitoge ornée de trois rangs d'hermine. Il était si bien là dans son milieu, dans son élément naturel ! Son besoin de combattivité y trouvait un aliment ; mais la raison parla plus haut que les goûts et les préférences.

Même avec son talent, il lui aurait fallu attendre, marquer le pas comme tant d'autres ; or, il lui tardait d'entrer en carrière. Son mariage avec celle qui est devenue l'admirable compagne de sa vie, la mère de sa superbe famille et l'ange consolateur de sa longue agonie, lui imposait des devoirs. L'étude de Me François Revuz, le distingué et regretté avoué à la Cour d'appel, docteur en droit comme lui, devint vacante, en 1881, par la mort prématurée du titulaire. Grasset posa sa candidature à un héritage de probité et de délicatesse professionnelle que, mieux que tout autre, il était apte à recueillir ; il fut agréé et il continua dignement, durant quinze années, les traditions de son prédécesseur.

Ce que fut notre ami au Palais, dans le monde des affaires, dans l'intimité de son charmant intérieur, sous les ombrages de ce cottage des Charmettes qu'il a tant aimé, nous le savons tous, nous, ses aînés ou ses contemporains. Mon confrère et ami, Jacques Bourgeois, le rappelait le 2 mai 1896, au bord de sa tombe, en des termes que je m'en voudrais de ne pas reproduire ici :

« Combien dans ses limites étroites la vie de cet homme a été pleine d'actions, de pensées, d'affections ! Quelle chaleur d'âme s'y est répandue en tout sens ! Quelle générosité ! Quelle ardeur loyale et bienfaisante !

« On se plaint à cette heure de ce que la plupart des hommes sont atteints de cette faiblesse qu'on nomme l'indifférence. Certes, Grasset ne fut pas un indifférent. Net dans ses principes, il fut résolu dans ses actes ; et il eut même le rare privilège d'allier la modération dans les idées avec une énergie de vouloir qui touchait à la passion. Il aimait fortement, il repoussait de même ; sans rancune toutefois, toujours empressé à réparer les erreurs que sa vivacité avait pu lui faire commettre.

« C'est que nul plus que lui, peut-être, ne sentit le prix de la vie, de cette force que la Providence met quelques heures entre nos mains, non pour la laisser perdre, mais pour en tirer un profit sublime » (1).

Ce que fut Grasset à Chambéry, sa « seconde ville natale », comme il l'appelait ; son infatigable dévouement pour les œuvres artistiques, scientifiques et littéraires ; la vigoureuse impulsion que sa présidence imprima au Cercle choral ; son admiration sans bornes pour cette terre, devenue son foyer d'adoption ; son amour pour la Savoie qui n'était dominé que par son amour pour la France : nous qui l'avons connu, nous le savons aussi et, avec nous, toute cette population généreuse et bonne, dont les sympathies, avisées et prudentes, ne vont qu'à ceux qui les méritent. Or, elle ne les a pas marchandées à celui que nous appelions, quand nous voulions le faire partir en guerre, le « Savoyard du Midi ! »

(1) *Courrier des Alpes* du 9 mai 1896.

Mais il est une particularité de cette belle existence que bien peu ont connue, même parmi ses intimes, et qui me vaut la consolation et le privilège d'être qualifié pour écrire cette préface, sorte de communion des vivants et des morts.

Eugène Grasset était un catholique ardent et en même temps un patriote passionnément épris de la grandeur de la France. Sur ce dernier chapitre, il n'entendait pas la plaisanterie et les petites tendances particularistes, inévitables dans un pays récemment annexé et d'ailleurs absolument compatibles avec le loyalisme le plus pur, trouvaient en lui un généreux et intransigeant adversaire. « Qui n'a surpris sur son visage une douloureuse susceptibilité lorsque l'histoire nous obligeait entre l'une et l'autre patrie à des distinctions qui n'atteignent en rien l'unité de notre amour? (1) »

Or, Grasset, catholique et français, philosophe et lettré, érudit et écrivain, se passionna, lui aussi, pour le grand homme qui a inspiré tant de passions d'outre-tombe. Grasset admirait et vénérait en lui à la fois l'apôtre des vérités éternelles, l'avocat de la Providence et « le grand ami de la France » ; aussi Joseph de Maistre devint-il l'auteur favori, le compagnon inséparable, l'inspirateur, le guide, je dirai presque, si je ne craignais de me servir d'un mot irrévérencieux, le *fétiche* de notre ami.

Sur les rayons de sa bibliothèque, une place

(1) Jacques BOURGEOIS. — *Eloge funèbre d'Eugène Grasset.*

d'honneur était réservée à l'édition complète pu-
bliée par Vitte et Perrussel et à tous les ouvrages
connus que le philosophe des *Soirées* avait ins-
pirés, sans distinction de tendances et d'origine:
de Margerie y coudoyait Albert Blanc et Cogordan
y précédait M. de Lescure. Moi-même, j'y voisi-
nais avec M. Paulhan. Mais, le plus souvent, la
belle ordonnance du « rayon sacré » était boule-
versée par les emprunts quotidiens que lui faisait
la fiévreuse activité du disciple. Il n'était pas
rare de trouver un volume des œuvres philosophiques ou de la célèbre correspondance frater-
nisant sur la table de l'officier ministériel avec
un Dalloz ou un Sirey, et d'y voir des notes épar-
ses, réflexions, citations ou références bibliogra-
phiques, égarées dans un dossier poudreux à
travers les actes de procédure, les placets ou les
copies de jugement.

Tous les loisirs que lui laissaient les travaux
absorbants de sa profession, la plupart de ses
soirées, ce qu'il appelait, en sa langue spirituelle
et originale, ses « intervalles lucides », Grasset
les employait à lire, à étudier, à disséquer, à
savourer, à distiller de Maistre. Nul peut-être ne
s'est mieux imprégné de sa substance, de son
esprit ; et nul n'était mieux préparé à en extraire
le corps de doctrine, les idées dominantes, les
principes essentiels et à les vulgariser dans un
précis sobre, sincère et d'une exactitude « adéquate », parmi ceux que pourrait effrayer l'aspect
de prime abord rébarbatif et presque terrifiant
de celui que, dans un certain monde, on est

convenu de regarder comme l'apologiste de la guerre et du bourreau.

Eugène Grasset, avec la fougue et l'ardeur de sa nature, s'était passionné pour ce travail auquel il espérait justement attacher son nom, mais dont hélas ! la mort ne lui a permis de recueillir l'honneur et le bénéfice.

Moi-même, au même temps, réalisant un rêve de ma première jeunesse, j'avais entrepris d'écrire celle de Joseph de Maistre. Arrière petit-fils du sénateur de Juge, qui était son allié et qui fut son collègue et son ami (1); ancien étudiant de l'Université de Nancy, au lendemain de l'annexion, ayant suivi, le crayon à la main, les magistrales conférences que nous donnait alors (2)

(1) J'ai publié dans mon *Joseph de Maistre avant la Révolution* quelques-unes des lettres que lui adressa le grand homme. Celui-ci vécut assez pour protéger les débuts des deux fils de son ami : Auguste de Juge, sénateur au Sénat, puis conseiller à la Cour d'appel de Chambéry, ancien président de l'Académie de Savoie (1797-1863), — et Anne-François de Juge, conseiller d'Etat du royaume de Sardaigne, grand-officier des Saints Maurice et Lazare (1799-1857). « Docteur en droit à vingt ans, le chevalier de Juge se décida à embrasser la carrière administrative, dans laquelle il entra sous les auspices de son parent, le comte Joseph de Maistre, alors chancelier du royaume. Ce grand personnage, une de nos gloires nationales, l'accueillit avec toute la tendresse d'un père et tout le dévouement d'un vieil et intime ami de sa famille. Au mois d'avril 1820, M. de Juge fut reçu comme volontaire au ministère des finances par le chef de ce département, M. le marquis de Brignole, à qui M. de Maistre l'avait particulièrement recommandé. » — Eloi DESCOSTES, *Notice nécrologique sur M. le chevalier Anne-François de Juge*, Chambéry, Puthod, 1857.

(2) De 1864 à 1867, alors que l'éminent doyen de la Faculté catholique de Lille était professeur de littérature à la Faculté des lettres de Nancy.

M. Amédée de Margerie sur la « nouvelle gloire nationale que la Savoie avait apportée à la France »; devenu plus tard, par suite d'heureux événements de famille, possesseur des manuscrits, des archives et de la correspondance du chevalier Roze, le voisin frondeur du substitut au *bureau* de *l'avocat-fiscal général* (1), j'étais né et j'avais grandi dans l'ambiance de Joseph de Maistre.

Nos deux passions, à Grasset et à moi, s'étaient rencontrées, ayant le même objet, la mienne anssi ardente que la sienne, bien qu'ayant sur celle-ci la préséance des années. Nulle jalousie pourtant ne s'élevait et ne pouvait s'élever entre elles. Grasset avait l'âme trop haute, trop inaccessible aux passions mesquines, qui sont le propre des petits esprits, pour en concevoir le moindre ombrage. Les termes touchants et l'insistance même avec lesquels nous l'entendrons parler de mes modestes essais prouvent assez de quel cœur il savait applaudir à tout ce qui, de près ou de loin, pouvait contribuer à la glorification de notre héros.

Bref, nous étions dans la situation de deux sculpteurs, amis de cœur et camarades d'atelier, qui ont pris pour modèle la même figure ; par une convention de notre franche et loyale amitié, nous nous étions attribué, dans le champ immense que comporte l'étude d'un pareil génie, à chacun

(1) Etat du *bureau* (parquet) de *l'avocat-fiscal général* (procureur général) au Sénat de Savoie dès le 22 juin 1766 — ... 22 mars 1787. M. le commandeur Curti. *Maistre*, De la Palme, *Roze*, Rolf, Viallet, *De Juge*, De Cevin, Tiollier. (*Archives de la maison Roze.*)

un aspect et une tâche différente. Grasset me laissa l'homme; il prit pour lui l'écrivain et son œuvre.

De l'homme inconnu j'ai révélé les origines, la formation intellectuelle et morale, l'enfance, la jeunesse et les premières années de l'âge mûr. Pour ses historiens antérieurs, de Maistre ne commençait guère qu'au départ de Lausanne, à l'heure où, après avoir écrit ses *Considérations sur la France*, il s'apprête à prendre son vol vers Saint-Pétersbourg. J'ai pu éclairer de quelques rayons nouveaux cette première période, me bornant, fidèle à mon rôle de mémorialiste, à replacer l'homme dans le milieu social et familier où il se ceignit les reins pour la lutte, où il fourbit ses armes, où, par une lente incubation, il prépara ses chefs-d'œuvre.

Eugène Grasset, lui, avait entrepris une tâche à la fois plus haute et plus vaste ; elle n'était pas pour effrayer son esprit philosophique friand de controverses, enclin à la recherche des problèmes religieux et sociaux et apte à les résoudre, grâce à une forte éducation classique complétée par des études spéculatives approfondies.

Négligeant ce que je pourrais appeler les petits côtés du portrait et l'intimité du personnage, il s'était résolument attaqué à l'homme public, au grand serviteur, au grand diplomate, au grand écrivain, à celui qu'on a qualifié avec un grain d'ironie le « prophète du passé » et qui, sur bien des points, sans pouvoir prétendre à l'infaillibilité, a été et restera peut-être le prophète de l'avenir.

Et c'est précisément ce qui constitue l'un des aspects nouveaux, hardis, originaux de l'œuvre à laquelle Grasset a consacré les dix dernières années de sa vie. Ayant pu contempler, en sa pleine floraison, le regain de gloire de Joseph de Maistre, le voyant mêlé à toutes nos polémiques, invoqué dans toutes les controverses de quelque importance religieuse et sociale, admiré par les adversaires mêmes de ses doctrines, invoqué comme un arbitre, cité comme un recueil de formules lapidaires, fournissant aux débats contemporains l'image qui frappe, le mot qui porte, l'ordre du jour qui résume, la solution qui illumine, — son disciple, penché sur l'œuvre immortelle du maître, a eu parfois la curiosité et la respectueuse indiscrétion de l'interroger et de se demander ce qu'il nous répondrait si, sortant du tombeau, il avait à juger la Révolution continuée, à cent ans de distance.

Certes, oui, la tentative est hardie et, de tous les « morts qui parlent », le comte de Maistre serait peut-être le plus intéressant à évoquer. Que nous dirait-il? Comment jugerait-il les hommes et les choses? De quel œil contemplerait-il le spectacle auquel nous assistons? Qu'augurerait-il de cette lutte désespérée, mais vieille comme le monde, entre le bien et le mal, l'idéal et la matière, la vertu et le vice, la foi et la négation, Dieu et l'athéisme? Que penserait-il de ce grand pays de France, qu'il aimait d'un si profond amour, dont il déplorait les écarts, dans lequel il flétrissait et combattait le jacobinisme, mais dont il proclamait la magistrature, la suprématie et l'intégrité comme nécessaires au bonheur de l'humanité? Que dirait l'auteur du *Pape* en voyant sur le trône de Pierre l'Auguste Vieillard qui, dans sa faiblesse, est plus fort que toutes les puissances humaines réunies et qui, au-dessus des nationalités et des frontières, élève la croix et proclame l'Evangile comme les éternelles et les seules vraies solutions de la question sociale et, après avoir rendu à César ce qui appartient à César, réclame que l'on laisse à Dieu ce qui appartient à Dieu, à la créature humaine ce que Dieu lui-même ne lui a pas ôté : la liberté ?

Troublants et délicats problèmes ! Il est plus facile de les poser que de les résoudre ; mais, sans prendre parti dans ces controverses de haute envolée que, seuls, sont capables d'aborder les esprits d'élite préparés à cette épreuve par un labeur de bénédictin, nous pouvons tout au moins savoir gré à notre ami de n'avoir pas craint de les provoquer avec courage, avec indépendance, dans le seul but de faire jaillir l'étincelle et de servir la cause de cette religion sainte, à laquelle il est resté fidèle durant toute sa trop courte vie et qui adoucit la rigueur impitoyable du sacrifice que les desseins impénétrables de la Providence lui ont imposé...

Ici encore, — et jusque dans ses interwiew en

apparence les plus hardis, — l'auteur a fait preuve d'un remarquable esprit critique et d'une lumineuse perspicacité. Qu'on ne dise point, après l'avoir lu, qu'il a grandi outre mesure la figure de Joseph de Maistre et qu'il lui a assigné une importance excessive. A cet égard, je parcourais, hier encore, quelques-uns des innombrables articles qui, depuis dix ans, ont paru un peu partout, dans les revues françaises et étrangères et dans les journaux de Paris, sur ce « mort qui parle » et qui reste le grand vivant du jour.

Deux m'ont spécialement frappé et prouvé, si j'en avais eu besoin, combien Grasset avait vu juste. Le premier est d'Edmond Biré, — un ami ; et de celui-ci je ne rappellerai que ce mot : « Nous n'avons pas eu de plus grand écrivain depuis Bossuet. » L'autre a été publié par le *Temps*, — un adversaire, mais un fervent admirateur du « génie » de celui qu'il appelle, lui aussi, « un grand écrivain, ayant la passion, la flamme, la puissance du verbe, créant des expressions, évoquant des images qui restent, s'emparant du lecteur, le dominant, le subjuguant... »

Or, le *Temps* n'hésite pas, tout en combattant ses doctrines, à assigner à Joseph de Maistre une influence prépondérante sur les idées de notre époque :

« Il ne me parait pas bien sûr que les historiens, lorsqu'ils verront à distance le dix-neuvième siècle français, ne songeront pas à l'appeler : le siècle de Joseph de Maistre. Et ce serait justice. Peut-être même Joseph de Maistre n'a-t-il jamais nourri, au fond de son cœur, l'espoir de voir triompher aussi complètement ses théories les plus chères. La réaction contre le dix-huitième siècle n'a pas seulement pris une ampleur et une intensité qui le réjouiraient : elle a revêtu les formes mêmes que de Maistre lui avait assignées d'avance. Combien de nos contemporains et de nos concitoyens, quelle que soit l'étiquette dont ils couvrent leurs opinions politiques ou religieuses, sont des théocrates sans le savoir ! On ne s'explique, à vrai dire, l'histoire morale de notre temps et de notre pays qu'en faisant à cette influence la part la plus large.

« C'est une vue qui échappait à nos devanciers immédiats. Les libéraux d'il y a quarante ans ne soupçonnaient pas, dans leur candeur, que le libéralisme pût subir un tel assaut. Ils le croyaient maîtres à jamais du terrain. De Maistre leur apparaissait comme un revenant du moyen âge, égaré, fourvoyé dans un temps rebelle à toutes ses suggestions. Ils l'admiraient avec un sourire un peu méprisant. Le style leur semblait très beau ; les pensées, tout à fait négligeables.

« Nous portons aujourd'hui la peine d'une longue insouciance. Il eût fallu s'émouvoir et lutter plus tôt. Mais pour lutter, pour s'émouvoir, la première condition était de comprendre. On n'a pas compris Joseph de Maistre. L'insouciance était inintelligence. Combien y a-t-il de personnes qui sachent aujourd'hui qu'au lendemain de la guerre il ait été fait des éditions nouvelles des œuvres des principaux théocrates ? Les libéraux discutaient sur un vocable ou sur un article de loi. Leurs adversaires réimprimaient de Maistre, Bonald, Haller.

« Et pourtant, je ne crois pas que les historiens de l'avenir s'arrêtent, après y avoir songé un moment, à cette formule : « Le siècle de Joseph de Maistre ». Il faudrait pour cela qu'ils fussent indifférents aux prodigieux progrès des sciences, à la portée des méthodes qui ont rendu ces progrès possibles, comme à la protestation persistante, quoique submergée, par moments, sous le tumulte des passions contraires, que les amis de la raison et du droit font entendre contre la doctrine de Joseph de Maistre (1). »

Ah ! si notre ami eût été de ce monde, avec quel orgueil et sur quel mode triomphant il eût relevé ces aveux de l'organe de la démocratie protestante ! Mais il ne lui a pas été donné de lire ces lignes si curieuses qui paraissaient au lendemain du jour où, aux applaudissements de la France entière, la Ville de Chambéry inaugurait solennellement le monument dû au ciseau d'Ernest Dubois. L'un des premiers, il avait accueilli avec son enthousiasme méridional l'idée d'élever au pied des Alpes une statue à Joseph de Maistre et à son frère Xavier, « le papillon auprès de l'aigle ». Son culte pour le grand écrivain le désignait de droit pour faire partie du

(1) Le *Temps* du 21 août 1899.

Comité d'initiative qui, sous la présidence du général Borson, a, en quatre ans, mené à bonne fin la tâche patriotique qu'il s'était imposée.

Grasset, hélas ! n'a pas pu voir le couronnement de notre œuvre commune. Quelles larmes de joie il eût versées lui, patriote jusqu'au chauvinisme, s'il eût entendu le Marquis Costa de Beauregard apporter au grand homme, au nom de l'Académie Française, ses lettres de grande naturalisation et prononcer, au pied de son image de bronze, à l'ombre du château ducal, objet de notre culte et témoin de notre glorieux passé, le mot devenu historique : « La Savoie ne repassera plus les Alpes ! »

L'auteur de *Joseph de Maistre, sa vie et son œuvre* manquait à la solennité nationale du 20 août 1899 ; mais, grâce à cette édition posthume, son souvenir restera inséparable du glorieux hommage rendu à l'écrivain des *Soirées de Saint-Pétersbourg* par ses compatriotes de Savoie ; et, sur la tombe de notre ami regretté, sur cette tombe creusée en terre savoyarde et confiée à notre amitié fidèle, nous pourrons, au prochain renouveau, aller déposer ce livre comme une couronne et comme un titre d'honneur pour la veuve qui porte son deuil et pour les enfants qui portent son nom...

François Descostes.

Chambéry, le 14 janvier 1901.

Première Partie

CHAPITRE PREMIER

Enfance de Joseph de Maistre.
Sa famille. — Son pays.

« Quand j'étais dans mon jeune
âge, on m'a fait étudier. » (Lettre
à Mme SWETCHINE, à Strelna.)

'EST « dans une maison de haute magistrature[1] » du pays de Savoie, que, près de quarante ans avant la fin du dernier siècle, le 1er avril 1753, naquit Joseph de Maistre[2]. C'est dans ce milieu calme et austère qu'il apprit à connaître la fidélité, la dignité, le respect, les mœurs simples et graves. Son enfance, passée dans l'obéissance et le travail, lui laissa une impression qui devait puissamment agir sur sa vie, déterminer le cours de sa pensée, affermir son caractère et, en quelque sorte, orienter son génie.

Longtemps les biographes ont dû, faute de renseignements précis, se taire ou glisser sur les premières années de Joseph

---

[1] *Correspondance de Joseph de Maistre.* — Lettre à M. de Marcellus, 13 mars 1820.

[2] L'acte de naissance et de baptême est déposé aux archives de la paroisse Saint-François de Sales, à Chambéry.

Maistre, et de lui on a pu dire fort justement : « Il n'existe,
il n'est quelqu'un qu'à partir de 1793, du jour où la Révolution venait l'arracher brusquement à ses paisibles
fonctions de membre du Sénat de Savoie. »

Un fort intéressant ouvrage, plein de couleur locale et
richement documenté, est venu, ces dernières années, combler cette lacune. Son auteur nous y donne « la genèse
psychologique et morale de Joseph Maistre, reconstitué par
l'étude du milieu familial et social dans lequel il a passé
plus de la moitié de son existence [1]. »

François-Xavier Maistre, père de Joseph, était, en 1753,
avocat fiscal général [2] au Sénat de Savoie. Ce magistrat, de
rare mérite et de grand caractère, donna toujours l'exemple
d'une simplicité austère et d'un opiniâtre labeur, consa-
crant tout son temps à l'étude des lois et à l'éducation de
sa nombreuse famille [3].

Le 25 août 1756, les consuls de la ville de Chambéry
lui octroyèrent solennellement des lettres de bourgeoisie [4]
« n'y aïant, disaient-elles, rien de plus satisfaisant, ni de
plus intéressant pour le corps de ville que d'avoir au

[1] FRANÇOIS DESCOSTES. — *Joseph de Maistre avant la Révolu-*
tion, t. Ier, p. 4. — Il me sera bien permis de recourir quelquefois
à ces excellentes pages dans lesquelles nous trouverons souvent
« des jaillissements imprévus apportant à l'observateur et à
l'historien des aperçus nouveaux et des compléments de clarté. »

[2] Les fonctions d'avocat fiscal général correspondaient à celles
de procureur général.

[3] En vingt-quatre ans de mariage, François-Xavier Maistre et
Madame Maistre, née Demotz, eurent quinze enfants dont dix
leur survécurent, parmi lesquels avec Joseph, Xavier, le délicieux
auteur du *Voyage autour de ma chambre*.

[4] La famille Maistre, originaire du Languedoc, se divisa, au
17e siècle, en deux branches dont l'une, celle de laquelle descend
Joseph, vint s'établir dans le comté de Nice qui, dès 1388, faisait
partie du duché de Savoie. François-Xavier Maistre, après avoir
parcouru à Nice les premières étapes de sa carrière, fut, en 1740,
appelé à Chambéry.

nombre de ses bourgeois des personnes aussi distinguées que l'est ledit seigneur avocat fiscal général, tant par son employ que par son propre mérite, capable par conséquent de rendre en toute occasion les services les plus essentiels à la Patrie [1]. »

A la mort de François-Xavier Maistre, le Sénat crut devoir annoncer au roi la perte qu'il venait de faire par un message solennel auquel le souverain répondit par un billet de condoléance, comme dans une calamité publique [2].

A côté du président Maistre [3] était le sénateur Demotz, grand-père maternel de Joseph, qui voulut consacrer à l'éducation de son petit-fils les soins les plus jaloux. Esprit fin et distingué, il éprouvait un véritable bonheur à seconder les heureuses dispositions de son élève : aussi, deux fois par jour, l'enfant était-il conduit auprès du savant magistrat qui, sous la direction des Jésuites, s'attachait à former son esprit et son caractère.

« Les enfants gâtés réussissent toujours », écrira plus tard Maistre à sa fille Constance [4]. Tel ne fut pas pourtant le genre d'éducation qu'il reçut lui-même. Il en fera l'aveu sur ses vieux jours. « Elevé dans toute la sévérité antique, abîmé, dès le berceau, dans les études sérieuses », ainsi dépeindra-t-il ses premières années.

Le souvenir pieux et ému qu'il a gardé de sa mère « cet ange à qui Dieu avait prêté un corps » nous fait d'ailleurs pressentir que, dans cette patriarcale maison, la sévérité des parents était tempérée par la plus exquise douceur :

---

[1] Fr. Descostes, *loc. cit.,* p. 49.

[2] Notice biographique de M. le comte Joseph de Maistre par son fils Rodolphe.

[3] François-Xavier Maistre, avocat fiscal général dès le 8 mars 1749, fut, le 3 décembre 1764, nommé second président au Sénat de Savoie.

[4] *Correspondance.* — Lettre à Mademoiselle Constance de Maistre ; 13 janvier 1802.

« Mon bonheur, écrit-il, était de deviner ce que ma mère désirait de moi et j'étais dans ses mains autant que la plus jeune de mes sœurs [1]. »

Tel était bien l'enfant soumis, aimant et docile qui, à l'heure marquée pour la fin d'une récréation, voyant son père paraître, laissait tomber de ses mains le volant ou la boule, objets de ses amusements.

Dans de charmantes pages, M. François Descostes dépeint, avec une délicatesse exquise et une grande fraîcheur de sentiments, la vie quotidienne de la famille Maistre.

« Tout ce monde, grands et petits, rayonne autour de ce couple admirable ; la gaieté douce de la mère tempère la gravité austère du père que Joson [2] parvient parfois à faire sourire par ses saillies imprévues et ses remarques finement aiguisées..... Ce n'est pas d'ailleurs que cet intérieur fût un cloître : la vie y était réglée comme un papier de musique de feu l'abbé Demotz, les heures d'étude et de récréation se succédaient dans un ordre inflexible. C'était une ruche où, du haut en bas, chacun avait sa tâche [3]. »

« Pas de fête qui ne soit célébrée chez les Maistre, même celle des enfants de la maison. Les fleurs de la montagne, sous les doigts de fée des jeunes filles, à chaque saint du calendrier, apportent leurs parfums et l'éloquence muette de leurs vœux symboliques. Au premier jour de l'an, les « petits » font chacun leur compliment à « papa et maman ». Les grands échangent des sonnets ou des madrigaux ; tout le monde à l'hôtel de Salins [4] est quelque peu poëte, y

---

[1] *Correspondance.*
[2] Surnom de Joseph Maistre dans l'intimité.
[3] Fr. DESCOSTES, *loc. cit.*, p. 100.
[4] C'est dans la maison de Salins, place de Lans, à Chambéry, qu'est né Joseph Maistre. (*Mémoires de l'Académie de Savoie*, séance du 18 juin 1863.)

compris Joseph et Eulalie[1] ; mais Xavier décrochera plus tard le premier prix..... Et le dimanche, toute la famille s'en va dévotement, sous la conduite du père et de la mère, assister à la messe et aux vêpres à l'église de Saint-Léger..... On vivait ainsi à la ville neuf mois durant ; puis les vacances venues, la bande joyeuse, heureuse de secouer le joug du règlement paternel, se répandait dans les terres de la famille ou dans celles des amis[2]. »

Maistre ne devait jamais perdre le souvenir de ses jeunes années. Son cœur, il l'a dit lui-même[3], est resté d'une indicible fraîcheur ; chez lui, l'esprit de famille n'a jamais varié et toutes les scènes de cette « antique vie patriarcale » sont demeurées profondément gravées en son âme. Ce sera plus tard, pour lui, à chaque jour de son existence tourmentée, une véritable obsession, tantôt douce, tantôt déchirante, et une de ses grandes jouissances consistera à se rappeler les épisodes enfantins de ses premières années.

Ses études classiques terminées, Joseph Maistre alla suivre à Turin les cours de l'Université. Là encore, il voulut demeurer soumis, quoique à distance, à l'autorité paternelle. Jamais il ne se permit la lecture d'un livre sans en avoir, de ses parents, sollicité et obtenu l'autorisation.

« Il avait aimé l'autorité avant de la comprendre[4]. »

Le 29 mai 1771, à peine âgé de dix-huit ans, Maistre soutint brillamment sa thèse de licence : l'année suivante, il fut reçu docteur en droit et revint aussitôt à Chambéry. M. François Descostes nous apprend qu'il entra, dès 1773, dans l'ordre des avocats.

---

[1] Marie-Marthe-Charlotte Maistre, née le 8 novembre 1759, en religion Sœur Eulalie, entra au couvent des Ursulines à Chambéry et mourut à Bonneville le 25 mars 1826.

[2] Fr. Descostes, *loc. cit.*, p. 101.

[3] *Correspondance.* — Lettre à Madame Nicolas Maistre ; 3-15 octobre 1814.

[4] Albert Blanc, *Mémoires et correspondance diplomatique.*

Nous devons pourtant constater que le nom de Joseph Maistre n'est point consigné aux registres du Sénat de Savoie parmi ceux des membres inscrits au barreau, durant les années 1772, 1773, 1774. Aussi n'a-t-il point été rapporté par M. Louis Pillet dans son *Histoire du Barreau de Chambéry*. Le chevalier Gaspard Roze, au contraire, contemporain et ami de Joseph Maistre, figure parmi les avocats inscrits en 1773.

Le 21 juillet 1774, un grand malheur vint frapper la famille de Joseph Maistre. Sa mère, à peine âgée de quarante-six ans, fut brusquement enlevée à l'affection des siens. Le chevalier Roze consacre à sa mémoire quelques lignes de délicat et touchant hommage :

« Cette respectable femme, la plus vertueuse peut-être de toute une ville, pieuse, dévote même sans cagoterie, sévère et sérieuse sans pruderie, retirée et sédentaire sans affectation et sans manquer à la bienséance, charitable et très charitable sans ostentation, pleine de bon sens, de cette facilité à saisir le vrai, le juste, l'honnête qui caractérise les femmes parfaites, s'était mérité l'estime la plus générale, la plus sûre, l'amitié de tous ceux qui la fréquentèrent et cette sorte de vénération qui n'est faite que pour la vertu modeste. Chacun aurait regretté une telle femme pour soi-même, mais la désolation de son intéressante et trop nombreuse famille semblait fixer les larmes et forcer les âmes sensibles à les mêler avec celles de ces pauvres enfants qui perdent une si bonne, si tendre et si vigilante mère [1]. »

Dans son remarquable ouvrage sur le *Comte Joseph de Maistre*, M. de Margerie a reproduit l'inscription composée alors par celui-ci. Mais une erreur a été commise dans la copie que nous en donne le savant professeur. Ce n'est point le 12 août, mais bien le douzième jour des calendes

---

[1] Fr. DESCOSTES, *loc. cit.*, p. 126.

d'août, c'est-à-dire le **21** juillet qu'est morte Madame de
Maistre. Je rétablis donc ici les trois lettres **KAL** dont
l'omission devait être signalée :

D. O. M. Perenni memoriæ matris amantissimæ
Liberis teneroque conjugi ereptæ
Sacrum
Obiit die XII Kal. Aug. a. mdcclxxiv œt. xlvi.
Privatæ mulieris exsequias
Publicus mœror illustravit
Proborum omnium stillaverunt lacrymæ
Tuguria pauperum gemitibus personuerę
Miserrimus filius
J. Maistre
Dolore fessus, vitæ pertæsus
Capillos olim modesti capitis
Velum non ornamentum
Hic condidit
Acerbissimi luctus non leve solatium
Vale, Mater optima, vale
Filium expectes
Diu ne expectabis [1]

« A la mémoire de la plus aimante des mères, — enlevée à ses
enfants et à un tendre époux, — ce monument est consacré [2]. —
Elle est décédée le douzième jour des calendes d'août, à l'âge de
quarante-six ans, — les funérailles de cette femme de condition
privée, — ont eu la grandeur d'un deuil public. — Les larmes de
tous les gens de bien ont coulé. — Les cabanes des pauvres ont
retenti de gémissements. — Son fils infortuné, — J. Maistre, —
accablé de douleur et las de vivre, — a déposé ici — les cheveux
de sa mère qui furent autrefois — le voile et non la parure de son
visage modeste — douce consolation pour son immense douleur.
— Adieu, mère bien-aimée, adieu? — Attends ton fils, — tu ne
l'attendras pas longtemps. »

[1] Amédée de Margerie, *Le Comte Joseph de Maistre.*
[2] « Avant que le cercueil ne se refermât sur sa mère si tendrement aimée, Joseph coupa les cheveux qui avaient été le voile de
son visage modeste et il les déposa pieusement dans un reli-
quaire sur lequel il fit graver cette inscription. » — Fr. Descostes,
loc. cit., p. 141.

Joseph Maistre fut, le 3 janvier 1775, admis par le Sénat de Savoie comme substitut surnuméraire de l'avocat fiscal général.

Le jeune magistrat dut alors songer à regarder autour de lui. L'état moral, social et politique de l'Europe et surtout la situation du Piémont et de la France, à cette époque peu banale, préoccupèrent assurément Joseph Maistre et ses deux amis, le vicomte Jean-Baptiste Salteur et le chevalier Roze. Réunis autour de la grande « table quarrée », les trois inséparables ne discutaient-ils pas de tout ?

« Philosophie, théologie, littérature, beaux-arts, sciences physiques et naturelles, on aborde tout, on ne reste étranger à rien [1], » dans ce cénacle fermé aux esprits vulgaires.

Or, en France d'abord, c'était un trouble singulier. Là, les hommes de lettres, les philosophes tenaient seuls l'autorité que les gouvernants avaient été impuissants à conserver : avec eux, on se plaisait à philosopher sur l'origine des sociétés, la nature des gouvernements et les droits primordiaux du genre humain. La noblesse de Cour, ayant perdu tout prestige et tout crédit, s'abandonnait, insouciante, au mouvement philosophique. Elle aussi aimait à disserter, trop aveuglée pour voir que, derrière les théories générales et philanthropiques, des passions se dissimulaient dont elle serait, le jour venu, la première victime. L'irréligion était alors de mode parmi les seigneurs de la Cour. On laissait aux écrivains liberté entière d'imprimer les principes les plus immoraux et les plus subversifs. Le roi lui-même, subjugué ou intimidé, demeurait impuissant : il était sans appui et sans autorité, car il avait cessé d'être l'Etat.

---

[1] Fr. Descostes, *loc. cit.*, p. 156.

Le Piémont et la Savoie offraient un remarquable contraste avec le voisin pays de France.

Charles-Emmanuel III, deuxième roi de Sardaigne [1], venait de mourir (1773) après un règne de quarante-trois ans, pendant lesquels la Maison de Savoie avait exécuté, comme le dira Maistre, « son grand œuvre d'affranchissement sans injustice, sans secousses, sans tiraillements douloureux » et pendant lesquels elle « s'était avancée vers son but avec une obstination tranquille comme la sagesse, comme la nature [2]. »

C'est ainsi que le rachat des servitudes féodales (facultatif en Sardaigne dès 1561) fut, dès 1771, rendu obligatoire et que le droit de main-morte, qui existait encore en Franche-Comté, en Bourgogne et en Dauphiné, avait été aboli, en 1762, par le roi Charles-Emmanuel III. L'unité introduite dans la législation et la justice, l'amélioration de la procédure criminelle, la suppression des corvées, la réduction de l'impôt, l'établissement du cadastre, telles étaient les principales réformes accomplies en Piémont et en Savoie, bien avant 1789.

Il semblait dès lors qu'en de si favorables conditions le peuple savoyard devait être bien prêt à résister aux idées révolutionnaires qui germaient en France. La contagion paraissait alors d'autant moins redoutable que la personne du roi était de la part de tous, en Savoie, l'objet de la plus respectueuse affection et que, dans ce pays, les hommes de lettres et les philosophes, si puissants et si écoutés en France, étaient, de par la volonté souveraine, abhorrés et réduits au silence.

---

[1] Victor-Amédée II, père de Charles-Emmanuel III, avait, lors de la paix d'Utrecht, reçu, avec la Sicile, la couronne royale ; jusqu'à cette époque, ses prédécesseurs étaient ducs (11 avril 1713).

[2] **Adresse de quelques parents des militaires savoisiens à la Convention nationale des Français.**

« Ordre et liberté », semblait être, nous dit M. François Descostes, la devise du peuple et du prince..... L'autorité était un dogme comme l'obéissance, parce que l'une et l'autre étaient l'âme d'un gouvernement fait pour les gouvernés. Telle fut, à n'en pas douter, la conception sociale à laquelle la Maison de Savoie dut le secret de sa grandeur et la Savoie, pendant tant de siècles, celui de son existence autonome, calme et prospère [1].

Malgré tout, un point noir apparaissait, dès 1775, à l'horizon de ce pays de Savoie.

« Charles-Emmanuel III, nous dit le marquis Costa, dans ses *Mémoires historiques*, aurait voulu, à l'exemple de son père, tout soumettre à la règle et au niveau. En fait de politique intérieure, l'uniformité lui paraissait le dernier terme de la perfection [2]. »

On n'en saurait douter, après un pareil témoignage, tel était bien l'esprit du réformateur piémontais qu'il avait octroyé et imposé des réformes sans s'inquiéter de ce que demandait ou comprenait son peuple. Le souverain en était arrivé à penser lui-même pour ses sujets et ceux-ci en étaient devenus à un tel point indifférents et apathiques que lorsqu'on s'occupa, en Savoie, de par la volonté royale, du rachat de la taillabilité personnelle, ce fut le peuple qui opposa le plus de difficultés à cette réforme.

Il est facile de prévoir l'insuffisance de progrès accomplis ainsi par méthode, à l'insu du peuple lui-même, réformé presque malgré lui. On ne peut, en effet, faire aucun fond sur une soumission qui n'a d'autre base qu'un ordre imposé, car la soumission, pour être sincère et durable, doit avoir pour principe, chez chacun, la connaissance de son devoir autant que la conscience de son droit.

[1] Fr. DESCOSTES, *loc. cit.*, p. 13.
[2] Marquis COSTA DE BEAUREGARD, *Mémoires historiques sur la Maison royale de Savoie*, t. III, p. 263.

La tranquillité encore indifférente avec laquelle la Savoie acceptait son état d'absolue dépendance tenait surtout à ce qu'elle en ignorait d'autres.

Comprendra-t-on la possibilité d'un mouvement enthousiaste et raisonneur venant tout d'un coup bouleverser les esprits, changer les habitudes et modifier jusqu'aux instincts de ce peuple ?

Que de substances paraissent inertes et qu'un simple contact suffit à rendre explosibles ? M. François Descostes, auteur savoyard, a fait de son pays, à cette époque, un très juste tableau : « Si, pendant ces huit siècles, la Savoie a joui d'une existence autonome et si elle n'a jamais songé à déchirer, de ses propres mains, le pacte qui l'unissait à la Maison royale sortie de sa substance, elle n'en a pas moins conservé toujours sa physionomie éminemment française et, comme eût dit Joseph de Maistre, si elle aimait ses rois et si elle leur restait attachée dans la mauvaise fortune comme dans la bonne, elle ne s'est jamais *piémontisée.*

« Ainsi qu'un miroir lisse et dégagé de toute buée, elle reflétait inconsciemment les impressions et les idées de sa grande voisine. La Savoie n'a jamais cessé de vivre de la vie de la France [1]..... »

En résumé, tout paraissait calme en Savoie en 1775, à l'époque à laquelle Victor-Amédée III venait de succéder à son père. A l'extérieur, l'Europe semblait jouir d'une tranquillité parfaite, la France et l'Autriche vivaient en paix et l'amitié de ces deux grandes nations semblait être un gage assuré de bonheur pour la Sardaigne. Mais, à l'intérieur, un courant philanthropique avait déterminé la constitution, à Chambéry, d'une loge maçonnique à laquelle Joseph Maistre fut affilié, dès 1773, et dans laquelle il ne tarda pas à être élevé à la dignité de grand orateur. Depuis cinq

____

[1] Fr. DESCOSTES, *loc. cit.*, p. 14.

années déjà, il était pénitent noir[1] et dignitaire de la Confrérie des Messieurs[2].

Pénitent noir et franc-maçon !

Ce singulier cumul prouve jusqu'à l'évidence le trouble étrange d'une pareille époque et le désir ardent d'idéal, de progrès et d'amélioration sociale qui, en Savoie, comme ailleurs, agitait les meilleurs esprits et les remplissait d'illusions.

« Noblesse et bourgeoisie y étaient imprégnées, dès le milieu du XVIIIe siècle, d'une atmosphère où les doctrines philosophiques et humanitaires se combinaient avec le mysticisme d'une religiosité maladive[3]. »

---

[1] Les pénitents noirs de Savoie, érigés en confrérie le 29 mai 1594 avaient pour but, aux termes de leurs statuts, de s'adonner à une vie vraiment chrétienne, de fuir le monde et ses pompes et de faire pénitence. La confrérie faisait beaucoup de bien autour d'elle et dirigeait, à Chambéry, un mont-de-piété à l'usage des classes laborieuses.

[2] Marie GIROD, *Notice sur la grande congrégation de Notre-Dame de l'Assomption.* — Cette congrégation dite des Nobles ou des Messieurs fut érigée dans le collège des Jésuites en 1611.

[3] Fr. DESCOSTES, *loc. cit.*, p. 214.

CHAPITRE II

**Premières années de Joseph de Maistre.
Eloge de Victor-Amédée III. — Les devoirs du Magistrat.**

> « Dites, malheureux philosophe,
> quand vous aurez anéanti l'espoir de
> l'homme de bien et la terreur du mé-
> chant, que mettrez-vous à sa place ? »
> J. DE MAISTRE.

EN 1775 fut décidé le mariage de Charles-Emma-
nuel, prince royal de Piémont, avec Clotilde de
France, sœur du roi Louis XVI [1]. Cette union
eut lieu à Chambéry, où elle fut l'occasion de fêtes
magnifiques en l'honneur du Roi et de la Cour.

C'est à cette époque que Maistre voulut écrire l'éloge
de Victor-Amédée III [2].

---

[1] Déjà, à cette époque, les deux filles du roi Victor-Amédée III
avaient été mariées aux deux frères du roi de France, les comtes
de Provence et d'Artois.

[2] Je dois à l'obligeante communication de M. Bourgeois, avocat
à Chambéry, d'avoir pu étudier cette œuvre de Joseph de Maistre. L'exemplaire qui m'a été prêté est dédié à M. D. Roze, alors
substitut avocat fiscal général au Sénat de Savoie. La dédicace
est la suivante :

D. ROZE. — *Amico. summo. studiorum. socio. — hunc. — qua-
lemcumque ingenii. sui. — factum — Mittet — J. Maistre — ut.
amicitiæ. munusculum — amicitiæ. pignus. sit. — œternum —*
XV Kal. Octobr. A. CIƆ IƆCCLXXV (17 septembre 1775).

L'œuvre est intéressante, d'abord, parce qu'elle est la première. Elle est curieuse, encore, par le singulier contraste qu'elle offre, *dans sa forme,* avec les œuvres postérieures de Joseph de Maistre et sa correspondance.

« La louange est un crime quand on la prostitue au vice ; elle n'est que ridicule lorsqu'on l'accorde à la médiocrité : mais elle est, sans doute, le plus doux des devoirs, quand elle est le prix de la vertu... Ah ! si la bassesse n'allait pas tous les jours brûler l'encens sur les autels de la grandeur ; si la vertu, fière et sans fard, pouvait marcher la tête levée ; s'il était permis d'être vrai, qu'il serait doux de rendre hommage aux talents ou à la vertu ! qu'il serait beau de voir l'éloquence n'être plus que l'interprète de l'admiration ou de la reconnaissance ! »

Joseph de Maistre, on peut en juger par ce début, appartient à son siècle. Il en a la phraséologie, la pompeuse rhétorique, les fatigantes abstractions. Mais sous cette forme déclamatoire et vague, nous pouvons apercevoir ses qualités caractéristiques.

C'est d'abord l'honnêteté farouche.

« Oh philosophe ! si tu veux louer, mais surtout si tu veux louer un Roi, prends garde à toi ; on va d'abord te prêter les vues les plus basses, les motifs les plus méprisables : on dira que tu cours après la fortune, que tu t'es mêlé à cette foule de reptiles qui rampent aux pieds des trônes. »

Et Maistre, qui n'est point un courtisan vulgaire, se récrie contre la possibilité d'une aussi injuste accusation.

« Non ; si la vertu se présente à tes yeux, tu sauras lui rendre hommage sans t'exposer à rougir, parce que ton cœur te répond que tu n'adores qu'elle, et que tu refuserais courageusement de plier le genou devant le vice couronné. Si quelqu'un peut louer un Roi, c'est sans doute le citoyen obscur, mais ferme et courageux, qui n'attend rien, qui ne demande rien, qui n'a jamais rien loué, qui se contente d'aimer son maitre et de le servir en silence... »

Nous le retrouverons toujours semblable à lui-même, inébranlable dans sa sincérité, ne se laissant rebuter, ni par l'injustice, ni par l'injure ; disant avec courage ses vérités à chacun, prêchant aux peuples les bienfaits de l'autorité, aux rois les dangers de l'arbitraire, à tous la nécessité de la religion, base inébranlable de la vertu et du bonheur de tous, de la félicité des nations aussi bien que de la solidité des trônes.

Tel Joseph de Maistre se montre déjà dans l'*Eloge du roi Victor-Amédée*. Célébrant la religion de son roi, il s'écrie : « C'est elle qui lui apprend *que ses sujets sont ses frères ;* c'est elle qui lui montre, au-delà du trépas, un juge formidable, qui jettera dans la même balance le monarque et le berger... Il faut que les rois accoutument leurs fronts superbes à toucher le pavé des temples, et qu'ils viennent s'humilier devant Celui qui tonne sur la tête de tous les mortels, qui ordonne à la mort de dépeupler les palais, qui *souffle* sur les trônes et les fait disparaitre. »

Et Maistre, que la philosophie irréligieuse du siècle remplit de crainte, se lève déjà pour prophétiser le sombre avenir.

« Dites, malheureux philosophes ! quand vous aurez anéanti l'espoir de l'homme de bien, et la terreur du méchant, que mettrez-vous à sa place? Ne voyez-vous pas que nous ne nous dispenserons alors de faire le mal, que quand le mal ne nous sera plus utile ? Semblables aux animaux féroces qui ne s'abstiennent de boire le sang que quand ils n'ont pas soif ? »

En un jour de fête, le jeune magistrat ne saurait s'appesantir sur d'aussi tristes prévisions. La Savoie toute entière est à la joie, car elle possède son souverain, et son enthousiasme est d'autant plus vif que, depuis la date déjà fort éloignée (1559) où Emmanuel-Philibert a choisi Turin pour le lieu de sa résidence, ses descendants n'ont fait que d'assez rares séjours au-delà des monts.

« O jour à jamais mémorable, où ma patrie vit, pour la première fois, le maître qu'elle attendait avec tant d'impatience ! *Depuis longtemps les édits seuls nous annonçaient que nous avions un roi.* Un incendie affreux avait consumé l'ancienne demeure de nos princes. La fortune, appliquée à nous tenir dans la poussière, avait voulu anéantir jusqu'aux derniers vestiges de notre grandeur [1]. Il semblait que la nature conspirait avec la fortune *pour faire de la Savoie le plus malheureux pays de l'univers.* Les torrents, brisant leurs digues, ravageaient nos campagnes ; un vent destructeur soufflait sur nos maisons, *les mains engourdies par l'infortune ne savaient plus rien entreprendre et le génie indigné allait chercher des succès sous un autre ciel.* »

Nous voyons par là que l'enthousiasme de l'éloge ne nuisait point à sa sincérité. Pour être panégyriste, Maistre ne voulait pas être adulateur.

Aussi, exprimant à son souverain la joie immense et vraie que la Savoie ressentait à le voir, il lui dénonçait les dangers qu'il y aurait de l'oublier encore. Il lui faisait comprendre que son père avait bien peu fait pour cette province, berceau de sa Maison. Il lui faisait pressentir la désaffection de ce peuple vaillant et fidèle, s'il venait à être encore abandonné.

Cet éloge suffirait, à lui seul, à démontrer l'état d'isolement et d'oubli auquel la Savoie avait été condamnée par les souverains piémontais.

---

[1] Joseph de Maistre fait ici allusion à l'incendie qui, par deux fois, ravagea le Château de Chambéry. Victor-Amédée dut, pour le restaurer, contracter de nouvelles dettes qui l'obligèrent à vendre le château des Célestins de Lyon, apanage de la Maison de Savoie pendant des siècles.

« Voyant arriver son roi, le vieillard disait : maintenant
je descendrai paisiblement dans la tombe, car j'ai vu commencer le bonheur de ma patrie. Le jeune homme interro-
geait son père : ne touchons-nous pas, lui disait-il, à ces
temps fortunés que vous aimiez tant à me prédire ? Quand
la tristesse affligeait mon cœur, vous disiez : « Mon fils, un
jour un astre bienfaisant luira sur ces contrées ; l'industrie
se réveillera ; les sciences seront encouragées ; les arts,
ranimés par le coup d'œil vivifiant du Monarque, fourni-
ront un secours infaillible au citoyen laborieux ; l'indigence ne sera plus que la peine de l'oisiveté, et nos épouses
ne craindront plus d'être fécondes. »

Joseph de Maistre, en proclamant ainsi que ces heureux
temps sont arrivés, ne fait-il pas comprendre le malheur
des temps passés ? En vérité, dès 1559, la Savoie sacrifiée
au Piémont avait exhalé sa plainte, mais ses réclamations
n'étant point écoutées, elle s'était tristement résignée.

Nous n'en n'avons point terminé avec les solennels aver-
tissements.

« Qu'est-ce qu'un Roi ? »

« C'est un homme à qui le Ciel n'a pas donné une intelligence supérieure à celle d'un particulier, et qui a des devoirs
mille fois plus importants à remplir... Il faut qu'il protège
tous les ordres de l'Etat, qu'il leur distribue indifférem-
ment ses faveurs, et qu'il se garde bien d'en élever un
seul au préjudice des autres. »

Ici apparaît le magistrat du Sénat souverain de Savoie,
dont la monarchie piémontaise a quelquefois essayé d'an-
nibiler l'indépendance, en lui substituant la volonté souveraine.

« La première loi est celle qui permet aux tribunaux
suprêmes de suspendre l'enregistrement des édits, con-
trats, etc., qui leur paraîtraient dangereux, de faire des
représentations et même de résister au souverain. »

Ainsi le voulaient, en effet, les Constitutions de Sardaigne : les violer était injuste et arbitraire.

Si l'*Eloge de Victor-Amédée* présente, *dans la forme*, le plus léger contraste avec les œuvres postérieures de Joseph de Maistre, il ne laisse pas d'être le prélude de la grande voix qui, vingt ans plus tard, allait tonner dans les *Considérations sur la France*. Sans doute, quand la tourmente qui s'approche aura éclaté, quand la Révolution viendra secouer la France et l'Europe, Maistre, en face du danger, trouvera un nouvel élan ; « sa pensée sera plus brillante, sa parole, cessant d'être pompeuse, deviendra plus brève et plus impérieuse, son puissant génie s'élèvera d'un coup d'aile aux spéculations les plus hautes ; » mais nous retrouverons toujours dans ses œuvres ce qui est le fond de la première : *Dieu et le Roi. Indépendance et liberté.*

Et pour ceux-là même dans l'esprit desquels le nom de Joseph de Maistre éveille « des idées éclatantes et sombres : le bras rouge du bourreau, l'horreur des charges de bataille, les chairs palpitantes sur le bûcher[1] », je résume cette dernière citation :

« Quand la guerre aura déployé ses fureurs, prends ton héritier par la main, mène-le sur le champ de bataille ; montre-lui la mort sous mille aspects affreux ; qu'il voie les cadavres entassés, les membres épars, les entrailles déchirées ; qu'il entende les cris des malheureux expirant sous les pieds des chevaux, les imprécations de la rage, les hurlements du désespoir ; dis-lui : « Mon fils, le Ciel t'a donné une compagne adorable ; si elle te perdait, son cœur serait déchiré : eh bien, parmi ces morts, il y a des milliers d'époux ; l'ambition sanguinaire les a arrachés du sein de leurs épouses et, du lit nuptial, ils sont descendus dans la

---

[1] MICHEL REVON. — Joseph de Maistre. — *Nouvelle Revue*, 1ᵉʳ décembre 1892, p. 478.

tombe. Au moment où je te parle, une foule de veuves, d'orphelins, de vieillards décrépits, se meurtrissent le sein et remplissent l'air de cris lamentables ; bientôt les ronces vont couvrir l'humble héritage de leurs pères ; les charrues renversées attendront en vain la main de leurs maitres, et le sol rouillé ne fertilisera plus les campagnes. »

« Grand Dieu ! daigne écouter ma prière ; nous sommes l'ouvrage de tes mains ; prends pitié de tes tristes enfants ; répands tes bénédictions sur les rois humains, sur les rois pacifiques, sur les rois tels que Victor ; s'ils sont forcés d'aller au combat, fais marcher la victoire devant eux. Mais s'il est dans l'univers des hommes qui aiment la guerre, qui la cherchent, Grand Dieu, décharge ta colère sur leurs têtes criminelles ; oublie tes miséricordes ; ne sois plus pour eux que le Dieu terrible, le Dieu des vengeances ; lance tes foudres sur les repaires somptueux de ces tigres impitoyables ; écrase leurs enfants sous la pierre ; que le sang de leurs pères, de leurs mères, de leurs épouses arrose leurs vêtemérts ; ordonne aux remords de les déchirer ; qu'ils ne connaissent plus le bonheur ; si le sommeil ferme leurs paupières, envoie-leur des songes effrayants ; fais retentir à leurs oreilles des cris lugubres ; qu'ils s'imaginent à chaque instant voir des fleuves de sang qui vont les engloutir, et des spectres hideux qui les forcent de dévorer des entrailles fumantes..... Mais non, tu laisses vivre en paix les bourreaux des nations ; c'est à la mort que tu les attends : *ah ! sans doute il y a un enfer, puisqu'il y a des guerres injustes..... »*

L'œuvre se termine par un éloge dithyrambique de la France, que motivait l'arrivée en Savoie de la princesse Clotilde.

« Confondons les intérêts des deux Etats et que les Français s'accoutument à se croire nos concitoyens. Toujours le peuple aimable aura de nouveaux droits sur nos cœurs. »

Maistre avait su prendre le ton de son souverain. Victor-Amédée s'était écrié lui-même après le mariage de son fils : « Nous voilà Français au moins pour trois générations ! »

Au milieu de ces fêtes que la Savoie toute entière donnait à son roi, quelques voix discordantes vinrent, nous dit-on, troubler l'harmonie. « Quelques-uns voyaient avec peine le roi se jeter sans réserve du côté de la France. *Les opposants (1775) disaient qu'au premier moment ce qu'on semait serait moissonné par d'autres mains*[1]. »

L'alliance du prince royal de Sardaigne avec Clotilde de France n'était point faite pour plaire aux cœurs piémontais. Le premier effet de cette union avait été d'attirer en Savoie le souverain Victor-Amédée. Une réception fastueuse pouvait l'attacher au pays, berceau de sa Maison. Aussi les *opposants piémontais* ne dissimulaient-ils point les craintes que leur inspirait une si détestable politique.

Piémont ou Savoie, nous voyons bien la scission profonde qui séparait les deux pays. Le jour était proche où, entre les deux, le roi devrait opter.

Maistre écrira plus tard : « Lorsque la fortune a réuni sous le même sceptre deux provinces que la nature a divisées par le caractère ou par la position géographique, ou par le culte ou par la langue, celle de ces deux provinces qui possède le souverain affecte assez naturellement une supériorité qui froisse l'orgueil de l'autre. Le peuple de cette province moins favorisée se montrera, assez souvent, soupçonneux, difficile et exigeant. Il tremblera d'avoir l'air d'obéir à une nation au lieu d'obéir à un souverain et il pourra s'aveugler sur ses propres intérêts au point de consentir à passer pour étranger de crainte de passer pour un sujet[2]. »

---

[1] Mⁱˢ TREDICINI, *Un régiment provincial de Savoie en 1792*, p. 7.
[2] *Lettres d'un royaliste savoisien à ses compatriotes.*

Et voilà pourquoi le Piémont ne pouvait se consoler du départ de son roi, car il voulait le conserver et, avec le souverain, retenir les faveurs. La Savoie, d'autre part, après cet éclair de l'affection royale, devait, en retombant dans l'abandon, ressentir plus que jamais le découragement et porter ailleurs ses regards et ses vœux. Son souverain rentré en Piémont, elle s'accoutuma, tous les jours davantage, « à faire venir ses opinions de France comme ses étoffes [1]. »

Grâce aux précieux documents qu'il a retrouvés, M. François Descostes a pu rectifier une erreur, accréditée jusqu'à lui. Il nous apprend que Joseph Maistre a prononcé deux discours de rentrée : l'un, le 1er décembre 1777, sur la vertu ; l'autre, le 1er décembre 1784, sur le caractère extérieur du magistrat. Le premier est inédit : Sainte-Beuve en a cité quelques fragments ; le second est reproduit en tête du tome sixième des œuvres complètes de Joseph de Maistre.

Si l'influence du siècle et notamment celle de J.-J. Rousseau apparaissent encore dans ces harangues, le style en atteint souvent à la grande éloquence. Les pensées sont nobles et profondes, honnêtement et fièrement exprimées.

Du discours sur la vertu, le passage suivant est singuliérement impressionnant : « Lors donc qu'on viendra vous vanter en termes magnifiques ces magistrats merveilleux dont le génie, tout à la fois vaste et souple, sait se plier à tous les tons ; hommes à la mode et jurisconsultes éminents, courtisans déliés et philosophes intrépides, parcourant sans s'égarer le labyrinthe de l'intrigue, étouffant les cabales par des cabales et passant, tour à tour, avec une égale aisance, du portique de Zénon au jardin d'Epicure ; Alcibiades dans le monde et Socrates sur les tribunaux, —

---

[1] JOSEPH DE MAISTRE. — *Loc. cit.*

nous ne répondrons à ces misérables éloges que par le sourire de la pitié[1]. »

Maistre est tout entier là.

Son avancement devait se ressentir longtemps de tant d'indépendance, d'honnêteté et de courage.

Le côté le plus intéressant de la harangue prononcée, en 1784, sur le caractère extérieur du magistrat, est qu'ici Maistre prend déjà le ton du prophète et annonce, cinq ans avant 1789, des bouleversements terribles.

« Ce siècle qui a fait et préparé de si grandes choses, trop souvent par de mauvais moyens, se distingue de tous les âges passés par un esprit destructeur qui n'a rien épargné. Lois, coutumes, systèmes reçus, institutions antiques, il a tout attaqué, tout ébranlé, et le ravage s'étendra jusqu'à des bornes qu'on n'aperçoit point encore..... »

Maistre pressentait bien que les réformes mêmes ne pouvaient plus suffire à régénérer les peuples. A aucun degré de la hiérarchie sociale, on ne possédait plus les mœurs simples et sévères qu'exige toute institution libérale imposée, tout d'un coup par décret. La France surtout, où le philosophisme révolutionnaire et destructeur régnait en maître, remplissait d'effroi l'âme du savant magistrat. En vérité, la corruption s'étalait dans les cours, et les populations les plus paisibles étaient prêtes pour la révolte. Maistre écrira plus tard ce qui est vrai déjà, mais ce que nul autre que lui n'apercevait encore : « L'esprit public anéanti, l'opinion viciée à un point effrayant, en un mot, la France pourrie, voilà l'ouvrage[2]. »

Et encore : « A l'époque où la France commença à s'ébranler, les gouvernements d'Europe avaient vieilli et leur décrépitude n'était que trop connue de ceux qui vou-

---

[1] FRANÇOIS DESCOSTES. — T. II, p. 50.

[2] *Correspondance.* — Lettre du 21 janvier 1791, à M. le comte Henri Costa.

laient en profiter pour l'exécution de leurs funestes projets ; *mille abus accumulés minaient les gouvernements,
celui de France surtout tombait en pourriture... il faut
qu'un gouvernement tombe quand il a, à la fois, contre lui
le mépris des gens de bien et la haine des méchants.* »

Ainsi parlait et écrivait Maistre que Villemain, du haut
de la chaire de la Sorbonne, devait dénoncer, en 1821,
comme le partisan aveugle du pouvoir absolu et de la tyrannie. « Il ne fut jamais bon ni pour tyran, ni pour
esclave [1]. »

« A cette époque, tout était dérangé dans les esprits et
dans les mœurs, symptôme d'une révolution prochaine.
Les magistrats rougissaient de porter la robe et tournaient
en moquerie la gravité de leurs pères. Les Lamoignon, les
Molé, les Séguier, les d'Aguesseau voulaient combattre et
ne voulaient plus juger. Les présidentes, cessant d'être de
vénérables mères de famille, sortaient de leurs sombres
hôtels pour devenir femmes à brillantes aventures. Le
prêtre, en chaire, évitait le nom de Jésus-Christ et ne parlait que du *législateur des chrétiens* ; les ministres tom-
baient les uns sur les autres ; le pouvoir glissait de toutes
les mains [2]. »

---

[1] Vte DE CHATEAUBRIAND, *Mémoires d'Outre-Tombe*, t. Ier, p. III.
[2] *Idem*, t. Ier, p. 372.

CHAPITRE III

Maistre à Chambéry. — Son mariage.
La Comtesse Joseph de Maistre.

« Tu ne saurais croire combien
d'ennemis je me suis fait jadis pour
avoir voulu en savoir plus que mes
bons Allobroges. »
(*Lettre du comte Joseph de Maistre
à sa fille Constance*, 5 novembre
1808)

E 17 septembre 1786, Joseph de Maistre épousa Mademoiselle Françoise de Morand.

Je rapporte ici l'acte de célébration du mariage déposé aux archives de la paroisse de Saint-François de Sales de Chambéry :

« L'an 1786, et le dix-sept septembre, après une proclamation,
« faite immédiatement après la célébration du mariage, sans
« avoir découvert aucun empêchement ni opposition, la dispense
« des trois bans accordée par Mgr l'Evêque de cette ville, par son
« billet du 11 septembre courant, signé Michel, premier évêque
« de Chambéry, ont reçu la bénédiction nuptiale, ensuite de la
« commission expresse par nous donnée et en notre présence, et
« de R^d N^{ble} Maistre, Doyen de la Métropole, Vicaire Général et
« Official de Tarentaise, Messire Joseph-Marie, Comte Maistre,
« avocat général substitut du Sénat, fils de Messire François-
« Xavier comte Maistre, Président du Sénat, et de feue dame
« Christine Demotz, d'une part, et Demoiselle Françoise-Mar-

« guerite, fille de feu noble Jean-Pierre Morand et de dame Anne-
« Marie Favier du Noyer, d'autre part. Etaient présents : Noble
« Joseph-Etienne Charrot, comte de la Chavanne, colonel d'in-
« fanterie, et Noble Nicolas Perrin d'Avressieux, Président hono-
« raire du Sénat, témoins requis. Ainsi est signé. N. Perrin. »

Depuis des années déjà, les liens de la plus intime
amitié unissaient les familes des jeunes époux ; depuis sept
années, Joseph de Maistre avait, il le dit lui-même, le bonheur de connaître la femme qui devait être sa compagne.

Aussi écrivait-il au comte Henry Costa, ces lignes
empreintes de la plus sincère affection pour sa fiancée :

« Mille et mille remerciments, mon très cher ami, sur
toutes vos bénédictions. Oh ! pour celles-là, elles sont de
bon aloi et j'y crois comme au symbole. Oui, mon cher
Costa, j'ai lieu de croire que ce mariage sera heureux et il
est très vrai que le préliminaire dont vous parlez est un
avantage inestimable..... M. Morand m'a donné une grande
marque d'estime en n'opposant jamais le moindre obstacle à ma liaison avec sa fille : je puis enfin lui témoigner
ma reconnaissance en travaillant au bonheur de mon
amie..... Mon plan dans ma nouvelle carrière est court et
simple, c'est de me servir des avantages que le sort m'a
donnés. Je suis la première et l'unique inclination de la
femme que j'épouse ; c'est un grand bien qu'il ne faut pas
laisser échapper ; mon occupation de tous les instants sera
d'imaginer tous les moyens possibles de me rendre agréable et nécessaire à ma compagne, afin d'avoir tous les
jours devant mes yeux un être heureux par moi ; si quelque chose ressemble à ce qu'on peut imaginer du Ciel c'est
cela[1]. »

Mais cette vie à deux, faite d'affection et de dévouement,

---

[1] *Correspondance.* — Lettre du 8 septembre 1786, au comte
Henry Costa.

et dont Maistre savourait d'avance les joies bien légitimes,
ne devait avoir pour lui qu'un temps, hélas ! bien court.
L'heure fatale était proche où, pour quinze années (quinze
siècles !) la Révolution allait condamner les jeunes époux
à un cruel et douloureux veuvage.

En 1788, Joseph de Maistre fut nommé sénateur et ins-
tallé le 13 juin. Comme par le passé, il partagea son temps
entre ses devoirs de magistrat et ses études.

Les mémoires du temps racontent qu'il ne se promenait
jamais. Quinze heures chaque jour étaient par lui consacrées au travail ; il se délassait d'un labeur par un autre.
« Il avait acquis dans l'isolement de son travail cellulaire,
la rigidité des moines de Zurbaran, de ces gentilshommes
du royaume spirituel, à fière et noble mine, types admirables de sévère distinction[1]. »

Il ne faudrait pourtant point charger à plaisir ce sévère
tableau, car Maistre n'était point le trop savant et trop rude
habitant des rives du Danube que l'on croirait aisément,
après cela. Il était au contraire très facile au commerce du
monde et ne craignait point de souscrire, des premiers, aux
fêtes de la société chambérienne.

« A propos de fête, on vous aura sans doute parlé, écrivait-il le 20 février 1786, de celle qui a été donnée l'autre
jour chez le marquis d'Yenne par vingt souscripteurs, dont
j'étais. On l'a baptisée *journée anglaise*. On s'est assemblé
à midi pour se séparer le lendemain à quatre heures du
matin..... 65 personnes à table, 30 autour, et sur la table
tout le premier chapitre de la Genèse. Tout ce qui chante,
tout ce qui beugle, tout ce qui bêle y était..... Ensuite bal,
tous les bonbons possibles et la macédoine. Que manquait-
il à cela[2] ? »

[1] ALBERT BLANC, *Mémoires*.
[2] *Correspondance*. — Lettre du 20 février 1786, à Monsieur ***.

La critique du théâtre d'alors ne déplaisait point non plus à Maistre qui, avec goût, mais non sans quelque sévérité, savait apprécier une artiste.

Parlant d'une demoiselle de Saint-Val, il disait :

« L'amour maternel parle assez bien par sa bouche ; quant à l'amour tout court, elle n'y entend rien. Elle pleure les déclarations .... Parce qu'elle n'est pas jolie, elle est continuellement cachée derrière ses gestes. Un mouchoir éternel, étendu en paravent, brave toutes les lorgnettes et nous n'avons pas encore vu les mains de cette actrice au-dessous de son front..... Imaginez-vous un vigoureux Auvergnat qui assène son coup de hache. Prenez la bouffée de respiration qu'il lance du creux de son poumon pour se soulager, joignez-y le ton pleureur. C'est à peu près cela. »

Une pareille critique promet vraiment pour l'avenir et nous autorise à penser que si Maistre approuve et félicite, on peut croire à la sincérité de ses éloges. Au demeurant, la lettre dont nous venons de citer des extraits est absolument intime et toute écrite sur le ton plaisant et badin.

Bref, le grave magistrat savait, à ses heures, se dérider et ne dédaignait, à ce qu'il me semble, ni les fêtes mondaines, ni les spectacles, ni les jeux de société, ni les bonbons.

« Tu ne saurais croire, écrira-t-il plus tard à sa chère fille Constance, combien d'ennemis je me suis fait jadis pour avoir voulu en savoir plus que mes bons Allobroges[1]. »

Cette boutade posthume nous fait pressentir combien d'inimitiés il avait dû s'attirer à Chambéry, non pas tant par son originalité, quelque peu austère, que par son franc

---

[1] Lettre du 5 novembre 1808 à Mlle Constance de Maistre, plus tard duchesse de Laval-Montmorency.

et sévère parler. Nous en retrouvons la trace dans la Biographie écrite par le comte Rodolphe.

Maistre ne se faisait point illusion sur les sentiments que nourrissaient envers lui quelques-uns de ses concitoyens, de ses collègues même. Ceux-là surtout qui étaient les premiers à lui tendre la main, souriants et aimables, n'étaient point les derniers à le jalouser et à le desservir. Ainsi, le faisait-on passer pour un libéral maladroit et dangereux, qu'il était de l'intérêt du roi d'isoler et d'amoindrir, un esprit enclin aux nouveautés et dont il fallait se garder.

Ne l'oublions pas, si Maistre est né à Chambéry, l'origine de sa famille est languedocienne. Chez lui le bon sens savoyard et la froide pénétration s'allient à l'impétuosité méridionale. Il voit d'abord froidement, mais son sentiment, il l'exprime ensuite avec une ardeur qui étonne Chambéry.

Il y a encore dans ses veines, comme il le dit de sa fille Adèle, « quelques atômes massifs, quelques miasmes de Saint-Alban [1] qui circulent dans ses veines avec le soufre de Provence. »

Ce *soufre de Provence* l'agite et l'électrise, mais il va son chemin, disant à chacun ses vérités, « sans faire attention aux cigales : l'hiver viendra bien après l'automne [2]. »

« Après tout, avouait-il lui-même à l'abbé de Lamennais, nous avons tous un grand défaut dont il n'y a pas moyen de nous défaire : c'est d'être fils d'un homme et d'une femme ; y a-t-il rien d'aussi mauvais sur la terre ? Nous avons beau faire, vous et moi, et tous nos confrères, les humains, je dis les mieux intentionnés, dans tout ce que nous faisons, il y aura toujours des taches humaines : *Et documenta damus quà simus origine nati [3]*. »

---

[1] Village des environs de Chambéry.

[2] *Correspondance.* — Lettre du 6 septembre 1820 à M. l'abbé de Lamennais.

[3] Idem.

Si Maistre était, comme le dit fort justement son fils, partisan des libertés justes et honnêtes, s'il ne dissimulait point sa manière de penser et de voir, ses contemporains ne comprenaient guère l'idée profondément vraie qui guidait le sénateur savoyard. Ces libertés elles-mêmes qui satisfont les peuples devaient, à ses yeux, les empêcher d'en convoiter de coupables. Une pareille politique n'avait rien d'inquiétant, de tels principes n'eussent point compromis la sécurité du roi de Sardaigne dont les courtisans préféraient tenir les yeux fermés sur le sombre avenir qui se préparait.

Malgré tout, Maistre devait souffrir de cet état de suspicion dans lequel il passait ses jours. De là un certain découragement qui s'empara de lui. A Chambéry, on supportait difficilement *alors* les idées neuves et hardies; une entreprise généreuse était aussitôt reprochée à l'orgueilleux qui osait la tenter. Or, l'inutilité pesait à Joseph de Maistre. Son travail professionnel lui plaisait assurément et il s'y adonnait avec ardeur; ses études personnelles le passionnaient et il en oubliait quelquefois le boire et le manger. Mais à son activité, il fallait un théâtre plus vaste. L'orgueil n'était point le sentiment qui l'agitait, c'était l'immense désir d'être utile à cette société malade dont il voulait s'approcher et qui, en quelque sorte, l'attirait invinciblement à elle.

Il a parlé ailleurs de ce temps de souffrance morale, de pénible isolement et de profond ennui.

« Quelquefois dans mes moments de solitude, écrira-t-il de Pétersbourg à son frère Nicolas, je jette ma tête sur les dossiers de mon fauteuil, et là, seul, au milieu de mes quatre murs, loin de tout ce qui m'est cher, en face d'un avenir sombre et impénétrable, je me rappelle ces temps où, dans une petite ville de ta connaissance, la tête appuyée sur un autre dossier et ne voyant autour de notre cercle étroit (quelle impertinence, juste ciel !) que de petits hommes et de petites choses, je me disais : suis-je donc condamné à vivre ici comme une huître attachée à son rocher ? Alors je souffrais beaucoup ; j'avais la tête chargée, fatiguée, aplatie par l'énorme poids du rien ? »

« On jalouse mes titres, mon rang..., je les céderais tous pour un bon ménage *allobroge*, tel que je l'imagine. Les Alpes me séparent du bonheur...[1] »

L'aveu de la faute commise à Pétersbourg est implicitement contenu en ces quelques mots écrits de Turin. La contrition semble parfaite.

Justice a été rendue par Maistre à la ville qui l'avait vu naître et qu'il avait, en un moment de solitude et de mélancolique ennui, si injustement traitée.

Maistre n'attendit pas longtemps le bonheur d'être père. Dès 1787, il eut un fils, le comte Rodolphe, et, en 1789, une fille, Adèle.

De ses enfants, Maistre parle peu dans sa correspondance. A ce silence, il donne lui-même deux raisons, dont la première est assez originale.

« On ne doit point, dit-il d'abord, parler de son nombre, de son poids, ni de sa mesure[2]. » Et puis : « Le père qui parle de ses enfants court le danger de ne plus s'arrêter : c'est une boule sur un plan incliné. »

A toute règle, si absolue qu'elle soit, il y a pourtant une exception. J'en trouve une à la date du 4 mai 1790, je la tiens et la veux signaler :

« Ta lettre, ma chère Thérésine[3], m'a pénétré de bonheur comme une éponge qu'on trempe dans l'eau ; la moindre gentillesse de mon Adèle est une béatitude pour son papa. Je suis faible sans doute, un père a le droit de

---

[1] *Correspondance.* — Lettre du 9 février 1820 à M. l'abbé Rey.

[2] *Correspondance.* — Lettre du 12 juillet 1790 à Mme Thérèse de Maistre.

[3] Thérèse de Maistre, sœur de Joseph.

l'être. Je désirerais aussi le sort *du petit chat*, si mes enfants étaient gauches, insensibles, médiocres, comme tant
d'automates que je connais ; et quand je vois ces petits
êtres donner le moindre signe de parenté avec leurs tantes
qui m'ont tant gâté, je suis aussi heureux qu'on peut l'être.
Je t'avoue que, depuis quelque temps, je trouvais à ma
petite Adèle une certaine torpeur qui m'inquiétait ; il y a
peut-être encore dans ses veines quelques atômes massifs,
quelques miasmes de Saint-Alban qui circulent dans ses
veines avec le soufre de Provence : on ne saurait trop l'agiter, l'électriser de toute manière, car le repos ne lui vaut
rien. Eh ! que deviendrais-je, si, à dix-huit ans, elle n'aimait ni le voyage de Meillerie, ni le berger de Thompson,
ni les *grandes herbes* de Werther, ni les colonnes dori-
ques ! [1] »

Nous trouvons dans cette épître affectueuse et familière
le trait caractéristique de Joseph de Maistre. Une vérité
simple et simplement dite, d'abord : la *torpeur* de sa fille
Adèle l'a inquiété. Aussitôt après, l'exagération voulue,
systématique : « que deviendrais-je, si, à dix-huit ans, elle
n'aimait les grandes herbes de Werther ! » Cette exagération deviendra plus tard paradoxe. L'un et l'autre ont pour
but de faire saisir la pensée tout entière.

Joseph de Maistre tend à forcer la note pour être plus
sûr que l'oreille la moins exercée la pourra ainsi percevoir.

Je n'ai rien pu retrouver de la correspondance échan-
gée, aux différentes époques de sa vie, entre Mme de Maistre et son mari ; elle eût permis d'esquisser ici le portrait
de cette femme dévouée, autant que sage et modeste, qui
sut, pendant quinze ans de l'existence la plus pénible,
noblement supporter les plus cruelles épreuves et, aban-

---

[1] *Correspondance.* — Lettre du 4 mai 1790 à Mlle Thérèse de
Maistre.

donnée de tous, remplir sans faiblesse l'écrasant devoir que son veuvage anticipé lui imposait.

Une lettre de Maistre paraît la peindre au naturel :

« Je ne suis pas étonné que vous n'ayez pu tirer ni pied ni aile de Madame Prudence (combien j'ai ri de ce mot !) à Turin, même à côté d'elle ; il n'y a pas moyen je ne dis pas de la faire parler de moi, mais pas seulement de la faire convenir qu'elle a reçu une lettre de moi. Le contraste entre nous deux est ce qu'on peut imaginer de plus original. Moi, je suis, comme vous avez pu vous en apercevoir, le sénateur pococurante sans souci et surtout je me gêne fort peu pour dire ma pensée. Elle, au contraire, n'affirmera jamais avant midi que le soleil est levé, de peur de se compromettre. Elle sait ce qu'il faut faire ou ne pas faire le 10 octobre 1808 à dix heures du matin, pour un inconvénient qui arriverait autrement dans la nuit du 15 au 16 mars 1810. Mais, mon cher ami, tu ne fais attention à rien, tu crois que personne ne pense à mal. Moi, je sais, on m'a dit, j'ai deviné, je prévois, je t'avertis, etc... Mais, ma chère enfant, laisse-moi donc tranquille. Tu perds ta peine, je prévois que je ne prévoirai jamais, c'est ton affaire. Elle est mon supplément et il arrive de là que lorsque je suis garçon, comme à présent, je souffre ridiculement de me voir obligé de penser à mes affaires ; j'aimerais mieux couper du bois. Au surplus, Madame, j'entends avec un extrême plaisir les louanges qu'on lui donne et qui me sont revenus de plusieurs côtés, sur la manière dont elle s'acquitte des devoirs de la maternité. Mes enfants doivent baiser ses pas, car, pour moi, je n'ai pas le talent de l'éducation. Elle en a un que je regarde comme le huitième don du Saint-Esprit : c'est celui d'une certaine persécution amoureuse au moyen de laquelle il lui est donné de tourmenter ses enfants du matin au soir pour faire s'abstenir et apprendre, sans cesser d'en être tendrement aimée.

Comment fait-elle ? Je l'ai toujours vu sans le comprendre, car pour moi, je n'y entends rien [1]. »

Le contraste que Maistre signale est original et il est vraisemblable que si de funestes événements ne l'eussent point séparé de sa femme, celle-ci eût, par sa *prudence* même, contribué à une orientation différente du comte Joseph qui se gêne fort peu, trop peu même quelquefois, pour dire sa pensée. Sans attendre, en effet, jusqu'à midi, pour affirmer que le soleil est levé, et cela de peur de se compromettre, on n'en n'est pas, pour cela, obligé de devancer l'aurore, pour le proclamer. Il y a même quelque danger à se trop précipiter. Madame Prudence eût, en un mot, singulièrement refroidi le zèle, louable sans doute, mais un peu bouillant du trop imprudent sénateur. Ne nous en plaignons pas, car à ce traitement nous eussions perdu de belles pages et de profondes pensées.

Maistre, nous l'avons dit, se trouvait à l'étroit à Chambéry, il ne se le dissimulait guère. De toutes les forces de son être, il souhaitait à son activité un théâtre plus vaste. La Révolution ne devait venir que trop tôt donner satisfaction à ce désir, au-delà toutefois de ses prévisions et non sans y mêler de douloureux sacrifices.

---

[1] *Correspondance.* — Lettre du 26 septembre 1806 à Mme Huber Alléon, à Genève.

CHAPITRE IV

**La Révolution française ; son influence sur la Savoie.
La coalition. — Entrée des troupes françaises en Savoie.
Joseph de Maistre abandonne Chambéry.**

« Ce n'est point (la Révolution) un
événement, mais une époque. »
(*Discours à la Marquise Costa.*)

En France, la question financière devenait tous
les jours plus redoutable.

Le ministre Necker avait dû, le premier, se
retirer devant une formidable opposition le jour où, pour
faire face à la dette de l'Etat, il avait songé à s'attaquer
aux privilèges. Après lui, Jolly de Fleury, puis de Calonne
étaient arrivés au ministère. Ce dernier, administrant les
finances de l'Etat comme il avait géré les siennes propres,
parvint à faire, en quatre ans, pour 800 millions de dettes.
Loménie de Brienne lui succéda. Mais son ministère dura
l'espace d'un matin et, le 25 août 1788, Necker fut rappelé.
Les besoins étaient urgents : de graves mesures s'imposaient.
Louis XVI résolut alors de convoquer les Etats Généraux
pour en obtenir des secours dans l'embarras de ses finances. En même temps, il promit la réforme des abus et
*cette promesse fut le signal d'un mouvement prodigieux
dans les esprits* [1].

----

[1] L'idée des Etats Généraux était dans toutes les têtes, seule-

Tous les Français à la fois se crurent appelés à régénérer la patrie et les députés des provinces aux Etats Généraux, bien loin de songer aux moyens d'éteindre les dettes de la France, ne s'occupèrent qu'à réformer le royaume. La question financière ne fut donc qu'un prétexte : la terrible lutte commençait, dit le marquis Henry Costa, contre les oppresseurs de l'humanité. « Ni Dieu ni maître, » telle était la doctrine philosophique qui ne datait pas de la veille.

Les Etats Généraux se réunirent à Versailles le 5 mai 1789, et, après la vérification des pouvoirs, se déclarèrent Assemblée Constituante et s'investirent eux-mêmes du pouvoir. La Révolution commençait. Quelques jours après, la populace brûlait les barrières, pillait les maisons, emportait d'assaut la Bastille. Le meurtre de Delaunay et de Flesselles venait souiller son triomphe.

Le 14 juillet 1789 fut le premier jour de l'émigration.

Dès la fin de cette année, Victor-Amédée III ne voulut point refuser à ses gendres, les comtes de Provence et d'Artois, l'hospitalité dans son royaume. Ils arrivèrent donc en Savoie et, après eux, la noblesse émigrée. Encouragés par les officiers piémontais, les réfugiés, trop souvent orgueilleux et hautains, se considérèrent comme en pays conquis et froissèrent, à maintes reprises, la légitime susceptibilité du peuple savoyard.

Cependant, les événements qui se précipitaient en France produisaient à Chambéry la plus vive émotion.

ment on ne voyait pas où cela allait. Il était question pour la foule de combler un déficit que le moindre banquier aujourd'hui se chargerait de faire disparaître. Un remède si violent, appliqué à un mal si leger, prouve qu'on était emporté vers des régions politiques inconnues... *Louis XVI et les Parlements en agirent de la sorte parce qu'ils étaient, sans le savoir,* LES MOYENS D'UNE RÉVOLUTION SOCIALE. — Vte DE CHATEAUBRIAND, *Mémoires d'outre-tombe,* t. II, p. 5.

Tant que la monarchie absolue de France avait existé à côté de la monarchie absolue de Sardaigne, la Savoie avait vécu tranquille et quelque peu indifférente au régime qui se trouvait le même ici et là. Mais depuis la prise de la Bastille, les idées nouvelles se firent jour en ce pays et l'exemple des Français devint, ainsi qu'on l'a dit fort justement, « suggestif, troublant et contagieux[1]. »

Au premier signal de la Révolution, Maistre en prophétisa le vrai caractère : « Ce n'est point un événement, c'est une époque[2]. »

A côté de lui, ses meilleurs amis eurent d'abord, pour cette révolution même, une curiosité peu inquiète.

« Mon cher ami, écrit à Maistre le comte Henry Costa (15 juin 1789), pourquoi vous glacer de l'avenir ? Croyez que ces discussions de Versailles qui vous enfièvrent ne peuvent produire qu'un *nivellement heureux* parmi ces hommes qui, malgré vous, veulent le bien de la France. Dans ce déluge de maux que vous annoncez à notre pauvre monde, j'estime, quant à moi, seuls malheureux les hommes que la Providence jette, ainsi brusquement, hors de leur sphère et traîne sur un théâtre où ils sont forcément inhabiles à jouer leur rôle.

« Il faut, dites-vous, aux députés une force d'âme peu commune pour se roidir contre le courant, pour s'isoler de la foule, pour se soustraire aux séductions d'une popularité que vous appelez trop facile. *Mais indiquez-moi, mon cher ami, où, dans tout ceci, finit la vérité et où commence l'erreur.*

« Le dogme ne saurait envahir la politique, et les principes, dans cet ordre d'idées, n'ont rien de révélé. »

La lettre de Joseph de Maistre à laquelle le marquis

---

[1] FORNI, *Histoire de la réunion de la Savoie à la France.*
[2] *Discours à la marquise Costa.*

Henry Costa répondait n'a malheureusement pu être
retrouvée, mais il est aisé de deviner de quels tristes pressentiments elle contenait l'expression.

« Je vous le dis avec grand regret, écrit-il ailleurs au
marquis Costa, *tous les jours le pouvoir recule, même
lorsqu'il veut avancer.. Il est sûr qu'un esprit souterrain
travaille contre l'*AUTORITÉ [1].

« Décidément, il y a un sort malheureux contre notre
espèce, tout tend au nivellement, au chaos. »

Et vraiment, en proclamant, ainsi qu'elle le faisait, la
souveraineté du peuple, la Révolution française ne venait-
elle pas, dès le début et par les conséquences de son principe, saper par la base et ruiner tout le vieil édifice de
l'Europe monarchique ; ne menaçait-elle pas toute autorité,
tous les pouvoirs établis contre lesquels elle prêchait
l'affranchissement et la révolte ? [2] Or, si personne, à cette
époque même, ne savait discerner le péril, si les gouvernements croyaient pouvoir contempler ce spectacle avec une
égoïste quiétude, Maistre, lui, ne se faisait point illusion.

« Ce n'est point un gouvernement qui tombe pour faire
place à un autre, c'est tout gouvernement qui cesse pour
faire place au despotisme intermittent des pelotons que
l'enthousiasme, la crédulité, la misère et la crainte lance-
ront à l'aveugle et en avant [3]. »

Qui oserait reprocher à Maistre son pessimisme, au moment où il écrivait ?

La Révolution même, avec son enthousiasme populaire,
sa vie et ses passions, avait son contre-coup dans la Savoie
qui, attentive à tout ce qui se passait chez le voisin,
anxieuse même de le voir réussir, se prenait à penser à
elle-même, à comparer et à rêver.

[1] Marquis ALBERT COSTA, *Un Homme d'autrefois,* page 83.
[2] A. SOREL, *L'Europe et la Révolution française,* 1re partie, p. 2.
[3] TAINE.

Elle penchait déjà vers la France.

Longtemps patiente et résignée, elle finissait par éprouver un certain besoin d'émancipation et criait à son tour : « Vive le Tiers ! Vive la liberté ! » A Chambéry, à Montmélian, à Thonon, des désordres éclataient, trahissant un sérieux malaise et une situation générale dont il était difficile de méconnaître la gravité. Les feuilles périodiques les plus incendiaires pénétraient clandestinement dans ce pays. On se les faisait passer de main en main, on voulait avec d'autant plus d'ardeur les lire, que la justice piémontaise mettait le soin le plus jaloux à les rechercher, les interdire et en punir les auteurs. L'effervescence des esprits gagnait de proche en proche et se propageait de jour en jour davantage.

Je ne fais pas de difficulté à reconnaître que le peuple des campagnes restait, plus que la bourgeoisie, étranger à l'agitation ; il lisait peu en effet et les grandes déclamations sur les choses nouvelles dont on parlait tant, ne paraissaient point trop le préoccuper. Mais le travail se faisait, malgré tout. Le paysan savoyard ne parle point, mais il comprend et se décide un jour, après avoir réfléchi à sa façon sur les nouveautés qui l'inquiètent d'abord, mais auxquelles il se fait peu à peu.

Vers cette époque, parut un écrit ayant pour titre : « Le premier cri de la Savoie vers la liberté par C. C*** A, grenadier patriote. » Il était surtout dirigé contre le Piémont et le gouvernement, dont les agents, presque tous Piémontais, se livraient en Savoie à l'arbitraire le plus brutal, n'épargnant ni fautes, ni maladresses.

« Ce pamphlet qui contient mille choses dures contre les Piémontais a fait le plus mauvais effet à Turin et a produit de la part du gouvernement une de ces niaiseries politiques qui m'impatientent[1]. » Ainsi s'exprimait Joseph de Maistre.

[1] Marquis Costa, *Un Homme d'autrefois*, pages 100 et 101.

Le roi de Sardaigne, en effet, eut si grand peur de l'émotion qu'allait produire cet ouvrage, que, par tous les moyens en son pouvoir, il en fit rechercher les exemplaires pour les supprimer sans retard. Maistre lui-même voulut s'en procurer un, mais la chose, nous dit-il, ne lui fut pas possible.

Pressé par la Cour de Turin, le Sénat dut condamner à mort le citoyen Caffe, de Chambéry, que l'on soupçonnait être l'auteur de cette brochure [1].

Si nous voulons savoir à quels sentiments s'adressait ce pamphlet, demandons-le à Joseph de Maistre. « On nous y propose doucement, nous dit-il, de voir ce qui nous conviendrait le mieux de nous donner à la Suisse ou à la France, ou de nous révolter pour notre compte... Les *amateurs* de Chambéry trouvent cela d'assez bon ton [2]. »

Je comprends à merveille que cet écrit « ait fait le plus mauvais effet à Turin » ; sans difficulté, je reconnais juste l'indignation de Joseph de Maistre, toujours et avant tout, fidèle à son Dieu, à son Roi, à son Pays. Mais il me semble bien permis de constater aussi qu'en Savoie aucune autre voix ne s'élève alors en faveur du Piémont et de la monarchie de Sardaigne. Pourtant l'occasion eût été bonne pour cela, si vraiment, ainsi qu'on l'a dit plus tard, les populations étaient, à quelques écervelés près, disposées et décidées à demeurer fidèles.

---

[1] DÉPOISIER, *Etude sur la Savoie*, page 15. Charles Caffe fut condamné par un arrêt du Sénat de Savoie, registre criminel de 1791, f° 215, pour avoir sur la fin d'avril, jacté en présence des sujets du roi dans l'auberge de Claude Guillaume, sous l'enseigne « La Liberté » à Chapareillan, qu'il avait des correspondances chez l'étranger, tendant à troubler l'ordre public en Savoie et qu'il aurait donné des dispositions pour causer une révolte générale.

[2] *Correspondance*. — Lettre du 17 février 1791 au comte Henry Costa.

« Pourquoi ne s'est-il trouvé, dans ces malheureux temps, aucun homme assez généreux pour présenter à l'univers » la défense de ce gouvernement si aimé de tous en Savoie ?

Je veux bien croire que, entre honnêtes gens, on gémissait à portes closes. Mais comment blâmer ou contredire ceux qui affirment que ce silence devait être volontaire ?

Maistre, lui, avait le singulier courage de ne rien dissimuler de ses craintes ni de ses désirs.

C'est ainsi que, quelques mois plus tard, dans un pamphlet plein de verve, il faisait dire à Jean-Claude Têtu, maire de Montagnole : « Nous avons tous sur le cœur cette triste comédie de 1792, lorsqu'une poignée de vauriens qui se faisaient appeler la nation écrivirent à Paris que nous voulions être Français ; vous savez tous devant Dieu qu'il n'en était rien et comme quoi nous fûmes tous libres de dire non, à la charge de dire oui [1]. »

C'est ainsi encore qu'il écrivait au marquis Henry Costa : « Mon aversion pour tout ce qui se fait en France devient de l'horreur [2]. »

Maistre, du moins, était sincère. Pourquoi donc sa voix est-elle restée sans écho ?

Dans une brochure, imprimée en 1791 et ayant pour titre : *L'Etat moral, physique et politique de la Maison de Savoie,* nous lisons ces lignes :

« La Savoie étant le premier apanage du Roi Sarde, il a dû cesser d'en être le chef, du moment qu'il l'a abandonnée pour aller s'établir dans les terres étrangères. Ce n'est point pour la gloire du Piémont que la Savoie paya, alimenta et déifia ses ducs... Roi, interroge l'histoire de tes ancêtres, tu y verras la Savoie verser son sang pour eux et pour l'agrandissement de l'empire ; tu y apprendras

---

[1] *Adresse de Jean-Claude Têtu, maire de Montagnole, à ses concitoyens. Lettres et Opuscules,* page 84.

[2] Marquis A. Costa, *Un Homme d'autrefois,* page 97.

qu'ils ne se sont jamais découragés de défricher un sol ingrat pour en porter les fruits dans les mains de leurs princes... La Savoie est gouvernée par des militaires piémontais qui portent la loi au bout de leurs cannes... Elle sent toute sa misère et commence de s'en lasser... En voyant la France libre, elle rougira de sa honteuse position et demandera compte de l'or qu'elle a jeté dans les mains d'un prince qui la méprise, qui l'humilie et qui l'accable[1]. »

Dès 1789, les idées secessionnistes, en Savoie, se propageaient avec une étonnante rapidité. A ce fait si grave, la monarchie de Sardaigne ne savait opposer que les mesures les plus ridicules. Joseph de Maistre n'épargnait point ses avis. Mais nul ne les voulait entendre.

Cependant les événements se succédaient.

Le refus de Victor-Amédée d'admettre l'ambassadeur français, M. de Sémonville, fut, sinon la cause, du moins le prétexte de la rupture entre la France et la Sardaigne. Maistre raconte l'événement à son ami Costa et sa plume « a griffonné ces lignes de son bec affilé. »

« Sémonville est un ci-devant conseiller au Parlement de Paris, brailleur contre la Cour avant les Etats Généraux, et depuis, démocrate enragé. Envoyé ou ambassadeur à Gênes, il y a déployé un grand luxe et ce que j'appellerais volontiers le faste de la démocratie. Cocardes tricolores, discours incendiaires, avances à la canaille, etc.., il a donné beaucoup d'embarras au gouvernement de Gênes et même au nôtre, de qui il était connu et redouté. Déjà au mois de janvier, un homme en place d'Alexandrie écrivait ici à quelqu'un : « M. de Sémonville me donne beaucoup d'embarras. » Enfin, il a été chargé dernièrement de lettres de créances auprès de toutes les puissances de l'Italie, pour les forcer sur-le-champ à dire oui ou non. »

<hr>

[1] Forni, *Histoire de la réunion de la Savoie à la France*, p. 62.

Entre la France et l'Autriche, le roi de Sardaigne ne pouvait alors hésiter. « Tout de suite, comme vous le pen-
« sez bien, M. de Solar a dépêché un courrier à Turin, au
« retour duquel de Sémonville n'a pas encore voulu se
« résoudre à partir. Il a fallu pour cela envoyer un nou-
« veau courrier.

« L'aventure de M. de Sémonville fit à Paris un bruit
« facile à prévoir : on cria à la violation du droit des gens.
« Le roi répondit qu'on l'avait violé à son égard en en-
« voyant un ambassadeur sans le faire annoncer suivant
« les règles. Hélas ! il ne s'agissait pas de raison, ni même
« de raisonnement, avec l'Assemblée Nationale, mais bien
« de canons et de baïonnettes [1]. »

Aussitôt après l'incident de Sémonville, le roi de Sar-
daigne fit passer en Savoie des troupes et de l'artillerie, tandis que les bataillons français se concentraient à Bar-
reaux en Dauphiné, et à Cessieu, dans le Bugey.

Une lettre de Joseph de Maistre au comte Henry Costa va nous donner l'expression exacte du sentiment public, lors de ces préparatifs de guerre :

« Vous concevez bien, mon cher ami, que cent mille feuilles de papier ne suffiraient point à rendre les discours courants. Entrerons-nous ? n'entrerons-nous pas ? Est-ce un bien ? est-ce un mal ? Des dames parlent déjà de l'en-
droit où elles s'enfuiront. Le peuple, toujours sage, dit que cette calamité nous écrasera, parce qu'on n'a pas voulu lui laisser chasser les cocardes blanches ; quelqu'un m'a rapporté qu'un docteur de boutique disait qu'il se tournerait du côté du plus fort. Voyez les entêtés !

« Tout ceci ne vaut pas le diable. Nous avons force ca-
nons, mais point de citadelles. Notre pays sera donc un champ de bataille, si les Français entrent, si nous entrons,

[1] Marquis COSTA, *Un Homme d'autrefois*, pag. 108.

cela vaudra mieux, mais en même temps il faudra nous garder... En vérité, cher ami, je n'espère rien de bon. »

Le général Montesquiou qui, depuis quatre mois, sollicitait l'autorisation d'entrer en Savoie, la reçut de la Convention. Le 5 septembre 1792, la guerre fut déclarée par la France à la Sardaigne. Devant les armées françaises, les troupes piémontaises cantonnées en Savoie se retirèrent sans combattre et dans le plus grand désordre.

Maistre a, dans son *Adresse de quelques militaires savoyards à la Convention Nationale*, parlé de cette retraite extraordinaire et inattendue.

« A cette époque, les militaires répandus dans la.Savoie et qui voyaient depuis longtemps les préparatifs hostiles de nos voisins, ne doutaient point qu'ils ne fussent destinés à défendre cette province et, dans une honorable impatience, ils attendaient le moment de signaler leur valeur. *Mais il était écrit que leur bonne volonté devait être inutile, il fallut s'éloigner sans combattre. Tirons le rideau sur des événements inexplicables et surtout gardons-nous d'insulter l'honneur.* »

Ne voulant ici rien apprécier moi-même, je rapporte seulement ce que dit le marquis Costa en ses précieux *Mémoires* :

« Tant de désordres coup sur coup pénétrèrent le Roi du plus profond chagrin... On avait beau lui dire que Nice et la Savoie lui seraient rendus à la paix Il n'était pas bien sûr qu'une pareille restitution *fut même à désirer*, vu le nouvel essor qu'avaient pris les esprits et les prodigieux changements survenus dans les mœurs et dans les principes. Ce qui s'était passé dans ces provinces ultramontaines depuis que les Français révolutionnaires s'en étaient emparés, avait été pour lui matière à de tristes réflexions... Les Savoyards, de tous temps renommés pour leur fidélité, et qui, subjugués tant de fois par les rois de France,

avaient toujours tendu leurs bras à leurs souverains légitimes, semblaient cette fois renoncer à eux sans peine et
prendre goût à leur émancipation [1]. »

Avant même l'entrée des Français en Savoie, Joseph
de Maistre s'éloigna avec sa famille et se réfugia à Aoste.

Dès le 26 octobre, l'Assemblée Allobroge décréta une
loi qui enjoignait à tous les *émigrés* de rentrer en Savoie,
avant le 25 janvier 1793, sous peine de confiscation de
leurs biens.

Le roi de Sardaigne ayant laissé à toute la noblesse non
militaire la liberté de venir en Savoie défendre ses propriétés, Maistre rejoignit sa femme qui, enceinte de neuf
mois, l'avait précédé à Chambéry, malgré les dangers d'un
si pénible voyage. Mais là, il se trouva en butte aux exigences cruelles d'une municipalité insolente. On vint
même faire chez lui une visite domiciliaire, et tandis que la
brutale soldatesque hurlait, Madame de Maistre, saisie de
terreur, mettait au monde son troisième enfant, cette
« chère Constance » que son père ne devait plus revoir que
vingt-deux ans après.

Maistre n'attendait que cet événement, il partit donc
« l'âme pénétrée d'indignation, après avoir pourvu du
mieux qu'il put à la sûreté de sa famille. »

[1] Marquis Henry Costa, *Mémoires historiques sur la Maison
Royale de Savoie*, tome III, page 311.

Deuxième Partie

CHAPITRE PREMIER

**Maistre et les émigrés.
Illusions de la noblesse française sur la Révolution.
Tristes pressentiments du comte Joseph.**

> « L'égoïsme et l'avidité dominent tous les desseins de l'Europe. Faute d'idées et faute de principes, elle ne pouvait réduire la Révolution que par la force, et la force lui fait défaut. Cette force était toute l'espérance, toute la fortune et toute la politique des émigrés. »
>
> Albert Sorel, *L'Europe et la Révolution Française,* p. 560.

Tout était consommé !

Pour demeurer fidèle à son Roi, Maistre abandonnait ses biens et sa famille. Un pareil exil dut coûter à son cœur, mais aucun sacrifice ne le pouvait faire faillir à son devoir. Rien de plus noble que la franche et sincère profession de foi du gentilhomme savoyard : « Les militaires savoisiens *et d'autres encore qui suivent leur sort* ne sont pas seulement les *sujets* du roi de Sardaigne, ils sont ses *leudes*, ses *fidèles*, ses *hommes*, dans toute la force du terme féodal. Ils ont promis, sur tout ce qu'il y a de plus sacré, de n'être qu'à lui ; d'employer pour sa défense tous les moyens qu'ils ont reçu de la nature, de le servir contre tous ses ennemis *au péril de leur fortune et de leur vie,*

4.

et de se faire écraser sous les ruines de son trône, si ce
trône doit tomber. Et l'on voudrait qu'au moment du péril
ses fidèles l'eussent abandonné, et que, changés tout à coup
en lâches parjures, en raisonneurs apostats, ils fussent
demeurés en Savoie ! [1] »

Joseph de Maistre abandonnait donc son pays pour demeurer fidèle à son serment et continuer à servir son roi. Il
n'*émigrait* donc point, à justement parler ; mais, par
honneur et par devoir, pour n'être ni apostat, ni parjure,
il s'éloignait de cette terre de Savoie dont son roi avait été
dépossédé. Il ne fuyait pas devant le danger, mais il suivait
son maître. — « La patrie d'un homme est le pays entier
soumis à la domination de son souverain. »

C'est ainsi qu'aux yeux de Joseph de Maistre le roi
représente son pays ; c'est ainsi que dans son cœur, l'amour
de la patrie se confond avec le dévouement au souverain.

Royaliste déjà par instinct, il le demeure par science et par
raison. Il aime son souverain comme on doit aimer l'unité,
l'ordre et l'autorité, avec toutes les forces de son intelligence.

Le culte de la fidélité est si fortement ancré dans le cœur
de Joseph de Maistre qu'il ne peut dissimuler son admiration quand il voit ses ennemis eux-mêmes fidèles à leur
drapeau jusqu'à l'héroïsme. Le 15 août 1794, il écrit à
M. le baron de Vignet : « Le reproche que vous faisiez
l'autre jour aux Français de se réjouir des succès de leurs
bourreaux vient encore de la prévention, si vous y regardez
de près, car ce sentiment est très raisonnable et même
héroïque. Les soldats français ne sont point les bourreaux
des émigrés, mais les sujets de ces bourreaux ; ils se
battent pour une mauvaise cause, mais leurs succès ne sont
pas moins admirables. Je ne vois pas comment un Français
pourrait ne pas sentir un certain mouvement de complai-

---

[1] Adresse à la Convention nationale.

sance en voyant sa nation seule, non seulement résister à l'Europe, mais encore l'humilier et lui donner beaucoup de soucis. »

C'est à Lausanne que Joseph de Maistre se retira. Le poste était excellent pour tout observer, en Suisse aussi bien qu'en France, et pour renseigner le gouvernement qui l'avait envoyé là. Sa correspondance avec le cabinet pié-montais devait être, bien des années après, retrouvée dans les archives de Venise. Elle fut remise à Bonaparte, que tant de prédictions émerveillèrent.

Lausanne était, en 1792, à raison de sa proximité de la France, un lieu de refuge cher aux émigrés français venus là pour laisser passer *la giboulée*, ainsi que l'on y appelait la Révolution. Dédaigneux et moqueurs, les « messieurs *de la semaine qui vient* [1] » attendaient, sans trop de souci, la fin de ce qui ne devait être, pour eux, qu'une étrange aven-ture. Rien ne leur paraissait, en effet, plus assuré que le rétablissement prochain de l'ancien régime.

Aussi, en l'attendant, s'amusait-on. C'était, tous les jours, assemblées et concerts, brillants soupers, réjouis-sances et fracas. Pouvait-on faire aux sans-culottes de France l'honneur de les croire capables de mettre l'Etat en péril ? N'étaient-ils pas à la veille de se voir réduits à coups de fouet ?

« Les femmes les plus élégantes et les hommes les plus à la mode, ceux qui ne pouvaient marcher que comme aides-de-camp, attendaient dans les plaisirs le moment de la victoire. Ils avaient de beaux uniformes tout neufs ; ils paradaient de toute la rigueur de leur légèreté. Des som-mes considérables qui les auraient pu faire vivre pendant quelques années, ils les mangèrent en quelques jours : ce n'était pas la peine d'économiser puisqu'on serait inces-

---

[1] C'est ainsi qu'en Savoie on désignait les émigrés.

samment à Paris... Ces brillants chevaliers se préparaient par les succès de l'amour à la gloire, au rebours de l'ancienne chevalerie. Ils nous regardaient dédaigneusement cheminer à pied, le sac sur le dos, nous, petits gentilshommes de province, ou pauvres officiers devenus soldats. Ces Hercules filaient aux pieds de leurs Omphales les quenouilles qu'ils nous avaient envoyées et que nous leur remettions en passant, en nous contentant de nos épées [1]. »

Joseph de Maistre n'était point l'homme de si prodigieuses illusions. Il était bien loin de ressentir la douce quiétude des émigrés, de croire à un retour prochain et triomphal, Aussi raillait-il quelquefois :

« Il me semble, écrit-il à la marquise Costa, nous voir entrer par le faubourg Montmeillan [2]. Si vous voulez, j'aurai l'honneur de vous porter en croupe, suivant l'ancienne méthode, et de peur de l'achoppement, ma tête incrédule sera armée de mes belles lunettes de Genève qui m'ont coûté 12 francs..... »

Cessant de rire, il écrira plus tard :

« Le second hiver que nous avons éprouvé a jeté six pieds de neige *sur les petites cloisons qui nous séparent de nos amis.* Voilà l'ouverture du bal renvoyée ; cependant les violons sont prêts et tous les archets sont en l'air [3]. »

Tandis que, les émigrés, insouciants et légers, affichaient plus de *mépris* que de *haine* pour la Révolution, Maistre, lui, qui exécrait pourtant le jacobinisme, n'en avait pas moins proclamé la déplorable, mais infaillible nécessité d'une Révolution dans tous les gouvernements [4].

---

[1] Vte DE CHATEAUBRIAND, *Mémoires d'outre-tombe*, t. III, p. 52.

[2] L'un des faubourgs de la ville de Chambéry.

[3] *Correspondance.* — Lettre du 29 avril 1793 à Mme la comtesse Henri Costa.

[4] *Correspondance.* — Lettre du 28 octobre 1794 à M. le baron de Vignet.

« Vous m'avez laissé imprimer que tous les gouvernements étaient vieux. Je vous ajoute à l'oreille qu'ils étaient pourris. Le plus gâté de tous est tombé avec fracas ; les autres suivront probablement[1]..... » Comme nous sommes loin des illusions de la noblesse française qui s'obstinait à ne point prendre au sérieux la Révolution et prétendait l'anéantir, pour relever l'édifice qui venait de s'écrouler !

« Les émigrés nient tout ce que la France affirme ; ils menacent de ruiner tout ce qu'elle a fondé ; ils se vantent de rétablir un ordre de choses détruit sans retour et de détruire des choses indestructibles[2]. » Tout, en effet, leur paraissait possible à la force et facile à l'aide de la force.

De Maistre s'irritait de tant d'aveuglement. La Révolution n'était à ses yeux ni une *giboulée,* ni un *accident* qui devait en peu de jours prendre terme sans laisser de traces ; c'était une *époque ;* et « malheur aux générations qui assistent aux époques du monde ! »

Les émigrés n'ont jamais compris que la restauration de l'ancien régime n'était point une affaire de quelque temps. « Le projet de *mettre le lac de Genève en bouteilles* est beaucoup moins fou que celui de rétablir les choses *sur le même pied où elles étaient avant la Révolution*[3]. » En affirmant ainsi que l'onne pourrait plus gouverner après la Révolution française comme auparavant, Maistre, en vérité, ne se trompait guère et, ce qui, par dessus tout, l'exaspérait, c'était de voir les émigrés eux-mêmes désirer et appeler de leurs vœux le démembrement de la France.

Personne à Lausanne, hormis Joseph de Maistre, ne son-

---

[1] *Correspondance.* — Lettre du 2 mai 1794 à M. le baron de Vignet.

[2] SOREL, *L'Europe et la Révolution française,* 2e partie, p. 561.

[3] *Correspondance.* — Lettre du 9 décembre 1793 à M. le baron de Vignet.

geait à regarder s'amonceler les nuages précurseurs de la terrible tempête.

C'est le 21 janvier 1793 que la foudre éclata.

Nul, tout d'abord, ne voulut croire à la mort de Louis XVI. On avait, nous dit le marquis Albert Costa, imaginé une substitution, un enlèvement, une fuite.

« Le roi, écrivait-on, ne peut pas, *ne doit point* être mort..... J'ai la certitude, partagée par les gens sérieux d'ici que nous le verrons bientôt à la tête des armées de la coalition, rosser d'importance républicains et république [1]. »

Louis XVI était bien mort, et « Pitt, le grand ministre de la paix, ne s'était point encore montré le grand ministre de la guerre. » L'Angleterre, en effet, la seule des nations européennes qui possédât le ressort nécessaire pour lutter contre la Révolution, n'avait point encore pu prendre de décision. L'égoïsme anglais ne surprit pas Maistre, car il l'avait depuis longtemps prophétisé, mais tant d'indifférence le navrait.

« Qu'arrivera-t-il de tout cela? Je n'en sais rien. La sottise et la scélératesse humaine sont deux immenses aveugles dont Mme la Providence se sert pour arriver à ses fins, comme l'artiste se sert d'un outil pour exécuter ses ouvrages. La lime sait-elle qu'elle fait une clef? Tous les personnages exécrables ou risibles qui s'agitent dans 'ce moment sur la scène du monde sont des limes. Quand l'ouvrage sera fait, nous nous prosternerons pour le recevoir des mains du Grand Ouvrier [2]. »

Mais en attendant la fin de l'*ouvrage*, Maistre, pour son pays et pour le monde, tremblait tous les jours davantage,

---

[1] Marquis Albert Costa, *Un Homme d'autrefois*, p. 152.
[2] *Correspondance.* — Lettre du 28 mai 1793 à Mme la comtesse Henri Costa.

car il pressentait bien que la tragédie n'était pas près de
finir.

Modéré, silencieux et observateur, il disait à son souverain ce que le spectacle des hommes et des choses lui inspirait de crainte pour l'avenir. Rien ne pouvait arrêter son
zèle, ni faire taire sa voix, lorsqu'il y avait un péril à
signaler :

« Je continuerai toujours à dire ce qui me paraît bon et
juste, sans me gêner le moins du monde. C'est par là que
je vaux, si je vaux quelque chose [1]. »

Bien souvent, à Lausanne, Maistre eut à regretter et à
blâmer la maladresse imprudente de ces gentilshommes
turbulents qui, alors que la France était en péril, se diver-
tissaient avec scandale et traitaient en pays conquis les
contrées où ils avaient trouvé asile. Cette conduite leur
valut bientôt de n'avoir pas plus d'amis à l'étranger qu'ils
n'avaient de partisans en France. Les dépenses fastueuses
des premiers jours ayant épuisé leur pécule, les émigrés se
trouvèrent sans argent et sans crédit ; mais leur vanité se
roidissant contre le malheur, ils n'en devinrent que plus
insupportables et plus maladroits.

Maistre, en pareille société, ne devait point se trouver à
l'aise. Aussi travaillait-il et ne sortait-il guère. Il méditait
ses *Considérations*, « contrôlant ses théories par le spectacle qu'offraient les hommes et les choses ; sans faiblir dans
ses convictions, il cherchait dans les faits des assises sûres
où il pût dans la lutte appuyer sa fermeté de principes [2]. »

Les fautes incessantes commises par les émigrés leur
avaient aliéné ceux-là même qui défendaient la même
cause contre l'ennemi révolutionnaire. De ce nombre était

---

[1] *Correspondance.*— Lettre du 17 (29) mai 1805 à Mme la baronne
de.....

[2] A. Blanc, *Mémoires.*

le baron de Vignet, alors ministre du roi de Sardaigne à
Berne, qui, dans sa correspondance avec Maistre, exhalait
ses plaintes sur tant de déplorables maladresses. Et Maistre, lui répondant à son tour, défendait, avec une générosité
touchante, les émigrés français dont la situation malheureuse lui paraissait, malgré tout, digne de pitié.

« Je vois par votre dernière lettre, cher ami, que vous
donnez un peu sans vous en apercevoir, dans le préjugé
contre les émigrés. Vous croyez qu'ils ont montré de la
joie sur les affaires de Genève : détrompez-vous. Je n'ai
pas vu un Français qui n'ait parlé sur ces horreurs avec le
ton que nous y aurions mis vous et moi.

« Voici tout le mystère : les émigrés ennuient, parce
qu'on est faible et parce qu'on n'a pas la force de leur
dire rondement ce qui serait fort naturel : « On nous me-
« nace, nous n'avons pas la force de vous protéger, allez-
« vous en. » On se plaît à leur créer des fautes pour se
mettre bien avec soi-même et cependant il y aurait plus de
noblesse à parler franchement. Il faut avouer qu'on agit
bien mal avec les émigrés. La bonté de la cause qu'ils
défendent devrait jeter un voile sur leurs défauts ; et, au
contraire, on se sert de leurs défauts pour jeter de la défaveur sur leur cause. Je vous ai ouï dire souvent qu'il y
a un esprit révolutionnaire dans toutes les têtes ; que chacun veut faire une révolution à sa mode, etc...., vous
devez donc approuver ceux qui prêchent pour l'immobilité
des maximes [1]... »

Le paradoxe ne peut ici faire oublier la noble délicatesse
du sentiment.

---

[1] *Correspondance.* — Lettre du 6 août 1794 à M. le baron de
Vignet.

CHAPITRE II

La coalition. — Politique autrichienne
vis-à-vis de la Savoie dénoncée par Joseph de Maistre.
Discours à la Marquise Costa.

> « Si je n'ai point de fiel contre la
> France, n'en soyez pas surpris : je le
> garde tout pour l'Autriche. »
> *Lettre à M. le baron de Vignet, 15 août*
> *1794. (Lettres et Op., t. 1, p. 6.)*

Louis XVI était mort et, à cette provocation, l'Europe avait aussitôt répondu en prenant les armes. A la tête des troupes du roi de Sardaigne, la politique autrichienne met un général autrichien, le baron de Vins, « dont la fistule s'ouvre à point nommé toutes les fois qu'on le contrarie. » Ce choix malheureux arrachait à Maistre le cri sincère d'une indignation vibrante :

« C'est par l'Autriche que nous sommes humiliés, perdus, écrasés. C'est par elle que nous sortirons d'ici, non seulement sans argent, mais sans considération, j'ai presque dit sans honneur. Vous parlez d'orgueil, de prétentions ; trouvez-moi une suprématie, une domination plus insultante que celle de l'Autriche à notre égard. J'aimerais mille fois mieux trente mille émigrés qui se battraient pour nous que trente mille Allemands qui sont venus pour nous voir assommer sur les montagnes avec des lunettes d'approche [1]. »

Si, comme nous l'avons dit déjà et ainsi que nous le verrons mieux encore dans les pages qui vont suivre, si la Révolution jacobine est, pour Maistre, la grande ennemie du penseur, la Maison d'Autriche est, elle, la grande ennemie du citoyen.

Aux premiers jours de la Révolution, le roi de Sardaigne Victor-Amédée III avait dû, sans hésiter, se laisser inféoder à la Maison d'Autriche dont le but était,. tout en paraissant défendre le Piémont, de le laisser diminuer et vaincre, pour le reprendre plus facilement à la fin.

Cette politique, Maistre ne tarda pas à la dénoncer. Le premier de tous, non sans courage, il jeta le cri d'alarme pour que son Pays et son Roi ne supportassent pas plus longtemps, sans mot dire, l'envahissement doucereux, mais cruellement prémédité de « cette grande ennemie du genre humain. » Par lui, la politique autrichienne vis-à-vis de la Sardaigne est éloquemment et justement percée à jour.

C'est, d'un côté, l'empereur d'Autriche disant à Victor-Amédée, d'un ton paternel et protecteur : « Vous êtes petit et la France pour vous est une terrible voisine qui, si je n'étais pas là, ne saurait faire de votre royaume qu'une bouchée. Vous absorber est son unique désir ; prenez-y garde, venez à moi. »

Et de l'autre, c'est le bon roi Victor-Amédée qui, saisi de terreur, s'abandonne à l'Autriche, la ménage, cède à tous ses désirs et à tous ses caprices.

Certes, Maistre n'ignore point que la situation de son

[1] *Correspondance.* — Lettre du 15 août 1794 à M. le baron de Vignet.

Roi est difficile ; il sait bien que son souverain ne peut, « s'alliant à une bande de régicides », confier à la Convention le sort de son royaume ; mais il ne s'illusionne pas sur l'avenir que l'alliance autrichienne réserve à son pays.

Le baron de Vins, généralissime des armées Sardes, attendit six mois avant d'agir. Il ne se décida qu'en août 1793 à donner à ses troupes l'ordre de marcher.

L'armée du Mont-Cenis passa donc en Savoie et parvint jusqu'à la Roche-Cevins, petit village à moitié chemin du Saint-Bernard à Conflans, où elle s'établit sans coup férir.

La correspondance de Joseph de Maistre nous donne d'intéressants détails sur l'incroyable aveuglement et la sévérité excessive du gouvernement Sarde, pendant ce séjour en Savoie qui ne devait être d'ailleurs que de quelques semaines.

Cette promenade militaire, effectuée sans rencontrer d'ennemis, avait paru au roi de Sardaigne, autant qu'aux émigrés, le commencement de la fin. Aussitôt donc, on songea à punir les crimes des mauvais jours. C'est ainsi qu'à Moûtiers, de par l'ordre du roi, une Chambre ardente fut instituée dont la mission était de rechercher les sujets rebelles du roi Victor-Amédée et de les pendre.... en effigie.

Maistre, que la maladresse impardonnable de son gouvernement met hors de lui, déverse, dans une lettre au baron de Vignet, le trop plein de son cœur. « Comment, s'écrie-t-il, la première idée du Roi est de punir ? A-t-on jamais imaginé rien de plus impolitique ? Tandis que les trois quarts de la Savoie sont sous le couteau, on s'amuserait à pendre en effigie ! Belle imagination en vérité. *Vous me dites de ne me fâcher de rien ; mais, au nom de*

Dieu, peut-on ne pas se fâcher, quand on voit des pas d'école de ce genre [1] *!* »

Il dit plus loin :

« Les systèmes de Turin ébranlent quelquefois toute ma confiance. Je tremble de tous mes membres, quand je vois qu'ils s'apprêtent à agir comme s'il n'y avait plus de danger, TANDIS QU'IL NE FAIT QUE DE COMMENCER [2]. »

Mais, aux courtisans, ces reproches paraissent insultants pour la majesté royale.

Le baron de Vignet est au nombre de ceux pour qui, d'avance et sans examen, ce que font le roi et ses ministres est et doit être bien fait. Arrière ceux qui osent discuter, peser et mesurer, examiner et prédire ! Rien cependant n'arrête de Maistre.

« Vous êtes d'une colère terrible, mon cher ami, écrit-il au baron de Vignet, mais faites un peu votre examen de conscience, et voyez si vous n'avez pas vous-même tous les caractères de la prévention. *Dic nobis placentia.* Voilà votre devise. Eh bien, ne parlons plus de rien Tout va à merveille, puisque vous le voulez. Voilà précisément le caractère de la passion qui ne veut rien entendre. *Ne dirait-on pas que je prêche la révolte sur les toits, ou du moins le mépris pour le gouvernement ?* Je vous dis ce que je sais, autant qu'il est possible de savoir ce qu'on n'a pas vu..... Vous ne voulez rien entendre de contraire à vos systèmes et à vos instructions, vous traitez de cohue tout ce qui pense autrement. A la bonne heure ! Je vous en félicite, c'est un grand bonheur que la persuasion, quand on voit les choses couleur de rose..... *Défions-nous de ces systèmes tranchants qui nous font regarder comme des lépreux tous ceux qui ont le malheur de ne pas penser comme nous.* Ne disons

<hr>

[1] *Correspondance.* — Lettre du 4 septembre 1793 à M. le baron de Vignet.

[2] *Correspondance.* — Lettre du 15 août 1794.

pas comme le personnage de Molière : Nul n'aura de l'esprit hors nos amis et nous [1]. »

La leçon donnée est aussi juste que sévère.

Mais des lettres intimes ne suffisent pas à Maistre. Il faut parler plus haut pour prévenir le mal, s'il en est temps encore ; et, sans peur, il s'adresse au ministre du roi de Sardaigne, M. le comte d'Hauteville, pour lui signaler l'impardonnable maladresse commise au nom du souverain.

Voilà bien le sujet fidèle, à qui rien de ce qui intéresse son pays et son roi ne peut demeurer étranger, et qui n'hésite pas, quelles que puissent être les conséquences de sa hardiesse, à crier à son souverain aveuglé : « Sire, malheur à vous ! »

Cependant les Français avaient eu, grâce à la temporisation du baron de Vins, le loisir de prendre leurs dispositions d'attaque et bientôt devant les armées réunies de Kellermann et de Gouvion, l'armée piémontaise dut songer à la retraite.

Nous ne pouvons oublier ici une page émouvante de la vie de Joseph de Maistre.

Le marquis Henri Costa, l'*Homme d'autrefois*, était, aux premiers jours de l'invasion, gentilhomme de la Chambre à la Cour de Sardaigne. « Préférant une épée à un habit doré », il demanda et obtint, non sans peine d'ailleurs, de reprendre sa place dans la légion même où servait déjà son fils Eugène, gracieux enfant de quatorze ans. La marquise Costa, qui était alors à Genève, dut, après avoir vu partir son mari et son fils, rejoindre à Lausanne le comte Joseph de Maistre, qui devait être son si dévoué protecteur.

« Maistre me veut à Lausanne, écrivait alors la malheureuse mère ; que sa volonté soit faite ; il me parle d'ailleurs

---

[1] *Correspondance.* — Lettre du 9 décembre 1793.

en votre nom..... Eugène m'a laissé ici des trésors que je vais emporter avec moi, car, vous le savez, mon ami, ces trésors composent ma chapelle de souvenirs..... Je partirai demain pour gravir la seconde station de mon calvaire [1]. »

Hélas ! les plus atroces douleurs ne devaient point être épargnées à la marquise Costa.

Suspendues par l'hiver, les hostilités reprirent au printemps de 1794. Dans un des premiers engagements, Eugène tomba mortellement blessé.

C'est à l'amitié de Joseph de Maistre que le marquis s'en remit du soin d'annoncer à la pauvre mère le malheur qui venait de la frapper. Maistre demeura une journée entière sans courage. Il ne se décida qu'au moment même où il n'y avait plus moyen de cacher la vérité que tout le monde connaissait déjà à Lausanne.

Je renonce à dépeindre une pareille scène.

« Il a fini comme il a vécu, écrivait quelques jours après la marquise Costa, ne vous refusez pas à son éloge que Maistre veut écrire ; cette pensée alimente ma douleur [2]. »

En effet, pour essayer d'adoucir cette immense souffrance, Maistre entreprit d'écrire le discours que l'on sait. L'œuvre est belle sans doute et la lecture ne laisse pas d'en être émouvante ; mais elle est encore trop imprégnée de cette déclamation sentimentale chère à Jean-Jacques Rousseau.

« Je trouve, écrivait la marquise Costa, qu'il n'a pas fait ressortir assez les charmes de son enfance ; la politique est trop la base de son discours..... Je ne crois pas de Maistre assez sensible [3]. »

---

[1] Marquis A. Costa, *Un Homme d'autrefois*, p. 136.
[2] *Idem*, ouvr. cité, p. 240.
[3] *Idem*, ouvr. cité, p. 242.

En vérité, la douleur d'une mère songe-t-elle à la politique générale ?

« Nous n'avons point compris la révolution dont nous sommes les témoins. Longtemps nous l'avons prise pour un événement, nous étions dans l'erreur, c'est une époque [1]. »

Ainsi s'exprimait Joseph de Maistre. Rien de plus profond ni de plus vrai ; mais en quoi ces considérations élevées et philosophiques pouvaient-elles adoucir la désolation de cette femme admirable que les grands sentiments exaspéraient en quelque sorte, car elle était toute à son deuil ?

Dans ce discours pourtant, à côté de ces défauts, moins sensibles pour nous que pour la marquise Costa, que de grandes et nobles pensées fortement exprimées !

« Au milieu de cette masse effroyable de maux que la Révolution française a versés sur nos têtes, vos souffrances, par un funeste privilège, s'élèvent au-dessus de mille autres. Le sacrifice même imposé à votre fils disparaît si on le compare au vôtre : le sien ne fut que la mort ; le vôtre est de lui survivre. Sans doute, toutes les consolations humaines se réunissent autour de vous; mais combien toutes ces consolations sont vaines. Arrachez donc vos yeux de cette terre qui n'est plus pour vous qu'un désert ensanglanté. »

Du sublime dévouement de Joseph de Maistre, en d'aussi déplorables circonstances, je ne veux retenir d'autre témoignage que celui si éloquent et si ému du marquis Albert Costa : « S'il était permis, sans blasphémer, de rapprocher d'une douleur divine l'excès de la souffrance humaine, on pourrait dire que Joseph de Maistre fut le Cyrénéen de ces heures d'agonie [2]. »

---

[1] *Discours à la Marquise Costa.*
[2] M^{ie} COSTA, *Un Homme d'autrefois*, p. 237.

CHAPITRE III

Joseph de Maistre à Lausanne.
Ses appréciations sur le rôle de la France en Europe.
De l'état de l'Europe de 1794 à 1798.

———

> « Le génie de la confusion et du dé-
> sordre secoue ses torches sur la
> France ; il plane sur cette terre déso-
> lée ; il défend à l'ordre d'y renaître et
> règne sur les débris. »
> *Adresse à la Convention Nationale.*
> *(Lettres et Op.*, t. II, p. 32.)

LAUSANNE, le comte fut rejoint par Madame de Maistre, son fils Rodolphe et Adèle, sa fille aînée ; mais sa plus jeune fille, Constance, trop enfant pour être exposée aux dangers d'une fuite clandestine, demeura chez sa grand'mère. Maistre ne la devait connaître que quinze ans plus tard. Cette séparation fut toujours pour lui une plaie douloureuse.

Des amis, Maistre en eut en Suisse, et tels qu'il n'en devait plus retrouver, même à Saint-Pétersbourg. — Au premier rang, nous trouvons cette bonne Madame Huber Alléon.

« Vous ne sauriez croire, écrira-t-il plus tard au comte Théodore Golowkin, à quel point cette pauvre femme m'est présente ; je la vois sans cesse avec sa grande figure droite, son léger apprêt genevois, sa raison calme, sa finesse naturelle et son badinage grave. Elle était ardente amie, quoique froide sur tout le reste. Je ne passerai pas de meilleures soirées que celles que j'ai passées chez elle, les pieds sur les chenêts, le coude sur la table, pensant tout haut, excitant sa pensée et rasant mille sujets à tire d'aile, au milieu d'une famille bien digne d'elle. Quand on a passé le milieu de sa vie, ces pertes sont irréparables [1]. »

Il est facile de voir, à la seule lecture de la correspondance de Joseph de Maistre, combien, chez lui, les affections sont invariables au milieu de toutes les vicissitudes, et quelle place les plaisirs tranquilles et sains de la confiante amitié ont toujours tenue dans son cœur. C'est pourquoi jamais il ne put perdre le souvenir de cette hospitalité simple et sincère de Lausanne.

« Ici, écrira-t-il de Saint-Pétersbourg à sa vieille amie, partout l'on dîne et l'on soupe, mais l'étranger n'arrive jamais jusqu'au cœur. Jamais je ne me vois en grande parure au milieu de toute la pompe asiatique, sans songer à mes bas gris de Lausanne et à cette lanterne avec laquelle j'allais vous voir à *Cour*. Délicieux salon de Cour ! C'est cela qui me manque ici ! Après que j'ai bien fatigué mes chevaux le long de ces belles rues, si je pouvais trouver l'amitié en pantoufle et raisonner pantoufle avec elle, il ne manquerait rien [2]. »

On eût assurément, il y a trente ans à peine, étonné bien des gens en leur disant que le foudroyant comte de Maistre, cet homme dont alors le nom terrifiait, était en réalité le plus délicat et le meilleur des amis.

L'ogre légendaire disparaît à la lecture de quelques lignes adressées au baron de Vignet.

« Quant à ce que vous appelez toujours *mon esprit*, je ne

[1] *Correspondance.* — Lettre du 30 (18 juin) 1807 à M. le comte marquis Théodore Golowkin, à Moscou.

[2] *Correspondance.* — Lettre du 26 septembre 1806 à Mᵐᵉ Huber Alléon.

sais que vous dire. Si vous me disiez en particulier, vous avez dit ceci ou cela mal à propos, je vous répondrais ; mais que répondre à l'accusation générale d'avoir de l'esprit ? Il n'y a ni dans la Caroline, ni dans le coutumier du pays de Vaud, aucune peine contre ce délit. Tout ce que je puis vous assurer sérieusement, c'est que je veille sur moi avec la plus grande exactitude, que je parle peu sur les affaires ; que je n'en parle que suivant les principes les plus purs, au point que je suis regardé comme un des fauteurs les plus décidés de ces principes, par la tourbe des constitutionnels [1]. »

L'esprit n'était point, chez Joseph de Maistre, exclusif de l'aménité et de la délicatesse pour ses adversaires eux-mêmes. Mme de Staël, alors à Lausanne, lui fournit maintes fois l'occasion de faire preuve d'une tolérance aimable et du meilleur goût.

Je n'en veux d'autre exemple que le récit même de ses relations avec cette femme « célèbre ou fameuse, qui aurait pu être adorable et qui n'a été qu'extraordinaire » :

« ..... Le cœur n'est pas mauvais du tout. A cet égard, on lui a fait tort. Quant à l'esprit, elle en a prodigieusement, surtout, comme vous le dites fort bien, lorsqu'elle ne cherche pas à en avoir. N'ayant étudié ensemble ni en théologie ni en politique, nous avons donné en Suisse des scènes à mourir de rire, cependant, sans nous brouiller jamais. Son père qui vivait alors, était parent et ami de gens que j'aime de tout mon cœur, et que, pour tout au monde, jamais je n'aurais voulu chagriner. Je laissai donc crier les émigrés qui nous entouraient, sans vouloir jamais tirer l'épée. On me sut gré de cette modération, de manière qu'il y a toujours eu entre cette famille et moi paix et amitié, malgré la différence des bannières [2]. »

---

[1] *Œuvres complètes,* t. IX, p. 85.
[2] *Lettres et Opuscules,* t. Ier, p. 56.

Dieu sait pourtant combien l'âpre droiture du gentil-homme savoyard se devait peu accommoder de « ce bel esprit, quêteur d'éloges, de cette actrice en diplomatie qui ne joua que pour les applaudissements [1]. »

Si les ineffables douceurs de la vie de famille, retrouvée pour quelques années, et les innocents plaisirs de l'amitié confiante et sincère étaient chers à son cœur meurtri, Joseph de Maistre ne négligeait point pour cela la mission que son souverain lui avait confiée. Mal placé pour agir, il l'était à merveille pour observer et penser. Aussi n'hésitait-il pas à dénoncer les fautes des uns et les illusions des autres.

Par-dessus tout, ce qui l'afflige, c'est la faiblesse de son roi, le désordre qui règne en Piémont, l'esprit révolution-naire *qui est dans toutes les têtes*. Il écrit, à l'adresse de la noblesse de son pays, des lignes empreintes d'une véritable indignation.

« Que des polissons de secrétaires mènent les ministres qui mènent l'Etat, qu'on s'imagine que l'essence de la sou-veraineté consiste dans l'avilissement de la noblesse, de la magistrature, en un mot de toutes les autorités intermé-diaires ; qu'on en vienne au point de folie de faire dire, en propres termes, à des corps supérieurs : « Le roi n'aime pas les remontrances » et qu'on vous apporte à midi, pour les enregistrer dans la journée, des lettres patentes destinées à renverser l'Etat, afin qu'on ait pas le temps de les lire, je vous avoue, mon bon et cher ami, que c'est un autre excès tout aussi extravagant et qui mène droit au renver-sement du trône.

« Il ne faut point de révolution pour réformer tout cela ; *il faut écouter les gens qui savent la politique et ne pas les traiter de mauvaises têtes (à commencer par vous) lors-*

---

[1] ALBERT BLANC, *Mémoires*.

*qu'ils montreront, très respectueusement, du bout du doigt,
l'abîme où l'on court.* »

En Piémont, en effet, à cette époque (1795), l'anarchie
était partout, même à la Cour de Turin et surtout là. Quant
au roi Victor-Amédée, timoré, indécis, incapable d'une
résolution, il se prêtait aveuglément à toutes les intrigues,
n'écoutant que sa haine contre les idées nouvelles et
attendant tous les jours l'agonie prochaine du monstre
révolutionnaire.

L'intrigue qui, sous un prince aussi faible, parvenait à
triompher, inspirait à l'ambassadeur piémontais autant de
dégoût que de crainte pour l'avenir.

« Je me confirme tous les jours plus dans mon opinion
que c'est fait de la monarchie absolue et je pense à croire
que le monarque qui voudra sauver sa puissance *fera bien
d'en sacrifier une portion* ou, pour mieux dire, d'en restreindre légalement les abus. Le succès prodigieux des Français, la pente générale de l'Europe vers le gouvernement
mixte, les fautes de la monarchie *dans un moment où elle
devrait se servir de tous ses moyens,* l'impéritie ou la corruption des mœurs, *même de notre côté,* sont des circonstances arrangées d'une manière si extraordinaire, *que j'y
vois un arrêt de la Providence*[1]. »

Dès le 22 août 1794, Maistre s'exprimait ainsi et il ajoutait : « Je n'ai pas perdu l'espérance qu'il se fera quelque
changement en bien, naturellement ; mais toujours la
France victorieuse dictera ses conditions et avec sa puissance, ses richesses et son prosélytisme, elle agitera l'Europe et achèvera la Révolution. On peut croire à la vérité
que les gouvernements, en se modifiant, se perfectionne-
ront, et il me semble en effet qu'ils étaient tous sortis de
leurs bases anciennes et légitimes. »

[1] *Correspondance.* — Lettre du 22 août 1794 à M. le baron de
Vignet.

Maistre exilé, meurtri dans ses plus chères affections, froissé dans tous ses sentiments, proclamait encore les destinées providentielles de la France. Et, tandis que l'Europe entière, impuissante à combattre la Révolution parce qu'elle était incapable de la comprendre, persistait à considérer cette Révolution même comme une de ces crises intérieures qui, tant de fois aux siècles passés, avaient bouleversé les Etats, l'envoyé sarde, témoin du merveilleux élan et du généreux enthousiasme qui soulevaient la France, avait su pressentir, en son admirable génie, que cette France malade travaillait encore, dans son délire, pour Dieu et pour l'humanité.

Maistre est le premier qui, malgré la dureté des temps, ait, lui, le serviteur dévoué du monarque piémontais, proclamé, dans sa correspondance quotidienne, l'influence française. Bien d'autres, mais après lui et en d'autres temps, l'ont signalée avec moins de mérite.

« Il y a une atmosphère européenne. Les mêmes idées sont répandues partout : elles sont toutes françaises..... L'esprit qui anime l'Etat est celui qui anime la société européenne, la forme du gouvernement comme celle de la pensée, viennent de la Grèce par Rome et de Rome par la France. C'est l'esprit classique comme on est convenu de l'appeler. »

Maistre l'a dit déjà et le redira encore bien des années plus tard : « Deux caractères particuliers vous distinguent (les Français) de tous les peuples du monde : l'esprit d'association et celui de prosélytisme.

« Les idées chez vous sont toutes nationales et passionnées. Il me semble qu'un prophète, d'un seul trait de son fier pinceau, vous a peints d'après nature, il y a vingt-cinq siècles, lorsqu'il a dit : « Chaque parole de ce peuple est une conjuration. » La moindre opinion que vous lancez sur l'Europe est un bélier poussé par trente millions d'hommes. Toujours affamés de succès et d'influence, on dirait que vous ne vivez que pour contenter ce besoin et comme une nation ne peut avoir reçu une destination séparée du moyen de l'accomplir, vous avec reçu ce moyen dans votre langue par laquelle vous régnez bien plus que par vos armes, quoi qu'elles aient ébranlé l'univers. »

Le vicomte de Bonald n'a-t-il pas écrit à son tour « qu'un ouvrage dangereux écrit en français est une déclaration de guerre à toute l'Europe ? »

Mais si Maistre, dès 1794, proclamait ainsi la magistrature qu'exerce la France, il savait aussi protester contre ses agissements injustes et écrivait, au même moment, avec une sincérité pareille, un chaleureux plaidoyer en faveur de ses concitoyens proscrits par la Convention.

Dans « *l'Adresse de quelques parents des militaires savoisiens à la Convention nationale des Français* », il résumait la situation faite à son pays et protestait éloquemment contre la qualification d'émigrés attribuée à ceux de ses compatriotes qui étaient demeurés fidèles à leur roi. « Le poste de chaque citoyen et surtout d'un militaire est celui où le souverain l'a placé. C'est à ce souverain qu'il a juré fidélité ; il doit le suivre et ne suivre que lui. » Et l'auteur traçait ici même un tableau de son gouvernement, sans en oublier les ombres.

« Que si dans ces derniers temps, quelques ressorts de l'Etat semblaient avoir perdu de leur élasticité ; si quelquefois nous avons pu croire qu'il est possible *d'être trop bon,* *si l'influence des bureaux* a contrarié de temps en temps des autorités plus chéries ; si les intendants, nécessairement affranchis des formes qui compriment les autres juridictions, ont pu çà et là *fatiguer* quelques individus ; enfin, si le prince s'est montré un peu trop enclin pour le gouvernement militaire dont les actes *expéditifs et tranchants* lui semblaient nécessaires à la politique intérieure,

dans un moment de crise et d'effervescence, ce n'est point
ici le lieu de discuter ces reproches..... On peut convenir
sans danger des taches qui tiennent à l'imperfection humaine. »

Et Maistre, avec la dernière énergie, affirmait son inaltérable dévouement à son Roi, auquel il voulait rester
fidèle, par amour autant que par devoir, malgré les sacrifices qu'une pareille conduite lui avait valus et ceux qu'elle
devait lui coûter encore. « La mort, mille fois la mort,
plutôt que la fausseté et l'infâmie... Si l'injustice s'obstine,
l'honneur s'obstinera. »

Avant de terminer ce chapitre, jetons un coup d'œil ra-
pide sur les événements qui, de 1794 à 1796, remuèrent la
France et l'Europe.

Le 23 mars 1794, le roi Victor-Amédée, toujours prêt à
céder au moindre caprice de l'Autriche, signait avec elle le
traité de Valenciennes par lequel il lui cédait tout le Nova-
rais en échange des terres *qui pourraient revenir aux Au-*
trichiens de leurs conquêtes futures en Provence et en
Dauphiné.

Maistre sentit profondément cette humiliation et ne put
pardonner aux ministres de son roi un pareil acte de faiblesse.

Peu après le traité de Valenciennes, les hostilités reprirent entre les troupes françaises et l'armée austro-sarde.
Douze mille Français s'introduisirent, par les montagnes de
Nice et les sources du Tanaro, jusqu'au cœur du Piémont,
qui dût son salut momentané à l'indécision des armées de
Masséna et à la chute de Robespierre. L'Autriche parut
alors s'alarmer du voisinage de l'armée française, et, au
printemps de 1795, on put croire qu'à son tour elle allait
prendre l'offensive. Mais le baron de Vins, généralissime
des armées austro-sardes, se laissa encore prévenir par-

tout. Dix mille Français de l'armée du Rhin et six mille de l'armée des Pyrénées vinrent renforcer les troupes de tête et, le 24 novembre 1795, mirent l'armée en déroute.

« Cette Maison d'Autriche, écrivait Maistre, est une grande ennemie du genre humain et surtout de ses allliés. » Et, en vérité, les lenteurs calculées du baron de Vins faisaient penser que les instructions secrètes qui lui avaient été données portaient seulement d'écarter les Français de la Lombardie en les rejetant sur le Piémont. Ce qui venait de se passer détruisait tout espoir d'être sauvé par les Autrichiens; et, dans le pays même, on en était venu moins à redouter le jacobinisme qu'à souhaiter la fin d'une guerre ruineuse et déshonorante.

C'est alors que le Roi de Sardaigne fit partir pour Vienne une députation chargée d'exposer sa situation à l'Empereur, en lui déclarant qu'il se verrait forcé de prêter l'oreille aux ouvertures de la France si les alliés ne lui fournissaient des secours proportionnés à l'urgence du péril où il se trouvait.

Il parut un moment que la coalition allait envoyer des renforts et agir avec quelque vigueur. Beaulieu fut désigné pour remplacer de Vins. Mais Bonaparte arrivait.

Millésimo, Dego, Mondovi !

« Tout est perdu, hormis l'honneur. »

L'effroi fut tel à Turin après les désastres des alliés que le roi Victor-Amédée dut prendre l'initiative des négociations pour la paix. L'armistice de Cherasco fut signé, puis le traité de Paris (15 mai 1796) par lequel le roi de Sardaigne sacrifiait sept de ses provinces pour sauver le reste.

La situation du Piémont était alors des plus critiques entre l'Autriche qui lui reprochait de l'avoir abandonnée *après tant de services rendus*..... et la France qui venait de l'accueillir, comme on accueille des traitres qui, réduits aux abois, font leur soumission.

L'Autriche avait agi en détestable ennemie de la Sardaigne, tout en s'en prétendant insolemment l'alliée, et le ministre piémontais avait bien le droit de réserver tout son fiel pour cette nation orgueilleuse et méchante.

Le roi Victor-Amédée survécut six mois à peine au traité de Paris. Il mourut, accablé de chagrin, le 16 octobre, laissant à son fils Charles-Emmanuel IV un trône qui s'écroulait.

Le nouveau souverain n'eût pas un jour d'illusion ou d'espérance. Il était d'ailleurs atteint, dès son enfance, d'une maladie nerveuse qui avait imprimé à tout son être une mélancolie inguérissable.

Les progrès de la Révolution ayant reformé contre la France une seconde coalition, le roi Charles-Emmanuel IV se vit déclarer la guerre le 6 décembre 1798. Dès le 9, surpris dans Turin, il fut contraint d'abdiquer, de céder à la France ses Etats de terre ferme et de se retirer dans l'île de Sardaigne, « protestant contre l'acte qui le dépouillait et déclarant n'avoir d'autre but par son abdication que d'éviter à ses sujets du Piémont les malheurs dont il était impuissant à les défendre par les armes. » Maistre dut alors abandonner Lausanne.

C'est de Turin, le 3 juin 1797, qu'il écrivit une lettre devenue célèbre que je veux reproduire en terminant ce chapitre. Cette lettre charmante est adressée à Adèle Maistre, sa fille aînée.

« ..... J'ai été aussi très content, ma bonne petite Adèle, du verbe chérir que tu m'as envoyé. Je veux te donner un petit échantillon de conjugaison ; mais je m'en tiendrai à l'indicatif, c'est bien assez pour une fois.

« Je te chéris, ma chère Adèle ; tu me chéris aussi et

maman te chérit ; nous vous chérissons également Rodolphe et toi, parce que vous êtes tous les deux nos enfants et que vous nous chérissez également l'un et l'autre ; mais c'est précisément parce que vos parents vous chérissent tant qu'il faut tâcher de le mériter tous les jours davantage. Je te chérissais, mon enfant, lorsque tu ne me chérissais point encore, et ta mère te chérissait peut-être encore plus, parce que tu lui as coûté davantage. Nous vous chérissions tous les deux, lorsque vous ne chérissiez encore que le lait de votre nourrice, et que ceux qui vous chérissaient n'avaient point encore le plaisir du retour. Si je t'ai chérie depuis le berceau et si tu m'as chéri depuis que tu as pu te dire : mon papa m'a toujours chérie ; si nous vous avons chéris également, et si vous nous avez chéris de même, je crois fermement que ceux qui vous ont tant chéris ne changeront point de cœur. Je te chérirai et tu me chériras toujours, et il ne sera pas aisé de deviner lequel des deux chérira le plus l'autre. Nous ne chérirons cependant nos enfants, ni moi ni votre maman, que dans le cas où vous chérirez vos devoirs. Mais je ne veux point avoir de soucis sur ce point et je me tiens pour sûr que votre papa et votre maman vous chériront toujours. »

Un grand cœur peut seul conjuguer ainsi le verbe : Chérir.

CHAPITRE IV

**L'œuvre de Joseph de Maistre. — Son esprit,
son but et sa méthode.**

Considérations sur la France.

La Révolution envisagée au point de vue moral.

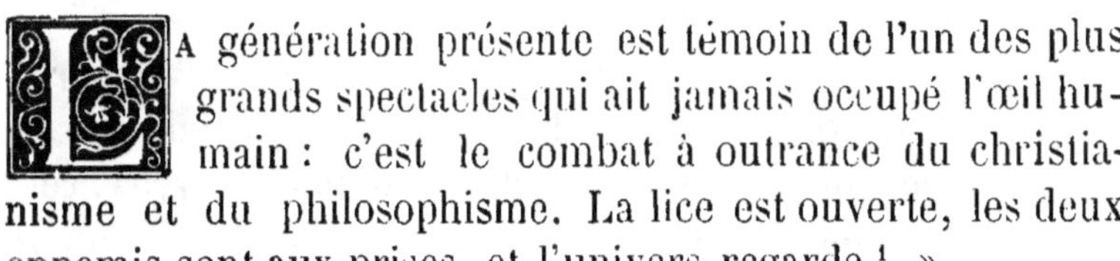

A génération présente est témoin de l'un des plus grands spectacles qui ait jamais occupé l'œil humain : c'est le combat à outrance du christianisme et du philosophisme. La lice est ouverte, les deux ennemis sont aux prises, et l'univers regarde [1]. »

C'est sur cette grande arène que, dès le début de son premier ouvrage, Maistre tient ses regards attachés ; c'est sur elle qu'il faudra, après lui, se pencher pour mieux voir. Car la lutte qui s'est engagée là, entre Dieu et l'homme, doit être, selon lui, le premier objet de notre ardente préoccupation, comme elle l'est de la sienne.

Ce n'est donc pas, autant qu'on l'a dit, le spectacle des

---

[1] *Considérations sur la France*, p. 62.

scènes folles et sanglantes de la Révolution ; mais bien l'étude de la philosophie du dix-huitième siècle, qui a inspiré Joseph de Maistre, a frappé son esprit et excité son talent. Cette philosophie était l'art de se passer de Dieu, aussi bien dans la formation et la conservation de l'univers que dans le gouvernement de la société et dans la direction même de l'homme.

Or, tandis que le but de ce *philosophisme* est de tout expliquer, de tout régler sans le concours de la Divinité, Maistre montrera partout cet Etre suprême dont on ne veut nulle part.

Je pense trouver ici la raison première de l'élan admirable avec lequel notre fin de siècle s'occupe de Joseph de Maistre, si longtemps oublié ou méconnu. Un surprenant retour vers les idées religieuses s'est manifesté. Les générations nouvelles ne se sentent pas à l'aise dans la froide prison où les matérialistes les voudraient enfermer. Le besoin de l'infini agite les âmes.

Ceux-là même, qui se résigneraient facilement à se passer de Dieu, s'inquiètent, s'ils sont sincères, au spectacle d'une société qu'aucune religion ne soutient.

Si la Révolution française paraît préoccuper Maistre à un haut degré, si elle semble être, dès le début de son œuvre, le sujet de ses réflexions, c'est qu'à ses yeux, cette révolution même est l'événement humain par lequel la Divinité s'est révélée de la façon la plus claire et la plus indiscutable. Pour lui elle est aussi merveilleuse « que la fructification instantanée d'un arbre au mois de janvier. »

La volonté providentielle, en effet, se montre le plus souvent par l'ordre réalisé en vertu des lois générales, mais elle ne se manifeste pas moins, exceptionnellement cette fois, quand, *par miracle,* ces lois elles-mêmes sont suspendues.

Joseph de Maistre n'est pas un philosophe, au sens propre du mot. Il ne l'est ni par ses tendances, ni par son esprit, ni par sa méthode.

Le philosophe, en effet, voulant se préserver de l'hypothèse, procède par induction. D'abord, il observe l'homme ; puis sortant de la conscience, mais toujours guidé par elle, il s'élève jusqu'à Dieu « qui explique tout et que toutes nos facultés réclament, la raison, le cœur et les sens [1]. »

C'est ainsi qu'a procédé Descartes. Rencontrant devant lui le scepticisme répandu de tous côtés, mais, voulant donner à son raisonnement une base indiscutable, il a, provisoirement au moins, rejeté toutes les idées qu'il avait reçues jusque là, sans les contrôler. Il n'a plus admis que celles qui, après un examen sérieux, lui paraissaient évidentes. Une seule chose devait survivre à son doute, l'existence même de ce doute, c'est-à-dire de sa pensée. Sur ce fondement, Descartes a élevé sa doctrine.

C'est encore par l'observation et l'analyse, impitoyables et sans mesure, que la philosophie du dernier siècle a toujours procédé.

Toute autre est la méthode de Joseph de Maistre. Il débute courageusement par *un acte de foi* en ce Dieu, dont il ne se préoccupe pas plus de nous démontrer l'existence que, pour nous parler des taches du soleil, l'astronome ne commence par essayer de nous prouver qu'il y a vraiment un astre de ce nom.

On n'accusera point encore de Maistre, je le pense du moins, d'avoir, en procédant ainsi, essayé de détruire la raison au profit de la foi. Son erreur, en vérité, eût été grande ; car, si l'on enlève à la foi ses fondements rationnels, on dispose par là-même l'esprit humain aux plus étranges aberrations, on prépare l'explosion du fanatisme

---

[1] V. Cousin, *Histoire générale de la philosophie.*

et, par des retours infaillibles, on aboutit au scepticisme [1]. Mais, en affirmant, sans essayer de donner des preuves à l'appui, l'existence de Dieu, Maistre entendait proclamer une vérité de raison autant que de foi. Il ne trahissait et ne méconnaissait point dès lors ni l'une ni l'autre.

Nous verrons plus tard que, la raison lui ayant montré qu'il fallait croire, Maistre a donné à la foi la priorité qui lui revient, je crois. Alors seulement nous aurons à nous demander si, vraiment, l'apologiste sincère et convaincu, ami résolu et passionné de la vérité, a ouvert les voies au traditionalisme.

« Nous sommes attachés au trône de l'Etre suprême par une chaîne souple qui nous retient sans nous asservir [2]. »

Dieu et l'homme... Prescience divine, liberté humaine. L'action de Dieu n'exclut pas l'action de l'homme, la Providence divine laisse subsister la liberté humaine. Mais si la liberté consiste dans la faculté d'entendre et de vouloir, la liberté parfaite, remarquons-le bien, consiste dans la perfection même de l'intelligence et de la volonté. L'imperfection de l'homme doit par là-même engendrer l'imperfection même de la liberté. C'est pourquoi l'homme aura toujours besoin de Dieu, seul parfait.

« Rien de plus admirable que cette action des êtres libres sous la main de Dieu. Librement esclave, l'homme opère volontairement et nécessairement. Il fait réellement ce qu'il veut, sans pouvoir déranger les plans de Dieu [3]. »

Sur cette grave question du libre arbitre, il est une analogie qui m'a frappé.

« Qui n'a visité un de ces ateliers de tissage où fonctionne

---

[1] R. P. MONSABRÉ, *Introduction au dogme catholique*, tome Ier, page 261.
[2] *Considérations sur la France*, page 1.
[3] *Considérations sur la France*, eod. loc.

le métier à la Jacquard ? Les ouvriers sont penchés sur la trame où se développent de belles broderies ; ils ne peuvent rien changer au dessin qui naît sous leurs mains ; là-haut, au-dessus de leurs têtes, invisible et médité d'avance par une intelligence supérieure à la leur, ce dernier est engendré par des patrons infaillibles ; il en descend, transmis et créé sur l'étoffe par une multitude de fils enchevêtrés ; une force aveugle fait battre le métier. Qu'est-il besoin de ces pauvres artisans?

« Pourtant ils travaillent ; s'ils se relâchent, l'ouvrage languit et se gâte ; s'ils jettent leur navette, les fils s'embrouillent et se rompent, tout est arrêté ! Les plus laborieux, les plus avisés font de meilleure besogne et la font plus vite ; cette pièce de soie qu'ils n'ont pas le pouvoir de modifier, ils ont le droit de dire quelle est leur œuvre.

« Nous sommes tous ces ouvriers si, comme je le crois, le monde n'est qu'un grand métier à la Jacquard [1]. »

Après l'homme, Joseph de Maistre considère la société.

« Toutes les institutions reposent sur une idée religieuse [2]. »

Tout venant de Dieu et Dieu étant en tout, il est juste de reconnaître que, dans tous les temps, les hommes ont considéré la religion comme le fondement indestructible de la société. Toutes les législations anciennes des peuples de l'antiquité reposent sur la crainte des dieux.

Et Maistre s'empresse d'affirmer « que toutes ces réflexions s'adressent à tout le monde..... C'est un fait que j'avance, proclame-t-il, et non une thèse. »

Jamais assurément philosophe n'a ainsi procédé. Toujours, au contraire, le philosophe a discuté au lieu d'exposer. Joseph de Maistre n'a donc point été un philosophe, il

<hr>

1 MELCHIOR DE VOGUÉ, *Regards historiques et littéraires.*
2 *Considérations sur la France.*

a été et il demeure un apologiste chrétien qui n'a point voulu, en discutant, placer Dieu contre l'homme.

Et le Dieu de Joseph de Maistre n'est point un Dieu impersonnel et vague qui est tout sans être rien. Il est actif et remuant. C'est une providence qui veille à tout et sur tous. Et, ce Dieu, il l'aime assez pour n'avoir d'autre désir que de le faire aimer par les autres; c'est à lui qu'il est fidèle, c'est de lui qu'il veut être l'apôtre.

Pendant son séjour en Suisse, le comte Joseph de Maistre publia ses *Considérations sur la France*.

Cette œuvre, remarquable entre toutes, est inspirée par les événements qui bouleversaient la vieille Europe, et conçue en vue de dégager les causes de la Révolution française et d'en préjuger les suites.

« Les vérités dont l'ouvrage est rempli, écrivait à son auteur le général russe M. O., sont d'un ordre élevé. C'est le développement de ce proverbe devenu commun, mais qui renferme en lui la loi la plus féconde, en applications et en conséquences :

« L'homme propose et Dieu dispose. »

La franche simplicité de l'appréciation me convient singulièrement. Il me semble, en effet, que tel était bien le but principal que l'auteur s'est assigné.

A travers le carnage et la guerre, Maistre que la passion n'aveugle point, quoi qu'on en ait pu dire, veut démontrer que le peuple de France est dès longtemps choisi « pour exercer sur les autres une véritable magistrature. »

Ecoutez et jugez si jamais Français, avec plus de sincérité, a su apprécier le rôle de la France :

« La Providence a donné à la nation française deux instruments et, pour ainsi dire deux bras avec lesquels elle remue le monde, la langue et l'esprit de prosélytisme qui forme l'essence même de son caractère.................

La puissance, j'ai presque dit la monarchie de la langue
française est visible..... on peut, tout au plus, faire sem-
blant d'en douter... Quant à l'esprit de prosélytisme, il est
connu comme le soleil[1]. »

Nul, sans doute, ne songera à reprocher à Joseph de
Maistre, sujet fidèle et dévoué du roi de Sardaigne, un tel
point de départ, peu fait d'ailleurs pour nous déplaire.

Un siècle après, au Vatican, une voix autorisée par dessus
toutes, est venue proclamer la même reconnaissance.

Mais si la Providence a dévolu à la France telle fonction
d'influence et de suprématie, à cette fonction même doit
correspondre pour elle un devoir dont la nation française
ne doit et ne devra jamais perdre de vue l'accomplissement,
si elle ne veut point contredire sa vocation et attirer sur
elle le châtiment.

Or, un jour, cette nation même, privilégiée entre toutes,
a voulu se servir de son influence pour démoraliser l'Europe ; elle a travaillé à affranchir les peuples de leur croyance
religieuse ; *elle a essayé de saper par sa base l'autorité.*

La Révolution est venue : elle était le châtiment. Et le
châtiment devait être d'autant plus sévère que, jusque là,
la nation coupable avait été la plus merveilleusement pro-
tégée et que sa faute devait avoir, pour la suite des temps,
de plus funestes conséquences.

Telle est la conviction de Joseph de Maistre, affirmée
dans des pages inoubliables, exprimée en un style un peu
philosophique, presque dogmatique, mais qu'anime le cœur
autant que la raison.

Certes, je veux et je dois reconnaître et proclamer la
transformation sociale sortie des douloureuses convulsions
qui ont agité la France à la fin du dernier siècle ; rien des
conséquences fécondes qui en sont découlées ne me laisse

---

[1] *Considérations sur la France.*

étranger. Mais à mon tour, reportant les yeux sur l'état de
la société, à cette époque même, je pourrai bien reconnaître tout d'abord que Maistre, en un pareil moment de
bouleversements et de crimes, flétrissait avec autant de
raison que de calme courage « les excès et les aberrations
révolutionnaires, l'apostasie solennelle des prêtres, l'inau-
guration de la déesse Raison et cette foule de scènes
inouïes où les provinces tâchaient de surpasser Paris. »

Chateaubriand a écrit ces lignes dans ses Mémoires d'outre-tombe : « Comme des crimes se sont trouvés mêlés à
un grand mouvement social, on s'est, très mal à propos,
figuré que les crimes avaient produit les grandeurs de la
Révolution, dont ils n'étaient que les affreux pastiches :
d'une belle nature souffrante, des esprits passionnés ou
systématiques n'ont admiré que la convulsion [1]. »

Maistre ne pensait point autrement. Il ne niait point le
grand mouvement social : bien mieux, il l'avait prédit ;
mais, comme tous les esprits sages, il s'indignait des excès
auxquels la liberté servait de prétexte. Les attaques contre
la propriété et la famille, le mépris de toute autorité, lui
semblaient de mauvais moyens pour la fonder et il les réprouvait avec une énergie que justifient les circonstances
au milieu desquelles il écrivait. Quelle époque présenta
jamais un semblable déchaînement de passions anarchiques
et subversives ? Les espérances de l'avenir ne rachètent
pas de pareils désordres.

La Révolution française avait donc, aux yeux de Joseph
de Maistre, « un caractère satanique... C'était la malédiction
divine. » Mais aussitôt ce grand mot prononcé, l'idée do-
minante et caractéristique de son œuvre apparaît : « C'est
la Divinité qui punit pour régénérer. »

Qui donc devait être puni et régénéré ?

[1] Vte DE CHATEAUBRIAND, *Mémoires d'outre-tombe*, t. III, p. 19.

« Qu'il est peu de Français, s'écrie Maistre, même parmi ceux qu'on appelle victimes innocentes de la Révolution à qui leur conscience n'ait pu dire :

> Alors de vos erreurs voyant les tristes fruits,
> Reconnaissez les coups que vous avez conduits. »

La noblesse d'abord : à tout seigneur, tout honneur.

L'infâme Régence l'avait gangrenée à un point qu'il n'est pas aisé d'exprimer.

..... « Les âmes étaient si dégradées dans ce pays que les Français avaient pris en horreur le beau et le grand..... Le frac des jockeys, le pierrot des comédiennes habillaient les descendants des connétables ; le gentilhomme n'osait plus porter l'épée ; ... et la femme de haut parage disait à sa chiffonneuse : Ce bonnet n'a pas l'air assez fille..... »

Après la noblesse et pour le clergé, Maistre n'est guère plus indulgent.

« On ne saurait nier que le sacerdoce en France n'eût besoin d'être régénéré et quoi que je sois fort loin d'adopter les déclamations vulgaires sur le clergé, il ne me paraît pas moins incontestable que les richesses, le luxe et la pente générale des esprits vers le relâchement avaient fait décliner ce grand corps ; qu'il était possible seulement de trouver sous le camail un chevalier au lieu d'un apôtre et qu'enfin dans les temps qui précèdent immédiatement la Révolution, le clergé était descendu à peu près ainsi que l'armée, de la place qu'il avait occupée dans l'opinion générale. »

Enfin, pour les hommes de la Révolution, Maistre n'est que juste.

« Lorsque j'assiste par la pensée à l'époque de son rassemblement (de la Convention nationale), je me sens transporté, comme le barde sublime de l'Angleterre, dans un monde intellectuel, je vois l'ennemi du genre humain, séant au Manège et convoquant tous les esprits mauvais dans ce nouveau pandœmoninm ; j'entends distinctement *il ronco suon delle tartaree trombe ;* je vois tous les vices de la France accourir et je ne sais si j'écris une allégorie. »

C'est donc bien par dessus tout le caractère immoral et antireligieux de la Révolution française qui émeut Josepų de Maistre. La religion devant se mêler à tout, tout animer et soutenir, que pouvait-il penser de cet édifice construit par des hommes « qui, par un affreux et incroyable tour de force, ont su s'élever jusqu'à la haine pour la Divinité ! » En de si tristes conditions, il prophétise l'inutilité des plus grands efforts constituants, si l'on ne veut revenir à Dieu.

Mais possédant, quant à lui, à un degré éminent cette faculté de croyance qui est le premier attribut des grands penseurs, Maistre voit, d'un œil calme, le combat qui, dans l'arène, se livre, terrible, entre le philosophisme et le christianisme. Certes, la lutte est ardente ; la partie engagée est formidable ; elle va peut-être devenir décisive pour le christianisme contre lequel tout et tous sont ligués. Maistre pourtant n'a point peur : il craint si peu pour cette grande vérité catholique que, loin de nier le danger qu'elle court, il éprouve une indicible joie à le proclamer, et cela dès les premiers jours de la lutte, alors qu'autour de lui les plus fidèles tremblent et se découragent.

« Soyez donc bien attentifs, vous tous que l'histoire n'a pas assez instruits. Vous disiez que le sceptre soutenait la tiare : eh bien, il n'y a plus de sceptre dans la grande arène, il est brisé et les morceaux sont jetés dans la boue... Il n'y a plus de prêtres, on les a chassés, égorgés, avilis... Vous craigniez la force de la coutume, l'ascendant de l'autorité, les illusions de l'imagination, il n'y a plus rien de tout cela... Les temples sont fermés..., les autels sont renversés... Le philosophisme n'a donc plus de plaintes à faire, toutes les chances sont en sa faveur... Il est vainqueur..., il peut s'asseoir fièrement sur une croix renversée... Mais si le christianisme sort vainqueur de cette épreuve..., si Hercule chrétien, fort de sa seule force, il soulève le fils de la terre et l'étouffe dans ses bras :

« *Patuit Deus.* »

L'expérience a été faite. Féroce et sanglante, la Révolution a combattu l'Eglise, son clergé, sa hiérarchie, ses institutions et ses dogmes. Malgré de formidables efforts : *Patuit Deus* et si la France a pu survivre aux atroces convulsions du siècle dernier, la raison en est claire autant que la lumière du jour ; c'est que, à temps encore pour se sauver, elle a voulu rouvrir ses temples, relever ses autels, restituer le pays à sa Foi.

Comprendra-t-on, maintenant, l'impression vive et profonde que durent faire les *Considérations sur la France*, à l'heure où elles parurent ?

Ecrit en 1797 et publié au moment où la France s'échappait, aveuglée de sang et hébétée de coups, de l'abattoir révolutionnaire, ce livre produisit dans le pays qui vivait encore par la pensée, et surtout dans la haute société de l'Europe le plus merveilleux effet. Mais ce ne fut que plus tard qu'on devait en reconnaître la portée.

Certes, la guerre au christianisme, à cette heure encore, n'a point pris fin. Qu'importe ! La première et terrible épreuve a été victorieuse ; disons, avec Joseph de Maistre, que d'autres le seront encore. Les empereurs tout-puissants ont épuisé jadis contre les premiers chrétiens les ressources de leur génie. Rien n'y a fait et le Galiléen l'a toujours emporté sur Julien le philosophe.

De cette lutte du christianisme et du philosophisme, Maistre n'avait et ne pouvait avoir la prétention de prévoir les incessantes péripéties.

CHAPITRE V

Considérations sur la France (Suite).

La Révolution envisagée au point de vue politique.

———

> « Combien de disputes finiraient si
> tout homme était forcé de dire ce qu'il
> pense ! »
> *(Soirées de Saint-Pétersbourg*, t. I,
> p. 269.)

APRÈS avoir envisagé la Révolution française sous un point de vue purement moral, Joseph de Maistre tourne ses conjectures sur la politique, « bien résolu pourtant à ne point négliger l'objet principal de son ouvrage. » Il entend nous dire par là que les considérations historiques et morales continueront à préoccuper son esprit et détermineront, avant toutes autres, ses appréciations, même politiques, sur la France et la Révolution.

« La République française peut-elle durer ? »

Ou mieux :

« La République peut-elle exister ? »

Bien des critiques ont voulu signaler ici, en Joseph de Maistre, l'orgueilleuse prétention du voyant. Ainsi, sans doute, ils espéraient le rabaisser, en dénonçant, à la fois, et son audacieuse tentative et son impuissance prophétique.

Il faut bien pourtant se défendre de toute exagération.

Le domaine politique étant reconnu par le plus humble et le moins perspicace d'entre nous comme celui où la contingence et la variabilité permettent le moins d'induire avec quelque certitude, de ce qui est ou a été à ce qui sera, il me paraît difficile de refuser à Joseph de Maistre ce minimum de clairvoyance, et j'hésite fort à penser que jamais visée pareille à celle qu'on lui reproche ici ait pu le faire chanceler.

Qui, d'ailleurs, a plus souvent répété que, si l'homme propose, Dieu seul dispose?

Maistre peut-il être, dit-on, accusé d'avoir ignoré « que « dans des desseins supérieurs à nos infirmités orgueilleu- « ses, Dieu a gardé l'avenir, en donnant le présent à « l'homme » et avoir tenté de « lever le voile à cette Vierge « du temps que Dieu s'est réservée[1]? »

Mais, me dira-t-on, tous les raisonnements ne pourront pourtant effacer des *Considérations sur la France* la question posée par Joseph de Maistre : « La République peut-elle exister? »

Ne fallait-il pas, en 1797, prétendre au rôle de prophète pour essayer d'y répondre?

C'est bien le cas de remarquer ici que, la demande aussitôt posée, Maistre voudrait bien soulever contre elle la question préalable « qui, dit-il, semble très fondée. » Or, cette timidité et cette sage prudence qu'il met à éviter, si possible, un si redoutable problème excluent l'orgueil chez cet homme sincère qui a bien quelquefois essayé et essayera encore de prophétiser, mais alors seulement que, les yeux fixés sur les principes d'éternelle vérité, il pourra dégager, avec quelque certitude, les conséquences qui en ressortent.

[1] BARBEY D'AUREVILLY, *Les Prophètes du passé.*

Joseph de Maistre hésite donc ici.

N'a-t-il pas écrit à la marquise Costa que la Révolution n'est point un événement, mais une *époque?* N'a-t-il pas proclamé l'irrémédiable faiblesse des monarchies absolues ? N'a-t-il pas, maintes fois, répété au baron de Vignet que, désormais, on ne pourra plus gouverner comme on gouvernait hier ?

C'était bien par là reconnaître que la prudence conseille à la politique de suivre la marche des peuples vers le perfectionnement social et faire pressentir que ces peuples mêmes voudront, tous les jours davantage, qu'on les traite en raison de leur état présent et de l'avenir qu'ils se promettent.

Mais, d'autre part, le présent et son froid scepticisme, la révolution et ses commotions incessantes, l'équilibre instable du monde inspiraient à de Maistre la peur de l'avenir, préparé par de tels excès, et cette incertitude lui semblait effrayante. De son esprit et de son cœur, il eût voulu pouvoir éloigner de funestes pressentiments par cette question préalable, toute fondée, elle, sur un passé fidèle à Dieu et qui avait valu à la France tant d'années de calme et d'honneur. Il ne pouvait « arracher son regard du spectacle fécond de l'histoire, ni sa pensée du principe qui soutenait autrefois les pouvoirs mis à bas maintenant par l'impitoyable Révolution. »

Une crainte intuitive de l'avenir l'agitant, Maistre eut voulu se persuader et convaincre son siècle que la Révolution n'était qu'un mauvais rêve dont on devait, pour revenir au calme, se secouer à jamais.

En ce chapitre politique, Joseph de Maistre me semble chercher bien moins à prophétiser qu'à rassurer ses contemporains sur un avenir qu'il redoute.

« Parcourons l'histoire, dit-il, nous y verrons ce qu'on

appelle la Fortune jetant le dé sans relâche depuis quatre mille ans ; a-t-elle jamais amené grande république ? Non, donc ce nombre n'était point sur le dé. »

Bien naïf serait celui qui penserait que Joseph de Maistre a jamais songé à se contenter d'une preuve aussi peu adéquate. Ne sentait-il pas, comme nous, que si la théorie des probabilités autorise à supposer qu'il n'y a pas d'autre nombre, ce n'est jamais là qu'une hypothèse insuffisante à entraîner la conviction ?

Il ne s'illusionnait guère, sans doute. Bien des fois, en effet, il a dit lui-même que « l'expérience décide toutes les questions en politique, comme en physique. » Dès lors, aurait-il pu soutenir que jamais, jusqu'au dernier jour du monde, l'expérience sera devenue complète et se trouvera d'accord avec la théorie ? Il sait d'ailleurs si bien tout cela qu'abandonnant bientôt la question préalable, chère à son cœur, mais à l'admission de laquelle il ne paraît guère croire, il aborde le fond.

« Rien n'empêche, après tout, nous dit-il, qu'on ne voye ce qu'on n'a jamais vu. » Cette exclamation même nous est encore une preuve, surabondante d'ailleurs, de sa sincérité et de son peu de prétention à prophétiser.

« Elevons-nous, d'abord, à la hauteur qui convient à l'être intelligent et, de ce point de vue élevé, considérons la source de ce gouvernement (la république). »

Ici va réapparaître *le but principal de l'ouvrage ;* ici, les considérations philosophiques et morales vont prendre la place des probabilités politiques, quelque peu surannées, au demeurant peu convaincantes.

Joseph de Maistre se refuse à croire à la durée de la République. Il n'entend point nier, sans doute, la possibilité d'une république passagère, mais, à ce gouvernement, selon lui, *la Providence ne saurait apposer, par une longue possession, le sceau de la légitimité.*

Si donc il affirme ainsi sa thèse, ce n'est point qu'il veuille essayer en quelque sorte de forcer la main à Dieu ; son affirmation est, au contraire, un acte de respectueuse soumission.

Si l'on ne peut croire à la durée, à l'existence même de la république, c'est qu'elle est fille de la révolution et que cette révolution même est l'ennemie née de Dieu.

« Le mal ne peut rien créer puisque sa force est purement négative..., or, ce qui distingue la révolution française et ce qui en fait un événement unique dans l'histoire, c'est qu'elle est mauvaise radicalement : aucun élément de bien n'y soulage l'œil de l'observateur ; c'est le plus haut degré de corruption connu, c'est la pure impureté....... Comment croire que du sein de la corruption la plus dégoûtante puisse sortir cette forme de gouvernement *qui se passe de vertu moins que toutes les autres.....* La pourriture ne mène à rien. »

Le caractère de Joseph de Maistre, rigide et dogmatique jusqu'à l'excès, ses procédés habituels d'argumentation, systématiquement excessifs, le temps enfin où il écrivait ses *Considérations*, expliquent suffisamment, s'ils ne la justifient, cette forme quelque peu paradoxale.

Mais reconnaissons-le aussi : si l'idée à laquelle Joseph de Maistre a donné cette forme est, aujourd'hui encore, sérieusement discutée ; si, malgré le temps écoulé, les mêmes préoccupations qui assaillaient son esprit, en **1797**, en dominent encore quelques-uns ; si le mal signalé, il y a cent ans, par les *Considérations sur la France,* paraît aux hommes sincères être demeuré le mal moderne ; si l'on dispute encore sur le meilleur remède, peu importeront et la forme et le paradoxe, le fond seul intéresse.

Or, quand Maistre nous parle « du mal, qui ne peut rien créer, ... de la révolution *mauvaise radicalement*, etc., etc..... » quand il nous affirme que la république, fille de cette révolution, n'a point de chance de durée, de quoi veut-il nous convaincre ?

De ceci, à savoir que la haine de Dieu et de toute autorité est un détestable moyen de gouvernement, que la république, plus que tout autre régime, a besoin de Dieu, de vertu, de freins moraux, puisque, avec elle, toute liberté, toute propriété, toute existence sont absolument livrées au bon plaisir des masses chez lesquelles il est dès lors impérieusement nécessaire de relever l'idée du devoir.

Certes, l'époque à laquelle Maistre écrivait ses *Considérations*, alors que les passions anarchiques et subversives se déchaînaient et commandaient à tout homme, impartial et sincère, la crainte salutaire de l'avenir, cette époque, dis-je, n'était guère faite pour croire à l'éclosion spontanée de tant de vertu.

Et en vérité qu'est-il donc advenu ?

La république, sanguinaire et athée, dont il parlait, a-t-elle survécu longtemps à ses crimes ? Lorsqu'à la fin du dernier siècle, il s'est agi en France de relever l'édifice social, sapé jusque dans ses bases, la puissance de détruire ne s'est-elle point transformée en impuissance ? Trois Constitutions, consacrées et répudiées en moins de six ans, ne sont-elles pas pour attester que rien dans ce monde ne marche au hasard et que le mal ne peut prévaloir contre Dieu, éternel auteur de tout bien ?

Je ne sais si les tendances de mon esprit me rendent partial à mon insu. De toute mon âme je regretterais mon illusion ; mais il me paraît que, au temps où écrivait Joseph de Maistre et à de rares exceptions près, intéressées pour la plupart, tous ou presque tous devaient, ainsi que lui, douter de la durée des institutions républicaines, trop neuves encore, trop révolutionnaires : « Il est bien remarquable que les écrivains, amis de la république, ne s'attachent point à démontrer la bonté de ce gouvernement ; ils sentent bien que c'est le défaut de la cuirasse ; ils disent seulement, aussi hardiment qu'ils peuvent, qu'il est possible, et, passant sur cette thèse comme sur des charbons ardents, ils s'attachent uniquement à prouver aux Français *qu'ils s'exposeraient à de plus grands maux, s'ils revenaient à leur ancien gouvernement.* Ils se taisent sur les inconvénients des révolutions. Si vous les pressiez, ils seraient gens à vous accorder que celle qui a créé le gouvernement actuel fut un crime, *pourvu qu'on leur accorde qu'il n'en faut point faire de nouvelle...* On sent dans tout ce qu'ils disent sur la stabilité du gouvernement, non la conviction de la raison, mais le rêve du désir. »

Que de républicains, nos contemporains, sondant leurs cœurs et leurs reins, pourraient se reconnaître à ce portrait, bien qu'il date d'un siècle !

Si, il y a quelques années à peine, Joseph de Maistre était revenu au monde, il aurait pu constater, non sans quelque satisfaction, que son affirmation était aussi vraie maintenant qu'au premier jour. Que d'élections faites dans le dernier lustre, sous l'empire de la peur, habilement attisée, d'une nouvelle révolution ! « Plutôt la république, pensaient bien des gens, ignorants et crédules, la république que nous n'aimons guère, qu'un changement de gouvernement ! *Ce serait la guerre, le rétablissement de la dîme, peut-être pis encore.* A combien de maux ne s'exposerait-on pas, *même en se réformant ?* »

Et plus on a eu de peine à s'habituer au présent, plus on redoute l'avenir et ses révolutions prochaines.

Il faut se résumer sur ce point.

Joseph de Maistre avait, depuis longtemps, pressenti la nécessité d'une transformation sociale, et la révolution était, à ses yeux, la conséquence directe des fautes de la royauté, du relâchement du clergé et de l'adhésion inconsidérée de la noblesse à l'incrédulité philosophique. Si, pour cette révolution, en quelque sorte nécessaire, il a eu tant de sévérité, c'est que, tout d'abord, au nom de la conscience publique, il voulait flétrir les excès dont elle se rendait coupable, et que, ensuite, un gouvernement qui s'insurge ainsi contre son Dieu ne pouvait, à ses yeux, avoir chance de durée. La civilisation, au contraire, doit demeurer indissolublement unie à la religion et à la morale ; le problème moral et religieux est l'unique objet de ses préoccupations.

Mais quel est donc le mal moderne ?

Quel est, depuis un demi-siècle surtout, l'objet des préoccupations de ceux qui ont le temps de penser ?

Le mal moderne, c'est encore et plus que jamais, la haine de Dieu et de toute autorité, c'est la négation de tout devoir, c'est le règne de l'individualisme à outrance auquel porte ombrage tout ce qui tend à le dépasser. Cet égoïsme implacable que Joseph de Maistre dénonçait avec tant d'âpreté, nous le rencontrons encore partout et il n'a d'égal que le fanatisme antireligieux dont l'œuvre déplorable accumule autour de nous les misères et les révoltes.

« Que doit-on augurer de la civilisation ? Nous l'ignorons. Ce que nous voyons avec tout le monde, c'est que notre équilibre n'est pas stable et que l'état présent des choses ne saurait durer. Il faut que cette civilisation se purifie et se transfigure dans le feu de la charité, ou qu'elle s'écroule dans l'incendie allumé par la haine qui couve partout [1]. »

Nos préoccupations sont celles-là mêmes qui, au siècle dernier, dominaient l'esprit de Joseph de Maistre :

« Dans un temps où tous les appuis artificiels sont ruinés,

---

[1] Charles Secrétan, *De la Civilisation et de la Croyance*, page 394.

où toute liberté, toute propriété, toute existence sont absolument livrées au bon plaisir des masses, où le pouvoir tombe aux mains des déshérités qui, trompés par un mirage, pensent trouver dans la destruction de l'ordre social la satisfaction de leurs besoins ; dans un temps où les freins moraux subsistent seuls, où tout dépend plus manifestement que jamais de la volonté des individus, redresser cette volonté, préciser l'idée du devoir, en le mettant à sa place au centre de la vie et de la pensée, telle est la question véritable, tel est l'objet de notre effort[1]. »

Par bien d'autres citations que j'emprunterais à des auteurs contemporains « de tous pays et de toutes religions, » tels que Edouard Rod, le pasteur Wagner, Paul Desjardins et Melchior de Voguë, je pourrais démontrer sans peine que Maistre n'est pas seulement de son temps, mais qu'il est aussi du nôtre.

Aussi ne puis-je partager le sentiment de M. de Lescure, dans son ouvrage sur le comte Joseph de Maistre et sa famille.

« Il est certain que l'examen des idées de Joseph de Maistre a surtout aujourd'hui un intérêt rétrospectif et spéculatif. Elles gardent une importance considérable comme sujet d'étude et valeur d'opinion. Et cette importance est plus extrinsèque qu'intrinsèque. Elle tient surtout à la qualité morale de l'homme et à la qualité littéraire de l'écrivain, très supérieure, selon nous, au philosophe[2]. »

Je veux, au contraire, faire remarquer à tous ceux qui me feront l'honneur de me lire, combien peu le temps a eu de prise sur Joseph de Maistre, combien peu aussi ses préoccupations se sont égarées sur des objets, négligés

---

[1] Charles SECRÉTAN, *De la civilisation et la croyance*, p. 125.

[2] M. DE LESCURE, *Le comte Joseph de Maistre et sa famille*, p. 386.

depuis et tombés, après lui, en un profond oubli. Les questions, en effet, dont il a eu souci, deviennent, chaque jour davantage, l'objet des discussions les plus sérieuses, donnent à nos moralistes et philosophes contemporains les plus graves inquiétudes, demeurent, en un mot, d'une frappante actualité.

Assurément, dans le domaine contingent et variable de la politique pure, Maistre a été souvent leurré, « pipé, » comme il le dit lui-même, par les événements et sa confiance dans le triomphe de ses principes politiques n'en a pas été atteinte. De nos jours, il est vrai, le dogme politique, auquel il refusait d'adhérer, paraît sorti, quoi qu'il en ait pu dire, du vague de la théorie pour entrer dans le domaine de l'application. Ce dogme même inspire, pour l'avenir du pays, quelque sécurité à certains de ceux que, durant bien longtemps, il avait laissé sceptiques.

Mais l'expérience est-elle assez complète pour que nous puissions affirmer que la république est désormais assise en France? Ne pourrions-nous point d'ailleurs, en l'admettant, donner encore raison à Joseph de Maistre ?

Souvenons-nous, en effet, que s'il ne croyait pas en la durée possible de ce gouvernement, c'était à raison d'une indivisibilité pressentie des principes révolutionnaires et antireligieux d'une part, et d'autre part du régime lui-même qui, sans eux, ne lui paraissait pas devoir être complet. Or, Joseph de Maistre avait-il tort de redouter et de faire craindre pour la prospérité de la France, sous un tel gouvernement, la théorie plus tard venue du *bloc républicain et antireligieux jusqu'au fanatisme ?*

A mon tour, et sans crainte aucune, je dirai, un siècle après Joseph de Maistre, que la république ne peut durer que si, rompant avec d'aussi déplorables traditions, elle consacre désormais toute son activité et tous ses efforts à moraliser cette France que, jusqu'ici, elle s'est efforcée de déchristiaiiser. Si Maistre ne croit pas en la durée de la république, il en donne encore une raison : c'est que pour les constitutions écrites il a le plus absolu dédain. Filles du temps et non des hommes, elles doivent, pour durer, se former peu à peu d'usages, de traditions, d'habitudes qui sont, en quelque sorte, une partie de la nation même qu'elles sont appelées à régir. Or la Révolution ayant eu l'idée folle de substituer des conceptions *a priori* à cette vieille constitution française qui semblait, aux yeux de Joseph de Maistre, réaliser son idéal politique, la Révolution, dis-je, ne pouvait encore de ce chef fonder un gouvernement sérieux et durable.

« Y a-t-il une seule contrée où l'on ne puisse trouver un Conseil des Cinq cents, un Conseil des Anciens et cinq Directeurs ? Cette constitution peut être présentée à toutes les associations humaines depuis la Chine jusqu'à Genève. Mais une constitution faite pour toutes les nations n'est bonne pour aucune. C'est une pure abstraction, une œuvre scolastique faite pour exercer l'esprit dans une hypothèse idéale..... Toutes les raisons imaginables se réunissent donc pour établir que le sceau divin n'est pas sur cet ouvrage qui n'est qu'un thème et qui est déjà marqué de tous les caractères de la destruction. »

Un siècle s'est écoulé et le doute survit encore.

Et cependant, a-t-on dit, si, ainsi que le veut Joseph de Maistre, les peuples, par leur constitution première, sont liés à leur passé au point de ne pouvoir s'en séparer jamais, si tout doit « vivre en quelque sorte par le souffle des ancêtres et se développer sous peine d'apostasie sociale par la même aspiration continue [1], » que deviendra donc le

[1] *De la Restauration et de ses historiens,* par M. L. DE CARNÉ. — *Revue des Deux-Mondes,* n° du 15 mai 1852.

libre arbitre des peuples, esclaves désormais de leur constitution originelle ? Comment prétendre que le peuple français, reconnu par Joseph de Maistre l'initiateur de l'Europe, doit, de par le fait de la puissance divine, être et demeurer à jamais dénué de toute initiative par rapport à lui-même ?

Non, vraiment, Joseph de Maistre n'en a jamais dit autant. Pour abhorrer toute révolution, il n'en admet pas moins l'évolution *progressive* et *insensible* que préparent les efforts quotidiens d'un peuple intelligent et libre et que le temps vient ensuite sanctionner.

Maistre, en vérité, est si peu le prédicateur de servitude dont nous parle Villemain, qu'il a écrit ces lignes :

« Quand on demande quel est le meilleur gouvernement on fait une question insoluble autant qu'indéterminée, ou, si l'on veut, il y a autant de bonnes solutions qu'il y a de combinaisons possibles dans les conditions absolues et relatives des peuples... Des différents caractères des nations naissent les différentes modifications des gouvernements. Il n'y a qu'un bon gouvernement possible dans un Etat et comme mille événements peuvent changer les rapports d'un peuple, mille gouvernements peuvent être bons à divers peuples, mais au même peuple en différents temps. »

Le principe étant ainsi exactement posé, Maistre que n'aveuglent ni le parti-pris ni l'intérêt, aura bien le droit, en attendant, d'avoir ses préférences et d'essayer de les justifier. « Parfaitement étranger à la France que je n'ai jamais vue et ne pouvant rien attendre de son roi que je ne connaîtrai jamais, si j'avance des erreurs, les Français peuvent au moins les lire, sans colère, comme des erreurs entièrement désintéressées. »

Un passage des *Considérations* vient, au surplus, nous révéler dans toute leur sincérité, les anxiétés de cette âme

7.

loyale aux prises avec la vérité, que de mystérieuses obscurités dérobent à ses efforts :

« Que sommes-nous, faibles et aveugles mortels; et qu'est-ce que cette lumière tremblotante que nous appelons raison ? Quand nous avons réuni toutes les probabilités, interrogé l'histoire, discuté tous les doutes et tous les intérêts, nous ne pouvons encore embrasser qu'une nuit trompeuse au lieu de la vérité. Quel décret a-t-il prononcé ce grand Etre devant qui il n'y a rien de grand ? Où et quand finira l'ébranlement et par combien de malheurs devons-nous encore acheter la tranquillité ? »

La foi, la raison, la science sont pour Joseph de Maistre les seuls moyens de divination ; car, en politique, l'expérience ne permet de poser ni d'affirmer aucun principe.

S'il est, aujourd'hui encore, bien difficile de prévoir notre lendemain politique, à combien plus forte raison devait-il en être ainsi pour Joseph de Maistre, écrivant ses *Considérations* en ce tourbillon même, dont la force entraînante courbait tous les obstacles et emportait comme une paille légère tout ce que la prudence humaine savait lui opposer.

L'homme propose et Dieu dispose.

CHAPITRE VI

Considérations sur la France (Suite).

**Des prévisions de Joseph de Maistre
sur la contre-révolution dans l'ordre moral
et dans l'ordre politique.**

« L'humanité sans Dieu ne serait plus
l'humanité. »
Charles SECRÉTAN, *La Civilisation et la
Croyance,* p. 396.

LA France a été, aux yeux de Joseph de Maistre, coupable, d'abord, de tourner contre Dieu les armes qu'elle avait reçues de lui pour son bon et grand combat.

Après le crime de lèse-majesté divine, la nation française a perpétré encore un odieux attentat contre la souveraineté humaine.

La révolution a été le châtiment.

Mais ce n'est pas pour *détruire* que Dieu a renversé et ses rigueurs ne sont pas sans retour. Maistre ne dissimule point ici ses espérances et le châtiment n'a, pense-t-il, d'autre but que de purifier. Il pense même (tant sa confiance est grande en la France régénérée) que si la punition est sortie de toutes les règles ordinaires, la protection ne sera pas moins merveilleuse au jour du grand pardon.

Telle est sa foi, telles sont ses espérances.

Son âme généreuse est, en quelque sorte, moins préoccupée du châtiment que de la régénération. Sa philosophie, loin d'être impitoyable, est bien plutôt encourageante. Il ne parle point de la mort, mais il prédit, à de certaines conditions, la renaissance et la vie.

Cependant, au moment où Maistre écrivait ses *Considérations sur la France,* la confiance en l'avenir n'était point facile. La société malade que l'athéisme philosophique et la décadence des mœurs avaient amenée à un épouvantable cataclysme, l'humanité résolument insurgée contre Dieu, le nihilisme moral étaient mieux faits pour inspirer la désespérance...

Mais après la révolution destructive, à quelle condition se fera, au point de vue religieux et moral, la contre-révolution réparatrice ?

A la condition, nous dit Maistre, que l'esprit religieux sera renforcé, sans quoi le lien social serait dissous.

Et comment l'esprit religieux sera-t-il renforcé ?

Ou il se formera une religion nouvelle, *ou le christianisme sera rajeuni de quelque manière extraordinaire;* telle est la réponse.

A entendre ces mots de rajeunissement et de progrès, il faudra bien reconnaître que Joseph de Maistre a eu, le premier, le pressentiment, pour l'Eglise catholique, d'une œuvre à accomplir et l'inébranlable espérance en ses futures destinées, *dans l'ère nouvelle.*

« Voici ce qui est certain : l'esprit religieux qui n'est pas du tout éteint en France, fera un effort proportionné à la compression qu'il éprouve, suivant la nature de tous les fluides élastiques ; il soulèvera des montagnes, il fera des miracles. Le Souverain Pontife et le sacerdoce français s'embrasseront et, dans cet enthousiasme sacré, ils étoufferont les maximes gallicanes. Alors le clergé français commencera une ère nouvelle et reconstituera la France, prêchera la religion à l'Europe et jamais on n'aura vu rien d'égal à cette propagande. »

Joseph de Maistre, dès 1797, « a trouvé dans son âme une foi immense en l'avenir de la société, l'espérance inébranlable de quelque chose de grand qui se prépare dans le secret des décrets divins. » Le premier de tous, il a annoncé l'ère nouvelle et a eu le pressentiment d'un resplendissant avenir. Il a écouté son âme et il a eu la foi, et l'une et l'autre l'ont rassuré sur « les destinées futures du monde régénéré. »

Voilà donc la restauration, le rajeunissement et le progrès rêvés par Joseph de Maistre : l'abdication des doctrines gallicanes, le rétablissement de *l'autorité* pontificale, *une désormais et incontestée.* A cette condition d'unité et de soumission, Maistre proclamait, sans hésiter, la transformation universelle de la société sous l'influence du catholicisme ranimé et rajeuni par l'influence ranimée et rajeunie de *l'autorité.*

Quelques années plus tard, dans son livre *De l'Eglise Gallicane,* il constatait, avec une indicible satisfaction, les progrès faits dans la voie d'obéissance et d'apaisement par lui indiquée dans les *Considérations :*

« Le clergé de France a vu infailliblement que ces *préjugés ultramontains* dont on faisait si grand bruit en France, n'étaient au fond qu'un vain épouvantail ; qu'il serait, dans tous les cas, souverainement injuste de parler des *préjugés ultramontains* sans mettre en regard les *préjugés gallicans...* Le clergé de la France qui a donné au monde, pendant la tempête révolutionnaire, un spectable si admirable, ne peut ajouter à sa gloire qu'en renonçant hautement à des erreurs fatales qui l'avaient placé si fort au-dessous de lui-même. Dispersé par une tourmente affreuse sur tous les points du globe, partout il a conquis l'estime et souvent l'admiration des peuples. Aucune gloire ne lui a manqué, pas même la palme des martyrs... »

Tandis que la philosophie du xviiie siècle veut bannir Dieu du monde, Maistre, lui, veut l'y rétablir ; mais, pour cette œuvre, il a besoin du concours de tous les fidèles. Or, dans l'Eglise même, il a trouvé une cause d'affaiblissement, une source de maux, un mélange d'orgueil et d'inconsidération, un exemple funeste, c'est le gallicanisme, et de toutes ses forces il s'attaque à lui, car le gallicanisme fait la division, là où on a besoin d'union ; il fait la guerre, là où il devrait y avoir la paix ; il fait « l'infortune et la honte de diverger comme l'erreur » quand, au contraire, il est un pouvoir auquel tout chrétien doit obéissance, pouvoir suprême, unique, indéfectible, établi par Celui qui « ne nous aurait rien appris s'il nous avait laissé dans le doute. »

A l'heure même où j'écris, le même esprit qui, il y a cent ans, animait Joseph de Maistre, ne paraît-il pas animer les catholiques dans la conception du gouvernement général de l'Eglise? Si nous nous décidons à contempler, sans préjugé et sans parti-pris, le chemin parcouru depuis la fin du dernier siècle, nous devrons reconnaître que cet *esprit de rajeunissement et de progrès par l'autorité* n'a pas tardé à se répandre et que l'Eglise lui doit, grâce à Dieu, d'avoir repris le cours de ses nobles et fécondes destinées. Jamais, mieux qu'en notre temps, la papauté n'a eu une situation s'imposant avec plus de force et d'autorité, malgré sa faiblesse.

Joseph de Maistre dit encore :

« On ne peut rien deviner et il faut s'attendre à tout. Mais s'il se fait un changement heureux, ou il n'y a plus d'analogie, plus d'induction, plus d'art de conjecturer, ou *c'est la France qui est appelée à le produire.* C'est surtout ce qui me fait penser que la Révolution française est une grande époque, et que ses suites, dans tous les genres, se feront sentir *bien au-delà du temps de son explosion* et des limites de son foyer. »

Et le pape Léon XIII, qu'est-il venu dire à la France, lui parlant en sa langue même pour lui mieux montrer sa sollicitude affectueuse ?

« Nous nous sentons grandement consolé, lorsque nous voyons le même peuple français redoubler pour le Saint-Siège d'affection et de zèle qu'il le voit plus combattre sur la terre... A la générosité naturelle du cœur français, la charité chrétienne est venue ajouter une abondante source de nouvelles énergies..., cette foi chrétienne qui de la main de la France traça dans les annales du genre humain des pages si glorieuses. Et encore aujourd'hui sa foi ne continue-t-elle pas d'ajouter aux gloires passées de nouvelles gloires ? On la voit, inépuisable de génie et de ressources, multiplier sur son propre sol les œuvres de charité ; on l'admire, partant pour les pays lointains où, par son or, par les labeurs de ses missionnaires, au prix même de leur sang, elle propage d'un même coup le renom de la France et les bienfaits de la religion catholique. »

De Maistre n'avait-il pas parlé en prophète au moment même des crises les plus atroces de la France convulsée ?

Le Souverain Pontife et le sacerdoce français se sont et se tiennent embrassés et les maximes gallicanes sont étouffées. La France de 1792 prêche, *en 1892,* la religion au monde. *Patuit Deus !*

Mais la contre-révolution politique comment se fera-t-elle, si elle arrive ? Comme voudra Dieu, s'écrie de Maistre, et les décrets qu'il prononce ne sont point, selon le proverbe, l'expression de la volonté populaire.

« Le peuple veut... quelle pitié... le peuple n'est pour

rien dans les révolutions ou du moins il n'y entre que comme instrument passif. Quatre ou cinq personnes donneront un roi à la France. Des lettres de Paris annonceront aux provinces que la France a un roi et les provinces crieront : Vive le Roi ! A Paris même, tous les habitants, moins une vingtaine peut-être, apprendront en s'éveillant qu'ils ont un roi. Est-il possible, s'écrieront-ils, voilà qui est d'une singularité rare ! Qui sait par quelle porte il entrera ? Il sera bon, peut-être, de louer des fenêtres d'avance, car on s'étouffera. »

De Maistre se dit bien étranger à la France qu'il n'a jamais vue ; mais si nous l'ignorions, nous pourrions, en le lisant, jurer le contraire, tant est exacte la peinture qu'il nous fait du caractère français.

« Vive le Roi ! s'écrient l'amour et la fidélité, au comble de la joie. Vive le Roi, répond l'hypocrite républicain au comble de la terreur. Qu'importe : il n'y a qu'un cri. Et le Roi est sacré. Voilà comment se font les contre-révolutions. »

Cette contre-révolution même, dit-il encore, n'est point aussi redoutable qu'on se plaît, en France, à le dire. Le retour de la maladie à la santé est-il aussi pénible que le passage de la santé à la maladie ?

« Pour faire la Révolution française il a fallu renverser la religion, outrager la morale, violer toutes les propriétés et commettre tous les crimes... Au contraire, pour rétablir l'ordre, le Roi convoquera toutes les vertus (c'est peut-être là ce qui effraie et décourage)... Son intérêt le plus pressant sera d'allier la justice à la miséricorde ; les hommes estimables viendront d'eux-mêmes se placer aux postes où ils peuvent être utiles, et la religion, prêtant son sceptre à la politique, lui donnera les forces qu'elle ne peut tenir que de cette sœur auguste. »

Le tableau de ces *espérances* a de quoi ravir nos cœurs.

Aujourd'hui, nous ne devons plus guère compter sur un aussi brillant et si délicieux avenir. C'est un rêve et non plus, comme pour le fidèle Joseph de Maistre, une réalité probable.

A Dieu, le pays reviendra ; mais reviendra-t-il en même temps à la monarchie ?

En Maistre, la sincérité, l'indépendance, l'immuable fidélité sont admirables ; mais il s'égare en unissant, ainsi qu'il le fait, le contingent et l'absolu, dans une même affirmation. A la fin du dernier siècle, d'ailleurs, il devait être singulièrement difficile de dégager la religion de sa compromettante alliance, et, si l'on peut parler ainsi, d'oublier le Roi pour ne penser qu'à Dieu. Le temps, ce grand transformateur d'ici-bas, pouvait seul opérer cette œuvre.

Si Joseph de Maistre, en nous prêchant la cause du gouvernement monarchique idéal, s'est quelque peu illusionné ; si, comme il le dit si souvent avec bonhomie, il a été pipé par les événements, on ne peut l'accuser d'orgueil.

« Hélas ! un nuage sombre couvre l'avenir, et nul œil ne peut percer ces ténèbres. Cependant tout annonce que l'ordre de choses établi en France ne peut durer et que l'invincible nature doit ramener la monarchie. Soit donc que nos vœux s'accomplissent, soit que l'inexorable Providence en ait décidé autrement, il est utile de rechercher comment s'opèrent les grands changements. »

Si enfin, de Maistre, en 1797, ne séparait pas dans ses espérances la restauration en la France de la restauration de la royauté, l'une et l'autre prévision semblaient raisonnables à un moment où la France, fatiguée de tant de révolutions et d'anarchie, devait déjà aspirer à l'ordre et à la paix de toutes les forces de son âme.

CHAPITRE VII

Joseph de Maistre à Venise et en Sardaigne.

« Adieu, mon cœur, adieu, ma Constance. Mon Dieu, quand pourrai-je
donc te voir ? »
(Lettre à Mlle Constance de Maistre,
13 janvier 1802. — *Lettres et Op.*,
t. I, p. 10.)

POUR fuir l'invasion française de 1798, de Maistre
fut obligé de quitter Turin. Il s'embarqua pour
Venise, avec sa femme et ses deux enfants. De
ce dangereux voyage, il faut lire l'émouvant récit fait par
le comte Rodolphe, dans sa Notice biographique.

Le séjour de Joseph de Maistre à Venise dura quatre
ans. Ce fut un des plus durs moments de sa vie. Une
lettre écrite par sa fille Constance et reproduite par **M.** de
Margerie, nous donne une idée de ce que fut l'existence,
pendant ces années d'exil : « Mon père, ma mère, mon
frère et ma sœur [1] ont vécu quatre ans en état d'émigration, d'une petite somme de 3,000 francs sauvée de la confiscation jacobine. Ma mère faisait la cuisine, ma sœur
balayait, mon frère portait un petit panier de charbon

---

[1] Rodolphe et Adèle.

pour le pot au feu journalier, toute cette stricte économie afin de ne pas faire d'emprunt. Ma mère en était à son dernier louis lorsque mon père fut appelé en Sardaigne [1]. »

En un temps de services grassement payés, à l'égal du nôtre, nous aurions, sans doute, à chercher longtemps de pareils dévouements.

« Le caractère de Joseph de Maistre, ainsi que le dit M. Victor de Saint-Genis, est aussi grand que son style et sa conduite vaut vraiment mieux encore que ses livres. »

De cette période de la vie de Joseph de Maistre, je n'ai trouvé que quelques souvenirs relatifs au cardinal Maury, émigré à Venise. Les idées et la portée d'esprit de ce prince de l'Eglise avaient, nous dit le comte Rodolphe [2], singulièrement étonné son père. Le rhéteur habile qui, avant la Révolution, avait su ne déplaire ni à la Cour, ni aux philosophes, ne devait point s'entendre, en vérité, avec Joseph de Maistre, auquel son âpre droiture et sa froide sincérité avaient valu tant d'inimitiés. Les manières triviales et l'intempérance de parole, peu chrétienne, du cardinal devaient tristement surprendre le noble ambassadeur dont la vie fut toujours admirable par son immuable dignité. Enfin, rien ne ressemblait moins à la fidélité du comte Joseph de Maistre que les variations incessantes du cardinal Maury, toujours disposé à courber la tête devant le plus puissant.

Si les idées de Maury devaient, à bien des titres, étonner Maistre, à son tour, celui-ci, par sa soumission absolue et silencieuse à son roi, ainsi que par son inaltérable patience, parut au cardinal mériter moins d'admiration que de pitié.

« Dans mon *voyage* de Venise, écrit Joseph de Maistre, j'ai fait connaissance avec le célèbre cardinal Maury. A la

[1] Amédée DE MARGERIE, *Le Comte Joseph de Maistre*, p. 24.
[2] Notice biographique.

première visite que je lui fis, il me parla avec intérêt de ma position embarrassante et toujours avec le ton d'un homme qui pouvait la faire cesser. En vain je lui témoignai beaucoup d'incrédulité sur le bonheur dont il me parlait : « Nous arrangerons cela, me dit-il. »

Maistre ne nous dit point tout. Sans doute, le cardinal, que les compromissions n'effrayaient point et auquel les infidélités ne coûtaient guère, essaya, dans plusieurs circonstances, de faire luire à ses yeux un avenir brillant, mais... à quelles conditions ?

Les quatre pages de *Souvenirs*, écrites par Maistre et rapportant quelques idées émises par le cardinal, pour la plupart légères, insolentes et creuses, ces quatre pages ne seraient-elles point, de la part de leur auteur, une vengeance, fort spirituelle d'ailleurs, à l'adresse du trop politique prélat ?

Voici une de ces idées du prélat, concernant les Français :

« Les Français sont fous, et c'est parce qu'ils sont fous que la Révolution s'est faite. Il est impossible de vous décrire ce que leur indiscrétion m'a fait souffrir, surtout pendant mon séjour à Rome. L'un m'envoyait des titres de famille par la poste ; l'autre une brochure ; un troisième une estampe roulée autour d'un bel et bon bâton de chêne ; et toujours par la poste. Je recevais vingt mille lettres par an ; ne pas répondre eut été une grande imprudence. D'abord, c'étaient autant d'ennemis : et puis tout homme dont la première lettre restait sans réponse, en écrivait une seconde, une troisième ; il y avait de l'économie à répondre. »

Et plus loin : « Je me suis brouillé avec mon ancien collègue Cazalès pour n'avoir pu lui envoyer de Rome un passeport qu'il me demandait... Voilà encore une foule d'émigrés, chassés du Piémont par la révolution, et rete-

nus sur la frontière par les derniers ordres du gouvernement autrichien, qui ne veut point d'étrangers sur l'Etat
de Venise : ils m'écrivent pour avoir des passeports, mais
comment faire? Dois-je dire aux gouvernants : « Je vous
demande une exception *seulement* pour trente. » Notez que
ces messieurs ne m'envoient pas un seul papier, un seul
titre pour appuyer leur demande. Quelques-uns même, en
m'écrivant, ne me donnent pas leur adresse. Ils sont fous[1]. »

La profondeur de vues ne paraît point la qualité domi-
nante de ce singulier prince de l'Eglise.

La fortune de la guerre ayant amené Souvarow à Turin,
le roi de Sardaigne revint sur le continent. L'Autriche l'ar-
rêta à Florence. C'est de cette ville que Joseph de Maistre
reçut sa nomination au poste de régent de la Chancellerie
royale en Sardaigne. Il s'embarqua à Livourne le 28 décembre 1799 et le 12 janvier il arrivait à Cagliari. Il n'a
pas conservé un heureux souvenir de ce pays où il était
appelé à remplir l'une des plus hautes fonctions de l'Etat.

« Aucune race humaine n'est plus étrangère (que les
Sardes) à tous les sentiments, à tous les goûts, à tous les
talents qui honorent l'humanité. Ils sont lâches sans obéissance et rebelles sans courage... Le Sarde est plus sauvage que le sauvage, car le sauvage ne connait pas la
lumière et le Sarde la hait. »

L'idée qu'il exprimait ainsi paraît être, historiquement,
démontrée. M. Albert Blanc rapporte qu'une loi remon-
tant au moyen-âge donnait aux Sardes le privilège de
n'être gouvernés que par un des leurs. Et l'auteur ajoute à
cette constatation l'appréciation qui suit : « Cette loi était
très opportune, car les étrangers ne pouvaient rien faire
de ces populations féroces. »

---

[1] *Lettres et Opuscules,* t. II, p. 177.

Ce qui décourageait le plus Maistre, c'était la molle et indifférente apathie de la nation au gouvernement de laquelle il avait été préposé. De cette torpeur, le peuple sarde ne savait se réveiller que pour résister à ce qui lui paraissait être l'autorité. Maistre, si fidèle sujet, s'exaspérait à la pensée qu'une population si rétrograde, si affadie, si sauvage, était encore rebelle au gouvernement paternel de son Roi.

« Je doute beaucoup, écrivait-il, qu'il soit possible d'en rien faire ; du moins on ne peut les traiter (les Sardes) qu'à la manière des Romains.

« Il faut y envoyer un prêteur et deux légions, construire des chemins, établir les voitures et la poste, planter force potences, faire le bien chez eux et malgré eux et les laisser parler sans jamais prêter l'oreille, puisqu'on n'est sûr d'entendre qu'une bêtise, une calomnie ou un mensonge. »

Maistre pensait-il vraiment tout ce qu'il écrivait ici ? Il est permis d'en douter, à celui-là surtout qui sait à quel point l'exagération, le paradoxe, l'hyperbole et autres figures grossissantes de rhétorique sont chères à sa plume.

Il me paraît utile de résumer ici en quelques lignes l'état de l'Europe à la fin du dernier siècle et notamment la situation du Piémont et de la France.

Nous avons vu plus haut que Souvarow, devenu, par la fortune de la guerre, maître de la capitale du Piémont (21 juin 1799), avait aussitôt entrepris de rétablir la Maison de Savoie. Il avait donc invité le roi Charles-Emmanuel IV, retiré alors en Sardaigne, à revenir prendre son rang parmi les puissances européennes. Le maréchal russe aimait à dire que rétablir Charles-Emmanuel dans ses Etats, le faire indemniser de ses pertes, était en première ligne dans les instructions qu'il recevait journellement de l'Empereur son maître.

Le roi de Sardaigne quitta son île ; mais la Cour de Vienne, dont les sentiments à son égard étaient bien moins généreux et désintéressés, exigea que Charles-Emmanuel ne parût pas en Piémont et le malheureux souverain cédant, comme toujours, aux injonctions de sa grande alliée, fixa sa résidence à Poggio-Imperiale, ancien palais des souverains, aux portes de Florence. Un conseil de régence dut suppléer le roi à Turin.

Ce premier résultat obtenu, le maréchal Souvarow rêvait, pour assurer autant que possible la durée de cette restauration, de concentrer toutes les forces alliées en Piémont et de contraindre, par un vigoureux effort, les troupes françaises à en évacuer le territoire. Mais la Russie avait compté sans l'Autriche, qui, jalouse du triomphe remporté sans elle, se refusa de concourir au plan du généralissime russe. De là, des atermoiements et des retards qui permirent à Masséna de mettre à profit les délais occasionnés par la mésintelligence des alliés, de reprendre l'offensive et de gagner la bataille de Zurich sur l'armée ennemie qu'il dispersa.

Par l'Autriche, la Sardaigne était, une fois encore, humiliée, perdue, écrasée. Dès le commencement, Maistre n'avait-il pas dénoncé l'insultante domination que l'Autriche exerçait et exercerait encore à l'égard du Piémont ?

Souvarow dut se retirer.

« Ceux alors qui n'avaient d'autre espérance que le rétablissement de l'ancien ordre social, et qui n'avaient pas douté que Souvarow ne fût l'agent choisi par la Providence pour tout remettre en place, le virent partir avec désespoir. »

A cette époque même, Bonaparte rentrait d'Egypte et la France, à laquelle, suivant le mot de Sieyès, il fallait une tête et une épée, confiait au Premier Consul le soin de la relever et de lui donner la victoire.

Le 14 juin 1800, l'armée française remportait celle de Marengo. Dès le lendemain, les Autrichiens capitulaient et évacuaient le Piémont désormais réuni au territoire français.

Le roi Charles-Emmanuel IV apprit, en Toscane, ces grands événements qui ruinaient toutes ses espérances.

Dès le 9 février 1801, le traité de Lunéville fut signé entre l'Autriche et la France, confirmant à celle-ci les concessions qui lui avaient été faites à Campo-Formio. Seule, l'Angleterre voulut continuer la guerre. Cependant, quelques mois après, elle dut signer la paix à Amiens (25 mars 1802).

Mais, dans ce traité, le roi de Sardaigne fut singulièrement oublié et sacrifié. Bonaparte n'avait point voulu entendre parler de restituer le Piémont.

Tout ce qu'alors on put faire pour la Sardaigne, nous dit M. A. Blanc, fut de lui accorder *tous les égards compatibles avec l'état actuel des choses*. Abandonné de tous, laissé à ses propres forces, le roi dut se contenter, pour le moment, de cette formule aussi lâche qu'hypocrite.

Charles - Emmanuel IV, découragé par un si injuste abandon, se résolut à abdiquer la couronne en faveur de son frère, le duc d'Aoste, qui lui succéda sous le nom de Victor-Emmanuel Ier (4 juin 1802).

Quelques semaines après l'avènement du nouveau roi, Bonaparte prononçait la réunion du Piémont et de l'île d'Elbe à la France et divisait ce nouveau territoire en six départements (4 septembre 1802).

Ce jour-là même, le comte Joseph de Maistre recevait l'ordre de son souverain de se rendre à Pétersbourg, en qualité d'envoyé extraordinaire et de ministre plénipotentiaire.

C'était certes un grand honneur à une pareille heure : son souverain dépossédé avait jeté les yeux sur lui pour remplir la mission difficile et ingrate de conquérir la Russie à sa cause et d'arriver, par elle, jusqu'à Bonaparte.

Le sacrifice imposé à Joseph de Maistre était pénible : mais encore une fois il avait le cœur trop haut pour hésiter. Il se résigna donc et partit seul.

« Le roi est dans des circonstances bien difficiles, écrivait-il de Rome à sa fille Adèle ; mais il fait pour moi et pour ma famille tout ce qu'il peut faire. Ainsi nous n'avons qu'à remercier et attendre en paix l'avenir. Je me garde bien de te dire que je suis content, ou du moins heureux, malgré une destination si brillante. Pour être heureux, il faudrait que ma famille fût autour de moi ; mais c'est précisément cette tendresse qui me donne des forces pour m'éloigner de vous. C'est pour vous que je me passe de vous. »

Loin des siens, Maistre, pour le service de son roi, devait endurer bien des souffrances que, seul, le sentiment du devoir pouvait rendre tolérables.

Je ne saurais mieux faire que reproduire ici, en ses parties essentielles, la conclusion même par laquelle le marquis Henry Costa termine ses précieux mémoires[1] et dans laquelle il signale les changements, vraiment merveilleux, produits en Europe par la bataille de Marengo et les traités qui en ont été la suite.

« Depuis que les Etats et les souverains ont fait dépendre leurs destinées du sort des armes, jamais victoire n'entraîna des conséquences aussi prodigieuses que celle de Marengo. On peut dire qu'elle mit fin à la révolution de France.

« Le système démocratique expira ; la monarchie universelle fut prête à s'effectuer. Au règne affreux de la destruction succéda, en France, une action créatrice incon-

---

[1] Marquis Henry Costa, *Mémoires.*

nue dans les époques les plus fortunées. Les mœurs se radoucirent et les Français, dépouillant leur hideux déguisement, redevinrent des adorateurs du despotisme... sans cesser d'être des guerriers formidables.

« ...Au milieu de toutes ces commotions, on crut voir le trône de Charlemagne plus éclatant qu'il ne fût au VIIIe siècle et l'Europe, d'un concert presque unanime, s'inclina devant lui. Au lieu des potentats malveillants et jaloux qui bordaient les anciennes limites de l'empire français, il s'entoura de rois créés par ses mains, n'existant que par leur adhérence avec lui, ligués entre eux par ses seuls intérêts et toujours prêts à combattre ses ennemis... L'esprit de coalition tomba dans le mépris et les puissances d'ancienne date, dont les efforts réunis auraient pu, dans un temps, mettre quelques bornes à l'accroissement monstrueux de la France, perdirent tout espoir de la restreindre jamais. Elles semblèrent se tranquilliser *en voyant qu'au moins il ne s'agissait plus de les combattre avec les armes du jacobinisme, et l'on aurait cru que le vainqueur avait persuadé aux têtes couronnées, comme à ses propres soldats, que la malédiction du destin devait tomber sur tous ceux qui traversaient ses entreprises.* »

Troisième Partie

SAINT-PÉTERSBOURG

1802 — 1817

CHAPITRE PREMIER

1802 — 1805

Joseph de Maistre arrive à Saint-Pétersbourg. — Embarras financiers de l'ambassade sarde. — Doléances de Joseph de Maistre. — Le ministre sarde est récompensé de son dévouement au roi par les faveurs dont il jouit auprès de la Cour impériale de Russie.

« Secoué à l'excès par l'infernale Révolution, j'ai trouvé ici la tranquillité la plus honorable et les bontés les plus flatteuses. Cependant il y a deux choses dont le souvenir s'efface difficilement ou ne s'efface point du tout : le soleil et les amis. »

(Lettre à Mᵐᵉ la comtesse Trissino de Salvi, 8 (20) novembre 1805. — *Lettres et Op.*, t. I, p. 60.)

MBASSADEUR d'un roi sans royaume, Joseph de Maistre arrivait à Saint-Pétersbourg en bien misérable condition (13 mai 1803). De par son souverain dépossédé, il ne pouvait espérer ni prestige, ni crédit, ni argent.

En Russie, il est vrai, l'auteur des *Considérations sur la France* était connu et singulièrement estimé. Mais, dès le commencement de son séjour, Maistre dut penser à dissimuler par les privations le dénûment dans lequel le laissait

son maitre, au milieu du luxe et des magnificences de la
Cour de Russie.

Dans sa correspondance, nous trouvons le tableau saisis-
sant et touchant à la fois du pitoyable état auquel il s'était
volontairement condamné par fidélité à son roi autant
que par fierté nationale.

« Mon train de maison, écrivait-il à sa sœur, Madame
de Constantin, est celui d'un pauvre homme : il n'est supportable que parce qu'on connaît ma position et celle de
celui qui m'envoie ; autrement, il faudrait partir. »

Plus tard, la situation s'aggravant, Maistre fera entendre
d'émouvantes doléances..... « Je viens de congédier mon
valet de chambre pour me donner un domestique plus simple et moins coûteux. Je verrai s'il y a moyen de faire
d'autres économies et tout mon désir est que Sa Majesté
soit persuadée d'une vérité *qui pourrait fort bien n'être
pas entrée pleinement dans son esprit*, quoique je l'aie
beaucoup répétée : c'est que, dans tout ce que j'ai dit sur
ma situation, *jamais je n'ai laissé tomber de ma plume la
plus légère exagération*. J'ai souffert, comme je l'ai dit, et,
maintenant encore, comme je le dis, *je n'ai rien, ce qui
s'appelle rien, pas de quoi me faire enterrer, si je venais
à mourir...* Si je venais à mourir pendant que ma famille
est éloignée de moi, elle tomberait dans la plus affreuse
indigence... Quoique la nature m'ait pourvu d'une assez
grande égalité d'humeur, cependant je sens que je commence à plier sous le faix. Je deviens triste et solitaire : je
ne vais plus dans le monde, je m'y traîne... Je lis, j'écris,
je tâche de m'étourdir, de me fatiguer même, s'il était possible. Alors des idées poignantes de famille me transpercent.
Je crois entendre pleurer à Turin ; je fais mille efforts pour
me représenter la figure de cette enfant de douze ans que je
ne connais pas... Enfin, vous êtes père, Monsieur le Chevalier, vous connaissez ces rêves cruels d'un homme éveillé. »

Et pourtant, à la Cour de Sardaigne, on ne voulut jamais entendre ces nobles doléances, ni comprendre ce martyre d'héroïque fidélité. Malgré son admirable dévouement, Maistre demeurait en butte à la malveillance, à la jalouse inimitié des hommes médiocres qui entouraient le roi Victor-Emmanuel et le circonvenaient.

D'une aussi criante injustice, il est un exemple, à la vérité duquel on ne saurait croire si l'histoire ne venait attester l'authenticité des faits.

Pendant la dernière année de son séjour en Sardaigne, en août 1802, Maistre lut dans les gazettes la loi du 6 floréal, qui accordait l'amnistie aux émigrés et encore *aux individus qui, nés dans les départements réunis à la France, se trouvaient en pays étranger.* Pour jouir du bénéfice de cette loi, ces derniers devaient, dans un délai fort court, déclarer leur résolution d'abandonner le service de leur souverain et de rentrer en France. Maistre, que son éloignement avait empêché de connaître la loi avant l'expiration des délais impartis, ne voulut point laisser passer l'occasion de déclarer hautement son inébranlable résolution de rester fidèle à son Roi et de demeurer fidèle à son service. Il adressa alors au résident français à Naples un mémoire dans lequel, expliquant son retard, il protestait contre la qualification d'*émigré* et se réclamait en termes éloquents de son titre d'étranger à la France.

Qui aurait pu penser que cette attitude dût jamais paraître équivoque et suspecte à la Cour de Sardaigne? Et cependant cela devait arriver.

Ce *mémoire,* auquel il n'avait été fait tout d'abord aucune réponse, fut plus tard retrouvé à Naples par M. de Cacault, ministre français ; et, celui-ci l'ayant transmis à son gouvernement, un décret fut aussitôt rendu qui rayait Maistre de la liste des émigrés. Le décret portait même que « M. de Maistre était autorisé à rentrer en France, sans obligation de prêter serment, avec liberté entière de rester au service du roi de Sardaigne et de garder les emplois et décorations de Sa Majesté, *en conservant tous ses droits de citoyen français.* »

L'occasion parut merveilleuse aux courtisans du roi Victor-Emmanuel, jaloux du comte, pour le discréditer auprès du souverain ; on le dénonça pour avoir, de France, indignement sollicité *une faveur* du gouvernement. Le comte de Chalembert, ministre d'Etat, eut le singulier courage de demander à Maistre des explications sur la démarche, si noble pourtant, qu'il avait faite et sur la suite qui (d'une façon si tardive et si inattendue) lui avait été donnée. Je laisse à penser l'indignation que ressentit le comte, alors ministre à Saint-Pétersbourg.

En réponse à l'interpellation qui lui était posée, il rédigea un mémoire dont les termes décisifs et mordants durent assurément faire regretter au ministre d'Etat son mouvement d'humeur jalouse, mauvaise et provocante.

J'emprunte à l'ouvrage de M. Albert Blanc le passage suivant de la lettre écrite par Maistre au comte de Chalembert, le 23 juillet 1803 :

« Dites-moi, je vous prie, si vous ne lisez jamais de papiers français à Rome ? Si vous savez ce que c'est qu'une radiation ? Si vous croyez qu'il y ait un ange délégué pour les apporter sans qu'on les demande ou si c'est peut-être un crime de les demander ? Le sérieux inconcevable de votre lettre du 21 juin m'arrache toutes ces questions. Comment n'avez-vous pas vu qu'il ne s'agissait là que d'une simple demande de radiation, comme il y en a cent mille ? Je parie que c'est cette conservation des droits qui vous a effarouché. Hélas ! voilà comment nous sommes : toujours en arrière des autres et toujours étonnés de ce qui n'étonne personne. Vous sentez bien, Monsieur, que si le gouvernement français convenait que je suis étranger, il saperait par sa base tout l'édifice de l'émigration et de la confiscation dans les départements réunis. Que fait-il donc lorsqu'il veut rendre justice ? Il déclare le sujet français, lui conserve le droit de cité et le déclare libre de vivre où il voudra. Les officiers allemands de la rive gauche du Rhin, qui se trouvent précisément dans le même cas que moi, sont venus en France pour obéir à la fameuse loi et s'y sont déclarés Français au service de l'Autriche. Ici, rien n'est plus commun. Le duc de Richelieu, par exemple, a été rayé de la liste (*des émigrés*) et déclaré Français, et comme tel jouissant de tous ses droits, avec liberté de rester au service de Sa Majesté impériale et il est gouverneur de Crimée. Soyez sûr, Monsieur, que dans toute contrée de l'Europe où on lit le *Moniteur,* personne ne s'étonnera d'une chose aussi simple. »

Le comte de Chalembert ne dut pas, assurément, entretenir le roi de la réponse péremptoire et quelque peu méprisante qu'il s'était attirée. L'épreuve à laquelle il avait voulu soumettre le comte de Maistre tournait à sa propre confusion. Le malheureux ministre n'avait rien compris aux événements, et celui auquel il s'adressait, pour se les faire expliquer, était de taille à lui enseigner ce qu'il ignorait.

Mais tout n'était pas fini.

Par la réponse que je viens de reproduire, le ministre d'État devait être satisfait : la justification était complète.

Restait l'homme que Joseph de Maistre n'avait garde d'oublier :

« A présent, Monsieur, j'ai une chose à vous dire. Dans une affaire qui touche à la délicatesse, on n'écrit pas à un homme qui a un caractère et une réputation comme à un jeune commençant qui n'a ni l'un ni l'autre. Il y a pour cela des formules prescrites par la politesse et même par la justice. On dit, par exemple : « Quoi qu'on soit bien éloigné d'avoir le moindre doute, etc... », et l'on n'ouvre pas une bouche étonnée comme si le oui et le non étaient également possibles. Qui lit votre lettre ne sait pas ce que vous pensez, et ce doute est contraire à l'idée que vous devez avoir de moi, à l'honneur de la Savoie et aux sentiments de considération que j'ai toujours eus pour vous. Je n'en suis pas moins, avec ces mêmes sentiments, etc.... »

C'est bien là ou je me trompe fort, une leçon bien méritée de tact et d'éducation.

Mais si la Cour de Sardaigne ne manqua jamais une occasion de récompenser par l'ingratitude les services du fidèle serviteur, Joseph de Maistre n'eut jamais qu'à se louer de l'accueil qu'il reçut à Pétersbourg.

Dès son arrivée en Russie, l'ambassadeur sarde fut présenté au czar et à l'impératrice. « Il n'existe certainement pas, écrivait-il, de plus beau couple royal en Europe. L'affabilité de ces deux grands personnages est au-delà de toute expression. Ils se plaisent à oublier leur grandeur et ne gênent personne. » Le czar Alexandre, à peine âgé de vingt ans, avait épousé la jeune et belle princesse de Baden qui prit, en embrassant la religion grecque, le nom d'Elisabeth.

Maistre, bientôt apprécié par le czar, devait ne pas tarder à avoir toutes ses faveurs.

En février 1805, fut organisé le département de l'amirauté, duquel département dépendaient une bibliothèque, un musée, un cabinet de physique, etc... Le vicomte Xavier de Maistre fut nommé, en considération de son frère, directeur de cet établissement, avec deux mille roubles de traitement et le grade de lieutenant-colonel.

Parler de la joie ressentie, à cette nouvelle, par le comte Joseph serait chose inutile. Nous en trouvons d'ailleurs l'expression dans la lettre qu'il adressa alors à l'empereur

Alexandre et que le comte Rodolphe reproduit dans sa Notice biographique en même temps que la réponse de Sa Majesté impériale.

Maistre n'était plus seul.

Ce ne fut point là, pour le ministre de Sardaigne, le seul trait d'auguste délicatesse et de générosité chevaleresque de l'empereur de Russie. Le comte Rodolphe nous en donne de nombreux exemples.

« Les officiers piémontais, nous dit-il, qui se rendirent en Russie pour continuer à suivre la cause de leur maître sous les drapeaux de son allié, ressentirent les effets de la faveur personnelle dont jouissait le comte Joseph de Maistre : ils furent reçus avec leur grade et leur ancienneté [1]. »

Maistre devait enfin, en 1806, recevoir une nouvelle preuve de l'intérêt affectueux que lui portait le czar, preuve bien plus précieuse encore que les précédentes. Son fils Rodolphe qui, demeuré à Turin, allait être exposé, par son âge, à subir la loi française du recrutement et à servir, dès lors, contre le roi de Sardaigne, fut appelé par le czar auprès de son père.

« Dimanche, écrivait celui-ci, il m'est arrivé un petit secrétaire, précisément d'aussi bonne famille que moi et que je n'avais pas vu depuis trois ans ; sa sœur s'appelle Adèle... Vous voyez, d'où vous êtes, les transports de joie qui ont dû accompagner cette entrevue. La joie est cependant bien loin d'être pure. »

Si, en effet, le père jouissait doucement de sa réunion à son fils, il ressentait aussi les effets qu'avait dû produire sur la comtesse Joseph de Maistre une aussi douloureuse séparation.

« Enfin, s'écriait-il, prenons ce qui nous vient. A cette belle époque, il ne faut pas être si difficile. »

[1] Notice biographique.

A Mme Huber Alléon, sa vieille amie de Genève, il écrit encore le 14 mai 1806 : « Vous avez appris sans doute que mon fils était venu embellir ma solitude ; mais vous me comprendrez parfaitement, Madame, vous qui êtes du métier, lorsque je vous dirai que le premier effet de cette douce société est de me faire sentir plus vivement la privation de ce qui me manque. Nous ne cessons d'en parler ensemble et c'est un renouvellement continuel de souvenirs amers et de projets fatigants. »

Joseph de Maistre vécut dès lors avec son fils Rodolphe, le quittant le moins possible, se récréant, se promenant avec lui. Le monde et la Cour l'occupaient, sans doute, mais rien ne lui pouvait faire oublier ni son fils, ni ses livres.

Du premier, il disait : « C'est un de mes premiers dogmes qu'il faut amuser les jeunes gens, afin qu'ils ne s'amusent pas. »

Et des autres : « J'ai force bons livres et j'étudie de toutes mes forces, car, enfin, il faut bien apprendre quelque chose. »

Mais cette existence à deux ne dura pas longtemps.

Grâce à la faveur impériale, le jeune Rodolphe, auquel il fallait bien donner un état, fut admis, en qualité d'officier, dans le premier corps de la garde à cheval. Quelques jours après, il partait pour la campagne de 1807.

« La pauvre mère ne sait pas le premier mot de tout ce qui se passe ; et moi je suis ici sans femme, sans enfants, sans amis même, du moins de ceux avec qui l'on pourrait pleurer, si l'on en avait fantaisie. Il a fallu avaler ce breuvage amer et tenir le calice d'une main ferme..... Je ne vis pas. Nul ne sait ce que c'est que la guerre, s'il n'y a un fils. »

Pour se consoler de ses déboires et de ses chagrins, Joseph de Maistre se mit, de plus belle, au travail. C'est alors que fut écrit l'*Essai sur le principe générateur des Constitutions politiques* ; c'est alors aussi que sur la demande du comte Razoumowsky, ministre de l'instruction publique, il exposa, en quelques lettres sur lesquelles nous aurons à revenir, ses idées sur l'Education.

Maistre trouvait encore, dans la correspondance avec les siens, une autre sorte de consolation.

« Quand ta mère devrait en être jalouse, c'est par toi que je veux commencer, ma bien-aimée Adèle ; je veux te remercier de ta jolie page du 3 septembre qui m'a fait un plaisir infini. Je sais bien que tu es sotte, que tu ne sais ni parler, ni caresser, que tu es cruelle, barbare, traîtresse, etc..... n'importe, l'amour est aveugle et cette passion de la cité d'Aoste dure toujours. »

Et plus loin, s'adressant à sa chère Constance, il ajoutait :

« Adieu, mon petit cœur, je t'embrasse amoureusement. Parle souvent de moi avec ta maman, ton frère et ta sœur, et quand vous êtes à table ensemble, ne manquez jamais de boire le premier coup à ma santé. »

CHAPITRE   II

**Mission politique de Maistre à Saint-Pétersbourg. — Le
ministre sarde ne partage pas les illusions de son roi
sur les dispositions de la Russie à son égard, ni sur les
intentions de Bonaparte avant la fin de la guerre. —
Correspondance politique du comte Joseph de Maistre.
— Guerre entre la France et l'Angleterre. — Echec de
la médiation russe préparée par Maistre. — Napoléon
empereur. — Appréciations de Joseph de Maistre sur
cet événement.**

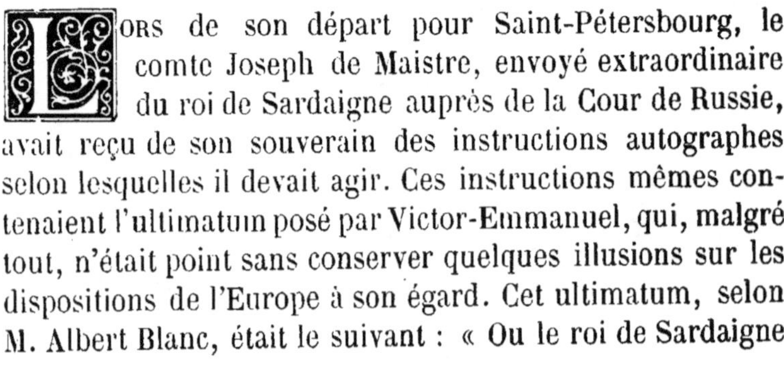

« La commission de Bonaparte est
de rétablir la monarchie et d'ouvrir
tous les yeux en irritant également les
royalistes et les jacobins, après quoi il
disparaîtra lui et sa race. »
(Lettre à Mme la baronne de P...,
juillet 1802. — *Lettres et Op.*, t. I,
p. 17.)

Lors de son départ pour Saint-Pétersbourg, le
comte Joseph de Maistre, envoyé extraordinaire
du roi de Sardaigne auprès de la Cour de Russie,
avait reçu de son souverain des instructions autographes
selon lesquelles il devait agir. Ces instructions mêmes con-
tenaient l'ultimatum posé par Victor-Emmanuel, qui, malgré
tout, n'était point sans conserver quelques illusions sur les
dispositions de l'Europe à son égard. Cet ultimatum, selon
M. Albert Blanc, était le suivant : « Ou le roi de Sardaigne

sera réintégré dans une partie de ses anciens Etats, laquelle partie devra comprendre Gênes et Savone, et alors le souverain est disposé à faire acte de renonciation partielle, pour le surplus dont il a été dépossédé, — ou cette satisfaction ne pourra lui être accordée et, dans ce cas, le roi Victor-Emmanuel Ier est résolu à souffrir la spoliation en attendant les destinées. »

C'est dans ces limites que Maistre devait agir auprès du czar Alexandre qui, seul, paraissait alors capable d'obtenir de Bonaparte quelque amendement au déplorable sort du souverain sarde dépouillé de ses Etats.

Mais à peine Joseph de Maistre avait-il quitté le territoire d'Italie que, par l'intermédiaire du comte de Markoff, ambassadeur russe à Paris, le Premier Consul faisait offrir à Victor-Emmanuel la principauté de Sienne et d'Orbitello, en même temps qu'une pension de 500,000 livres, le tout, moyennant renonciation du roi de Sardaigne à ses anciens Etats.

A la Cour de Sardaigne, réduite ainsi à traiter avec la Révolution française, l'indemnité territoriale eût, à la rigueur, paru satisfaisante, dans les conjonctures d'alors ; mais Sa Majesté sarde, repoussant l'aumône de la pension, se refusa à une renonciation déshonorante.

Joseph de Maistre, à peine arrivé à Saint-Pétersbourg, dut employer ses efforts à scinder la proposition du Premier Consul, c'est-à-dire accepter pour son roi l'indemnité territoriale, tout en rejetant et la pension et la renonciation.

La tâche était d'autant plus difficile que la Russie, arbitre, en quelque sorte, des destinées piémontaises, ne dissimula point au ministre sarde son désir de voir Victor-Emmanuel consentir à l'arrangement proposé et son intention bien arrêtée, dans le cas contraire, de demeurer étrangère aux tractations qui allaient suivre.

La situation du malheureux envoyé n'avait, en de telles

conditions, rien d'aisé, si l'on songe surtout que les offres ainsi que les réponses, souvent conçues en termes ambigus, entraînaient correspondances sur correspondances avec le gouvernement et que, pour les courriers, Pétersbourg n'était point à un jour de Rome.

C'est avec une rare délicatesse et sans jamais courir le risque de brusquer personne que le comte de Maistre dut conduire de si difficiles négociations. Au début, l'accueil courtois, mais glacial du prince Adam Czartoryski, gêna le ministre sarde, sans le décourager. La lettre qu'il écrivait, peu de temps après son arrivée (23 juin — 3 juillet 1803), au secrétaire d'Etat du roi de Sardaigne, montre bien qu'il était loin de partager les illusions de son souverain sur les bonnes dispositions de la Cour de Russie et qu'il savait, malgré son immense désir du succès, apprécier les hommes et les choses froidement et sous leur véritable jour.

« C'est un devoir, disait-il, de vous observer qu'à l'égard de l'Empereur de Russie, Sa Majesté doit peu y compter. Il est bon, il est excellent, il est plein d'humanité, mais, quant à la force de caractère, il y a beaucoup à désirer. L'un de ses chambellans m'assure l'avoir entendu parler en riant des affaires du roi et de la scélératesse des Français, comme d'un bon tour de passe-passe. Les choses cependant ont fait un pas immense depuis un mois. La glace du Cabinet m'avait assommé à mon arrivée. Toutes les espérances pour un effort éclatant d'attachement personnel sont inhumées sans doute avec Paul Ier. Mais il suffit et c'est beaucoup que toutes les espérances du roi renaissent..... »

Et le 22 juillet (3 août) suivant, Maistre écrivait encore au chevalier de Rossi une lettre qui dénote une rare clairvoyance.

A ce moment, on discutait le projet d'indemniser le roi de Sardaigne en lui concédant le territoire de Gênes. Or, aux yeux de Joseph de Maistre, cette solution eût été la préférable. « Plus j'y songe et plus il me semble que c'est là le point d'appui, unique, décisif, d'où la Maison de Savoie peut s'élancer plus haut que jamais. » Gênes ! « c'est son bélier, » c'est le rêve de son désir.

Inquiète du prodigieux accroissement de la puissance française, l'Angleterre avait rompu la paix d'Amiens en faisant saisir, sans aucune déclaration de guerre, les navires français qui se trouvaient dans ses ports (13 mai 1803). Bonaparte répondit à cette violation du droit des gens en ordonnant l'arrestation de tous les sujets anglais qui étaient en France. Il établit ensuite un camp près de Boulogne et se disposa à opérer une descente en Angleterre.

Pour l'ambassadeur de Sa Majesté sarde, la déclaration de guerre était motif à grande satisfaction, car c'était l'anéantissement des stipulations contenues dans le traité d'Amiens, si funestes à son pays et à son roi : « Sa Majesté est remise *in statu quo*, écrivait-il alors, et tout recommence. Je ne dis pas qu'on soit sûr de rien, ce serait un enfantillage, je dis seulement qu'on peut tout espérer. »

Il y avait si bien à espérer de l'avenir qu'un jour vint où le czar, « cette tête façonnée par M. de la Harpe », se résolut à proposer sa médiation. Les conditions de l'arrangement européen étaient les suivantes : 1° Evacuation de la Hollande ; 2° celle de la Suisse et de l'Italie ; 3° la restitution du Hanovre ; 4° *l'indemnisation complète de Sa Majesté sarde pour tout ce qu'elle a perdu depuis le dernier traité ;* 5° l'établissement d'une garnison russe à Malte pour dix ans.

Les conditions ainsi posées auraient dû convenir à l'Angleterre si, vraiment, le seul accroissement de la puissance française eût été la cause de la rupture de la paix d'Amiens. Bonaparte, de son côté, eût sans doute accepté le traité et, sur ces bases, la paix de l'Europe était assurée.

Mais, vindicative et égoïste, l'Angleterre refusa, et tout fut perdu.

Joseph de Maistre ne put prendre son parti ni se consoler de l'insuccès d'une si généreuse tentative, faite par le czar dans l'intérêt de son roi. Par une lettre du 18 (30) août 1803, il exprimait ses sentiments avec une touchante sincérité et une rare éloquence.

« Ce qui m'inquiète, écrivait-il, est la durée de la situation actuellle dans un moment où les souverains, par un aveuglement inconcevable, honorent si peu l'auguste fraternité qui les unit et peuvent en voir souffrir un sans souffrir eux-mêmes. Je ne me croirais pas noble, si je pouvais refuser à un noble tombé dans la disgrâce, non seulement sans sa faute, mais par suite de sa grandeur d'âme, le léger secours qui dépendrait de moi. Qu'en est-il d'un roi envers un roi ? »

Et il ajoutait :

« Pour moi, je vous l'avoue, j'aurai l'honneur de mourir sans avoir jamais compris qu'un roi ne puisse pas être royaliste. »

On voit par là comment Maistre ressent l'injure faite par l'Angleterre à son souverain. C'est pour ne point pleurer sans doute que, dans une lettre écrite au mois de décembre 1803, Maistre feint de rire et de railler.

« Vous me parliez de l'envoyé de Hollande. C'est un homme très distingué de toute façon..... Vous l'avez cependant appelé fanatique. C'est qu'il l'est effectivement sur un article : dès qu'on lui parle de l'Angleterre, il perd la tête et donne dans toutes sortes d'exagérations. Il faut l'entendre sur le compte de Sa Majesté. « C'est une honte », dit-il, « c'est une infamie aux Anglais de l'avoir traité ainsi. » Alors je réponds : « Permettez-moi de vous le dire, Monsieur de Hogendorp, vous allez trop loin, les Anglais sont de fort bons amis, mais souvent on ne fait pas ce qu'on veut, etc... » C'est une scène délicieuse, en vérité, d'entendre l'envoyé batave qui fulmine contre les Anglais en faveur du roi de Sardaigne et l'envoyé de Sardaigne qui les excuse. Peu de comédies vaudront celle-là pour qui saura l'apprécier. »

Bref, tandis que l'Angleterre refusait d'évacuer Malte (car c'était bien là, dans les propositions faites par le czar, ce qui l'intéressait avant tout), le Premier Consul, à son tour, se plaignait de ce que ces propositions mêmes étaient trop partiales et favorisaient l'Angleterre.

C'en était fait de la médiation essayée par le czar Alexandre, préparée par le comte de Maistre, en vue de son pays et de son souverain.

Quelque temps après, la Cour de Londres, impatiente des succès de Bonaparte, soudoyait contre lui une conspiration dans laquelle Georges Cadoudal, Moreau et Pichegru se laissèrent envelopper. Le Premier Consul, furieux de se voir ainsi entouré d'assassins, ordonnait l'arrestation du duc d'Enghien, le dernier des Condé, et le faisait fusiller, le 20 mars 1804, dans les fossés de Vincennes.

L'exécution du duc d'Enghien, acte exécrable, poussa à son comble l'indignation de l'Europe. La Cour de Russie prit le deuil pendant sept jours et le czar, dans une note, déclarant sa résolution inébranlable, invita tous les princes de l'empire germanique à se joindre à lui contre la France, coupable d'un crime si atroce.

Le branle était donné, ainsi que le dit Maistre et il n'en dissimule pas son contentement, rien ne pouvant faire plier Bonaparte, sinon la guerre.

« Le grand point pour Sa Majesté, c'est que sa situation est telle absolument qu'elle peut la désirer... Peut-elle espérer rien de mieux dans l'état actuel des choses, et y a-t-il moyen de porter l'imagination au-delà ? Je sais bien qu'elle n'est pas à sa place. Je sais bien qu'elle est exposée à souffrir encore des suspensions fatigantes. A cela, nous ne pouvons rien, ni vous, ni moi, et ce n'est pas nous qui avons créé ce bel état de choses ; mais nous ne pouvons en sortir que par la guerre ; or la guerre va se faire, et la restauration de Sa Majesté est demandée explicitement et solennellement. Donc, nous avons, *in statu quo*, tout ce que nous pouvons désirer. »

Dans certaines situations, en effet, la pêche en eau trouble est préférable à toute autre. La partie qui se préparait était le *va-tout* pour la monarchie de Sardaigne.

Cependant, en France, un grand événement se préparait qui fixait les yeux de l'Europe et qui paraissait unique dans l'histoire. Pour fortifier le pouvoir et enlever toute espérance aux factions, le Tribunat émit le vœu que **Bona**parte fût nommé empereur. Le Sénat le proclama **tel et le** peuple français ratifia le sénatus-consulte. La constitution de l'an VIII fut donc modifiée et l'hérédité fut rétablie au profit de la descendance de Napoléon, empereur des **Fran**çais (**18 mars 1804**).

Tandis que l'Europe, à cette nouvelle, était saisie de colère et frappée de terreur, Joseph de Maistre, impartial et froid, jugeait, avec une rare intelligence, l'ordre de choses qui s'établissait en France.

Dans toutes les suppositions possibles, l'établissement de l'empire paraît heureux au fidèle serviteur du roi de Sardaigne.

Tout d'abord, l'esprit révolutionnaire reçoit par là-même un coup mortel, et, pour l'achever, Napoléon, parvenu à son but, usera désormais de sa souveraine puissance. Assoiffé d'autorité, Joseph de Maistre, que l'individualisme républicain exaspérait, voit sans déplaisir la France, se ressaisissant, préférer un sceptre quelconque aux désordres de l'anarchie et le gouvernement d'un seul à l'effroyable dictature de la multitude. Le jacobinisme tué en France, ses ravages en Europe prendront nécessairement fin.

Le nouveau souverain, il est vrai, est un usurpateur, prenant la place d'un roi légitime à la Maison duquel Maistre est sincèrement attaché. Mais qu'importe l'usurpation, si la Providence, dans ses impénétrables desseins, doit apposer à cette usurpation même le sceau de la légitimité par une longue possession. Toutes les usurpations n'ont-elles point été criminelles à leur début ?

Le gouvernement se consolide en France et Maistre ne saurait se plaindre, car c'est bien là le triomphe de l'autorité dans le présent. Le temps et Dieu nous apprendront seuls si la Maison de Bourbon, condamnée, doit faire place à une race plus jeune que la Providence bénira, ou si cette famille auguste doit, un jour, revenir, et alors l'œuvre du souverain impérial facilite son retour en rétablissant la monarchie, ce dont le prince légitime, indulgent et faible, eût été sans doute incapable.

A voir Napoléon, s'élevant, entraîner après lui sa famille et les hommes illustres qui s'étaient faits les compagnons de sa fortune, créer de grands dignitaires et des officiers de la couronne, organiser fastueusement la maison de l'empereur, celle de l'impératrice et celle des princes du sang, ressusciter les anciennes charges de grand-veneur et de grand chambellan, rétablir les titres de duc, de marquis, de comte et de baron, que l'on croyait à jamais proscrits, la France de la Révolution a dû dire, après Joseph de Maistre : « Il est donc vrai qu'il faut nécessairement tomber sous un sceptre quelconque, et obéir à celui-ci ou à celui-là ? Il est donc vrai que l'égalité est une chimère ! »

En résumé, Napoléon formait l'opinion dont le roi légitime avait besoin.

Mais si le comte de Maistre pense d'abord à la France,

parce qu'il connaît l'influence que ses exemples ont sur l'Europe, il n'oublie ni son Pays, ni son Roi.

« L'événement que j'examine dans le moment, écrit-il, n'est pas seulement avantageux en général, mais présente de plus certaines chances particulières, utiles à Sa Majesté. En effet, nous ignorons encore, dans ce moment, l'impression que fera sur S. M. I. l'attitude ferme et menaçante que prend un autre Empereur de meilleure famille, et par quels sacrifices le premier serait disposé à acheter une reconnaissance si précieuse pour lui. Lorsque la première fougue sera passée, lorsqu'il envisagera de sang-froid les suites terribles du premier coup de canon russe, j'ai peine à croire qu'il n'essaie quelques offres, et quand elles n'aboutiraient qu'à donner à notre bon maître une situation supportable, ce serait beaucoup... Quant au rétablissement de la Maison de Savoie, je persiste toujours à le croire impossible tant que le Dœmonium Meridianum tiendra le sceptre ; il faut qu'il soit renversé ou par la Maison de France ou par un autre pouvoir quelconque. »

L'ambition insatiable de Napoléon et le désir ardent qu'il paraît avoir de conserver le Piémont sont, pour de Maistre, d'insurmontables obstacles à la restauration de son Roi.

Napoléon, en se faisant proclamer empereur, avait porté à leur comble la haine, la colère et le mépris des puissances européennes que « la farce impériale » avait exaspérées. La paix ne pouvait durer longtemps.

CHAPITRE III

Coalition de l'Europe contre la France. — Campagne de 1805. — Paix de Presbourg. — Effondrement de la Maison d'Autriche. — Le roi de Sardaigne dépossédé se retire en Sardaigne.

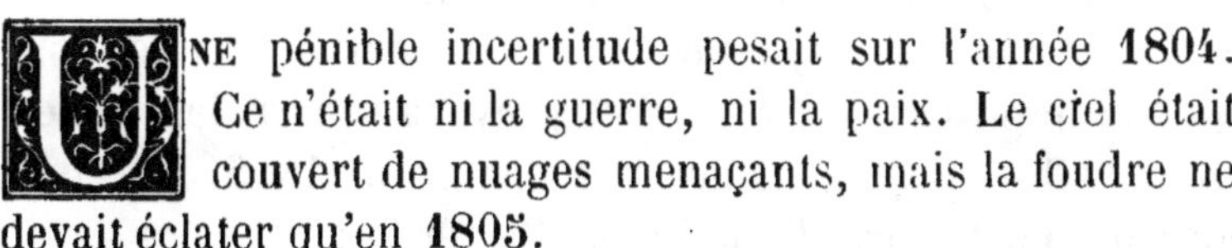

« Faire dépendre sa sûreté et son salut des dispositions constantes d'une Cour quelconque, c'est, au pied de la lettre, se coucher pour dormir à l'aise sur l'aile d'un moulin à vent. »
(Correspondance de Joseph de Maistre.)

UNE pénible incertitude pesait sur l'année 1804. Ce n'était ni la guerre, ni la paix. Le ciel était couvert de nuages menaçants, mais la foudre ne devait éclater qu'en 1805.

Après l'essai malheureux de médiation européenne tenté par le czar Alexandre, les Cours de Vienne et de Pétersbourg avaient entre elles resserré des liens fort relâchés depuis cinq ans. La coalition austro-russe s'était reformée, dans laquelle Metternich avait reçu pour mission de faire entrer la Prusse. Le traité d'alliance fut bien signé en vérité ; mais, lors de la déclaration de guerre, le roi Frédéric-Guillaume III ne voulut point consentir à réunir ses forces à celles de l'Autriche et de la Russie que Pitt venait de soulever contre la France.

Napoléon, à cette nouvelle provocation, transporta sans retard son armée du camp de Boulogne sur le Rhin, pénétra en Allemagne au moment où les troupes alliées passaient l'Inn et, par d'habiles manœuvres, obligea les Autrichiens à battre en retraite. Le 15 novembre 1805, l'armée française entrait dans Vienne et, le 2 décembre, elle remportait l'éclatante victoire d'Austerlitz.

« L'homme qui doit être opposé à Bonaparte, écrit Maistre, n'existe pas plus ici qu'ailleurs, ou ne se montre pas encore. »

Après Austerlitz, l'empereur de Russie fut rejeté dans l'isolement de son vaste empire, tandis que l'empereur d'Autriche s'empressait de demander la paix. Elle fut signée le 26 décembre 1805.

Par le traité de Presbourg, la Dalmatie et l'Albanie furent réunies à l'empire français, la Vénétie au royaume d'Italie, la Bavière et le Wurtemberg furent érigés en souverainetés et l'Autriche dut demeurer réduite au bassin du Danube. Napoléon donna la couronne de Naples à son frère Joseph et nomma le prince Louis roi de Hollande.

Joseph de Maistre, ne connaissant point encore les conditions imposées à l'Autriche, prévoyait déjà les suites, incalculables pour elle, de la campagne de 1805. Il écrivait au roi un mémoire d'une frappante vérité :

« Voilà donc cette fameuse Maison d'Autriche renversée et pour toujours. Après une lutte terrible de trois siècles, le génie de la France l'emporte irrévocablement. Quand même le roi légitime remonterait sur le trône, il n'aurait pas, je crois, la bonté de replacer sa rivale sur son piédestal ; qu'arrivera-t-il de l'immense patrimoine de l'Autriche ? Comment sera-t-il morcelé, dépecé, aliéné ? Je l'ignore, mais c'est une époque à jamais fameuse et le commencement d'un nouveau droit public en Europe. Je ne vois plus, dans cette partie du monde, que quatre puissances : la

France, l'Angleterre, la Russie et la Prusse, qui jouera entre les deux premières, toute proportion gardée, le rôle qui nous appartient entre la France et l'Autriche... Il faut que la Prusse prenne garde à elle, jamais puissance ne se trouva engagée dans un pas plus difficile ; placée entre deux puissances formidables, vulnérable de toutes parts, le parti qu'elle prendra peut décider de son existence. »

Et vraiment, la défaite essuyée par l'Autriche était, pour cette nation, le signal d'un effondrement. Quelques mois après, en effet, François II devait, à la diète de Ratisbonne, renoncer à son titre d'empereur d'Allemagne pour prendre celui d'empereur d'Autriche. L'Allemagne fut divisée en quatorze Etats, parmi lesquels il y avait quatre royaumes et, de la Confédération ainsi formée, Napoléon prit le titre de Protecteur.

Placé ainsi entre un passé si triste et un avenir si menaçant, Maistre éprouvait, il l'avoue, un certain plaisir à voir tomber la Maison d'Autriche : « C'est un plaisir de démon, mais la chose est ainsi. »

Depuis la victoire de Bonaparte à Austerlitz, l'espérance de la restauration du roi de Sardaigne avait déserté le cœur du ministre sarde. Des deux amis puissants sur lesquels comptait son souverain, l'un avait disparu, et l'autre, découragé, ne songeait plus guère à se sacrifier pour des amis.

Et Maistre ajoutait d'un ton amer : « Faire dépendre sa sûreté et son salut des dispositions constantes d'une Cour quelconque, c'est, au pied de la lettre, se coucher, pour dormir à l'aise, sur l'aile d'un moulin à vent. »

Que restait-il, en effet, au confiant roi de Sardaigne ? La haine que lui avait vouée Napoléon et la pension que, sur les instances du comte Joseph de Maistre, le czar avait bien voulu lui accorder. Le roi Victor-Emmanuel dut alors se retirer en Sardaigne.

Dès ce moment, ainsi que le dit fort justement **M. Albert Blanc**, les ministres sardes auprès des Cours étrangères n'avaient plus qu'une mission : celle d'informer leur souverain des événements qui se passaient en Europe. Mais pour eux, représentants d'une royauté désormais disparue de la scène politique, la période d'action avait pris fin. Alors commença pour Maistre l'ère des douloureux loisirs.

La situation, il nous le dit lui-même, était devenue comme une espèce de spectacle.

Après Austerlitz, Iéna (14 octobre 1806), puis Friedland (14 juin 1807) et la paix de Tilsitt qui élevait l'empire français à son apogée.

Maistre, demeuré à son poste, voulut, malgré tout, essayer un suprême et dernier effort. A Pétersbourg, un favori de Napoléon s'était trouvé sur sa route qui, pour lui, avait paru se prendre de quelque intérêt. Réflexion faite et conseils pris, le ministre sarde se décida à profiter d'une occasion si extraordinaire. Il pensa à aborder celui qui, dans ses mains puissantes, tenait le sort de son bien-aimé souverain; il rêva d'adoucir le lion et de le rendre plus traitable. Dans ce but, il dressa d'abord un mémoire « écrit, il le déclare lui-même, avec cette espèce de coquetterie qui est nécessaire toutes les fois qu'on aborde l'autorité, surtout l'autorité nouvelle et ombrageuse, sans bassesse cependant et même avec quelque dignité. »

Dans ce mémoire même, Maistre, dont le roi de Sardaigne ignorait la démarche, s'offrait à venir de Pétersbourg à Paris, exposer à Napoléon la situation pitoyable de son souverain et tenter de desserrer les bras de fer qui étreignaient l'Italie.

« Pour ne point choquer Napoléon, froisser l'Angleterre, ni être embarrassé lui-même » le ministre de Victor-

Emmanuel avait pris toutes ses mesures. Il avait d'ailleurs la plus grande confiance dans Napoléon et dans la connaissance que celui-ci devait avoir des hommes. « Je serais bien heureux si Sa Majesté me déchiffrait comme lui... Le souverain légitime peut se tromper sur ce point, mais l'usurpateur est infaillible. »

La tentative, calculée avec toute la prudence possible, toute faite dans l'intérêt du roi de Sardaigne et dangereuse pour Maistre seul, ne put aboutir et le ministre sarde ne parvint pas à se faire entendre de Napoléon qui, par son silence même, approuva tacitement la démarche faite auprès de lui.

Mais une si généreuse et patriotique entreprise fut, aussitôt connue, fort mal accueillie à Cagliari, où elle surgit, ce sont les termes mêmes de la dépêche ministérielle, comme « *un monument de la plus grande surprise.* » Pour le coup, Maistre n'y tint plus et, dans sa lettre d'éclaircissements, il écrit au chevalier de Rossi les lignes suivantes, fières et dignes, presque méprisantes à l'adresse de la Cour de Sardaigne :

« Voilà le mot. Le cabinet est surpris. Tout est perdu. En vain le monde croule, Dieu nous garde d'une idée imprévue ; *et c'est ce qui me persuade encore davantage que je ne suis pas votre homme ;* car je puis bien vous promettre de faire les affaires de sa Majesté aussi bien qu'un autre ; mais je ne puis pas vous promettre de ne jamais vous surprendre. C'est un inconvénient de caractère auquel je ne vois pas trop de remède..... J'ai fait un effort pour voir si je pourrais rompre la carte ; l'ennemi n'a pas voulu m'entendre : si vous y songez bien, vous verrez que c'est une preuve certaine que j'avais bien pensé. »

Bref, Maistre fut, de son intelligent et admirable dévouement, singulièrement récompensé par son souverain qui, par ses reproches mêmes, montrait combien il ignorait les principes incontestables et élémentaires sans lesquels il ne peut y avoir de diplomatie. Le ministre sarde n'était heureusement pas de ceux que l'ignorance, la malveillance ou la méchanceté imbécile découragent : il résista fièrement, n'attendant de sa conduite d'autre récompense que la conscience du devoir accompli sans défaillance, sans crainte, et jusqu'au bout.

Joseph de Maistre que les siens paraissaient apprécier si peu, était tous les jours davantage, à la Cour de Russie, l'objet d'une insigne bienveillance. L'ambassade française elle-même lui témoignait un intérêt extraordinaire. « Tous me font des politesses, quoique sans aucune avance de ma part. »

Et, en vérité, son crédit est tel auprès du czar que des demandes toujours rejetées ou négligées jusque-là sont admises dès qu'il les appuie. Aussi éprouve-t-il un malin plaisir à mettre sous les yeux de son roi sa véritable situation, non point que ses succès personnels l'enorgueillissent, mais parce qu'il sait combien, à Cagliari, les courtisans, envieux et jaloux, sont ardents à le desservir. Il n'ignore point qu'on élève contre lui les plus odieuses accusations. On va jusqu'à dire au roi de Sardaigne que si le comte de Maistre est si bien vu à la cour de Russie, c'est qu'il ne dissimule à personne son intention arrêtée de planter sa tente en ce pays. Or, ceux qui connaissent Joseph de Maistre devineront sans peine combien cette imputation ridicule devait être sensible à son cœur, pétri de désintéressement, de fidélité et de dévouement.

Aussi, en décembre 1809, écrit-il au roi :

« Puisque je me trouve ici, il est naturel que je sois flatté de ces petits succès ; mais je supplie toujours Votre Majesté de vouloir se rappeler que tous les succès possibles en Russie ne me rendront jamais moins son sujet. Malgré

les espérances légitimes que j'aurais dans ce pays, malgré
les plaintes bien ou mal fondées qui sont parvenues souvent et trop souvent à Votre Majesté, malgré l'amertume
de ma situation sous le rapport de mes affections les plus
chères, jamais je ne préfèrerai rien au service de Votre Majesté ; *car je ne lui ai pas prêté serment à condition qu'elle
serait heureuse et que je serais content.* »

Si la première qualité des rois est de connaître les hommes, le roi Victor-Emmanuel Ier ne paraît pas avoir mérité,
de ce chef, une place éminente parmi les souverains ; car,
du fond de la Sardaigne où il vivait, exilé et courtisé, il
ne semble pas avoir connu son plus fidèle serviteur.

Et cependant, dans l'intérêt de sa couronne, Victor-
Emmanuel eût bien dû préférer aux basses et envieuses
suggestions de son entourage, aigri autant qu'impuissant,
les sages et clairvoyants avis de son ministre.

Ceci m'amène à citer une appréciation donnée de Joseph
de Maistre par M. de Lescure, dans son ouvrage paru
récemment, et à l'égard de laquelle l'occasion est venue de
faire bien des réserves :

« Il était de ces serviteurs dévoués, mais méconnus et
mécontents, qui savent mieux servir que flatter, et ont
toujours leur démission dans leur poche. Les chiens les
plus fidèles ne sont pas ceux qui caressent toujours et ne
mordent jamais. Il faut se méfier des gardiens qui n'aboient
point, des conseillers qui ne se fâchent pas. Joseph de
Maistre ressentait le besoin et le désir d'en finir avec ces
querelles et ces plaintes provoquées par une situation sans
changement et monotone comme elle.[1] »

Je ne saurais approuver cette conclusion, car elle me
paraît ne point convenir à Joseph de Maistre.

---

[1] M. DE LESCURE, *Le comte Joseph de Maistre et sa famille.*

Quand nous entendons ses doléances, soyons sûrs que la dignité de son roi a eu, dans les circonstances qu'il relate, plus à souffrir que sa considération personnelle.

Un exemple entre tant d'autres.

Maistre, ambassadeur à Pétersbourg, demandait la grand'-croix de l'ordre des Saints Maurice et Lazare. Le roi lui répondit : « Je sais que le bien de mon service exigerait que vous fussiez plus décoré », et il refusa la distinction sollicitée !!

Maistre écrivait à ce propos au comte de Chalembert : « Dernièrement, un homme de ce pays me disait avec une belle naïveté : « Il faut avouer que si vous jouissez ici d'une grande considération, *ce n'est pas aux frais de votre maître.* » AH ! JE NE VEUX PLUS ENTENDRE DE PAREILS DISCOURS. »

En traçant ces mots, Maistre entendait déjà les ricanements moqueurs de cette Cour dont le système était de réunir sur sa tête l'éclat du poste et l'humiliation de la personne, *tandis que lui ne pensait qu'au pays et au roi.*

« Mon grand désir serait que Votre Majesté pût voir cette légation de près : elle verrait dans l'intérieur des choses dures et qui ne m'ont réellement affecté que dans les commencements, où elles avaient plus d'une suite grave ; mais dans le monde et à la cour elle serait assez contente.

« Trois choses ont manqué à cette légation : En premier lieu cette espèce de courage qui naît du sentiment de la faveur et de la confiance. J'ai soupiré plus d'une fois, Sire, en lisant, dans les premiers temps de mon séjour ici, ces longues instructions où je voyais percer clairement la crainte que je ne me permisse ici des démarches hasardées. C'est certainement le contraire que Votre Majesté eût pu craindre légitimement. Aussi l'homme qui a, dans ce pays, le plus de génie et d'expérience, disait en parlant de moi : « Il a une trop grande idée de sa faiblesse ». En second lieu, il me manque une maison et une existence indépendantes. Sous ce rapport, j'ai dû lutter contre des désavantages immenses. Enfin, Sire, il m'a manqué un secrétaire et même deux. Votre Majesté voit que ces inconvénients dépendent uniquement du malheur des circonstances et de l'espèce d'économie qu'elle a cru devoir mettre dans sa sagesse à la confiance dont elle m'honorait.»

L'histoire ne rapporte aucun fait qui permette de croire que le bon roi de Sardaigne ait jamais compris l'apologue.

Le rouge monte au front quand on songe à ce souverain dépossédé qui, ayant en Russie, un homme pareil à Joseph de Maistre, lui marchandait, pour le plaisir envieux et jaloux de quelques nobles fainéants, ses distinctions, son argent et même sa confiance.

Dès le premier jour de son arrivée à Pétersbourg, Maistre avait, à son roi, tenu ce langage : « Le grade est tout dans cette Cour luxueuse de Russie, donnez-moi donc, ne fût-ce que pour l'avenir de votre royaume, des grades et des cordons. Un ministre sans état n'est qu'une absurdité politique ; si on ne l'aide à tenir un rang égal ou supérieur à celui des autres, c'en est fait de celui qui l'envoie. »

Les représentations et les supplications ne faisaient rien.

Et Maistre perdant patience, découragé, anéanti, écrivait ces lignes :

« On ne dit jamais tout, Monsieur le Comte, je puis seulement vous assurer et assurer Sa Majesté, si vous en trouvez l'occasion, qu'elle m'a fait tout le mal qu'un souverain peut faire à son sujet. Le murmure n'est pas permis, mais la tristesse n'est pas défendue. Elle n'est contraire ni au respect ni à l'attachement : au contraire elle en est la suite. »

CHAPITRE IV

**Maistre et la Papauté.
Couronnement de Napoléon par Pie VII.
Sentiments de Joseph de Maistre.**

« Dans la consécration papale de
l'empereur, Maistre voyait d'abord une
complaisance, une faiblesse, une complicité coupables qu'il jugea un moment
sévèrement et jusqu'à perdre le respect; erreur bientôt réparée, quand,
mieux informé, il connut les mobiles
désintéressés de tout autre intérêt que
celui de la paix et du salut même de
l'Eglise qui avaient inspiré la résigna-
tion de Pie VII et son sacrifice. »
M. DE LESCURE, *Le Comte Joseph
de Maistre et sa famille*, p. 406.

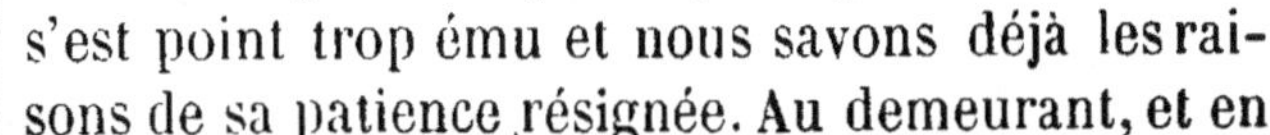

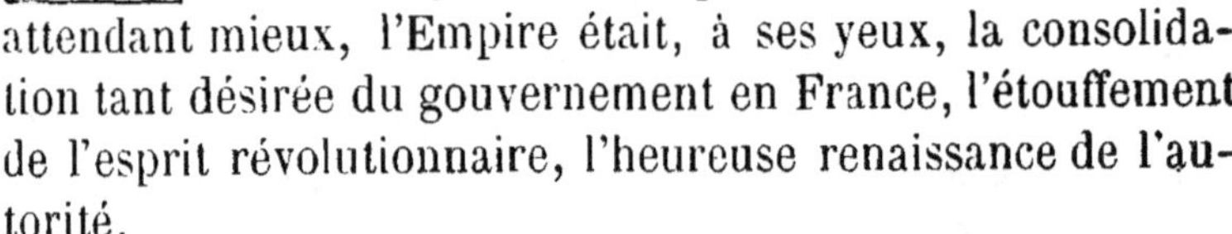

VOIR Bonaparte empereur, Joseph de Maistre ne
s'est point trop ému et nous savons déjà les raisons de sa patience résignée. Au demeurant, et en
attendant mieux, l'Empire était, à ses yeux, la consolida-
tion tant désirée du gouvernement en France, l'étouffement
de l'esprit révolutionnaire, l'heureuse renaissance de l'autorité.

Quelque peu illusionné par sa foi monarchique, Joseph
de Maistre voulait voir encore dans l'usurpation elle-même
le rétablissement de toutes les bases de la royauté, sans
qu'il dût en coûter plus tard la moindre défaveur au prince
légitime, dont, avec tant de confiance, il attendait la venue.

Mais, si Maistre n'a eu de l'Empire ni haine, ni effroi, s'il a su se résigner, pensant que la commission donnée par la Providence était de rétablir la monarchie et d'ouvrir tous les yeux, en irritant également les royalistes et les jacobins, rien, au contraire, ne l'a plus exaspéré que l'idée du couronnement de Napoléon par le Pape et de la consécration même donnée ainsi à l'usurpateur par le Vicaire de Jésus-Christ.

Une appréciation des idées émises par Joseph de Maistre sur le grand événement me paraîtrait impossible si, jetant un regard en arrière, je ne rappelais ici, en quelques mots, la conduite tenue par la Cour de Rome de 1789 à 1804, ou mieux, la politique romaine dans cette période.

Il n'est point, en effet, de Cour sans politique, c'est-à-dire sans principes de conduite conformes à sa nature propre et à sa position. Or, et c'est ici que réside la difficulté, la nature de la souveraineté pontificale étant complexe, religieuse et politique, son action gouvernementale peut, en laissant prédominer l'un ou l'autre de ces éléments, suivre, selon le cas, l'une des deux directions qui s'offrent à elle.

Remarquons d'ailleurs que si, d'une part, la souveraineté religieuse est merveilleusement forte, si elle peut parler et s'imposer se sachant, de par la volonté de Dieu, sûre d'elle-même, le Pape, souverain politique, a toujours été, au contraire, singulièrement faible, désarmé au milieu de tant d'autres bien plus puissants, et réduit le plus souvent par là-même à des négociations propres à ne le priver d'aucun appui.

Tandis que le Chef de la religion commande toujours, le prince politique est presque toujours réduit à supplier.

Au moment où la Révolution française éclata, Pie VI était pape depuis le 15 février 1775. Le mouvement philosophique et athée, d'abord, la suppression des ordres religieux et la confiscation des biens du clergé, ensuite, la constitution civile, enfin, furent pour le Saint-Siège une série de malheurs et d'affronts qui blessèrent profondément le cœur du Souverain Pontife.

A la Cour de Rome, on se divisa sur la manière de considérer la Révolution, de s'en défendre et de la combattre.

Deux partis se formèrent : l'un pour le rigorisme et l'éloignement absolu de tout ce qui se rapportait à cette révolution maudite, *autant que pour la haine de la nation française, cause de tant de maux ;* l'autre pour une modération et une condescendance commandées par les circonstances *en sachant obéir au temps.*

Si, dans d'autres Cours, il n'était question que d'extirper par le fer et par le feu le venin révolutionnaire, à Rome un semblable parti ne parlait que d'anathèmes, tandis qu'un autre, plus modéré, jugeant que les anathèmes n'opèrent que sur ceux qui commencent par s'y soumettre, voulaient à ces armes, alors incertaines, substituer des mesures plus indulgentes, plus voisines de la conciliation et plus efficaces.

Le pape Pie VI, sentant le danger qu'il y aurait eu à suivre les conseils du parti de l'opposition irréductible, se décida à contenir son ressentiment et à écouter les avis de la plus sage prudence.

Malheureusement, en 1796, ne pouvant plus résister aux efforts réunis de l'Angleterre et de l'Autriche, le Souverain Pontife dut se laisser engager dans la coalition formée contre la France, et, les armées françaises victorieuses ayant envahi la haute Italie, il fut contraint de signer, le 19 février 1797, à Tolentino, le traité qui le dépouillait des deux légations de Bologne et de Ferrare ainsi que du comté Venaissin et qui lui imposait une contribution de trente millions de francs.

Dix mois après, le meurtre du général Duphot attira sur Rome les malheurs de l'invasion et, le 15 février 1798, l'armée française entrait dans la Ville Eternelle. Un gouvernement révolutionnaire fut substitué à celui du Pape et Pie VI dut se retirer à Sienne d'abord, à Florence ensuite, enfin à Valence, où il mourut captif le 27 avril 1799.

Le conclave, ouvert à Venise le 1er décembre suivant, se prolongea jusqu'au 14 mars 1800. Le cardinal Chiaramonti fut élu pape et prit le nom de Pie VII. La modération et la prudence formaient le fond du caractère du nouveau Pontife. Il l'avait montré déjà, en 1797, lorsque la guerre ayant donné à la nouvelle république italienne le diocèse d'Imola, dont il était évêque, il avait adressé à son peuple nne homélie dans laquelle, sans se préoccuper du changement politique, il se bornait à rappeler les fidèles à l'observation des règles et des vertus qui sont propres à assurer le bonheur des nations.

Peu de temps après l'avènement de Pie VII, les négociations pour le Concordat furent entamées. Le nouveau Pontife n'hésita point. Il s'agissait de rétablir la religion en France ; le Vicaire de Jésus-Christ, oubliant tout ressentiment, se fit un devoir sacré de contribuer à un aussi précieux résultat.

Mais vint un jour où Napoléon, porté sur le trône par un des coups les plus étranges que le sort se fût jamais permis, imagina de se faire sacrer par le Pape. Certes, une telle proposition dut paraître singulière à la Cour de Rome, et il fallait, ainsi que le dit Maistre, une étrange révolution pour avoir amené un pareil ordre de choses.

Pourtant, à Rome, on délibéra.

Maistre s'émut aussitôt de ne point voir de telles propositions repoussées avec hauteur. Il s'adressa au Pape et le supplia de fermer l'oreille. M. Albert Blanc nous dit même que le czar Alexandre avait autorisé le ministre piémontais à faire sentir combien un refus énergique lui serait agréable et quels avantages il en pourrait résulter pour la situation des catholiques en Russie.

Rien n'y put faire et, le 2 décembre 1804, sous les voûtes magnifiques de la vieille métropole de Notre-Dame, Pie VII couronna Napoléon et Joséphine.

Maistre qu'aucune volonté humaine n'aurait pu empêcher d'exprimer ses regrets et sa douleur, exhala sa plainte en termes amers :

« Je suis dérouté, écrivait-il, mais rien ne m'a fait une impression aussi douloureuse que la démarche du pape. Plus j'examine ce qui se passe, plus je me persuade que nous assistons à une des grandes époques du genre humain. »

Certes, l'événement était grave. A voir Pie VII couronner Napoléon, il est difficile de ne pas reconnaître que les plus sages devaient avoir quelque peine à rester en pleine possession de leur prudence accoutumée et que les intelligences les plus sûres pouvaient éprouver quelque désarroi.

Nous sommes aujourd'hui sans mérite à penser et à dire que Pie VII, par dessus tout préoccupé du bien de la religion, savait bien que, si Napoléon demandait le sacre, il était résolu à n'accepter aucune excuse. Dès lors, une rupture devait entraîner pour l'Eglise de France, à peine renaissante, des conséquences funestes que le Souverain Pontife, oublieux de ses ressentiments, voulait à tout prix éviter.

Mais à ce spectacle de la Révolution avec ses apostasies et ses crimes ayant, en quelque sorte, raison de Dieu et de son vicaire, Joseph de Maistre ne pouvait contenir sa colère, car le sacre était, à ses yeux, une humiliation coupable du Pape, dont il se proposait de dire ailleurs l'autorité incontestable et la grandeur, devant le pouvoir éphémère d'un soldat victorieux.

« Le voyage du Pape, écrit-il, et le couronnement sont, dans ce moment, le sujet de toutes les conversations.....

Les forfaits d'un Alexandre VI sont moins révoltants que cette hideuse apostasie de son faible successeur..... Je n'ai point de termes pour peindre le chagrin que me cause la démarche du pape. S'il doit l'accomplir, je lui souhaite de tout mon cœur la mort, de la même manière et par la même raison que je la souhaiterais aujourd'hui à mon père, s'il devait se déshonorer demain.....

« ..... Nous verrons ce que produiront les nouvelles scènes d'Italie. Bonaparte, dit-on, y porte le pape en croupe pour sacrer son frère. Je voudrais de tout mon cœur que le pape s'en allât à Saint-Domingue pour sacrer Dessalines. Quand une fois un homme de son rang et de son caractère oublie à ce point l'un et l'autre, ce qu'on doit souhaiter ensuite, c'est qu'il achève de se dégrader jusqu'à n'être plus qu'un polichinelle sans conséquence.

« Quand je vois le rôle qu'il joue et celui qu'il a manqué, je suis réellement furieux. Jamais on n'a laissé échapper *une plus belle occasion de s'illustrer et d'avancer le catholicisme.* »

Cette partie de la correspondance de Joseph de Maistre demeura longtemps ensevelie dans les archives de la Cour de Turin. Mais, en 1858, le ministre Cavour l'en retira pour la faire publier par M. Albert Blanc.

A voir ainsi parler du pape, l'historien piémontais se voile la face et, en une forme d'ailleurs pieusement généreuse, il prononce la sentence sévère autant qu'injuste. A cette boutade, il ne s'agit de rien moins que de transformer Joseph de Maistre en un adversaire de la Papauté, en un précurseur de l'unité italienne que le comte de Cavour médite et prépare.

« Le rêveur de la suzeraineté papale est terrassé par sa propre liberté. »

C'est vraiment grossir à plaisir et non sans malice l'importance d'une lettre qui ne contient au demeurant que l'explosion, en termes irrespectueux, d'une mauvaise humeur qu'il est facile d'ailleurs d'expliquer, sinon de justifier.

Laissons de côté la forme et abordons résolument le fond. Maistre s'est irrité. Pourquoi ?

D'abord, nous l'avons dit, parce que le Chef de cette Eglise contre laquelle les portes de l'enfer ne prévaudront jamais, s'est, en un moment de condescendance et de prudence extrêmes, humilié devant le pouvoir d'un jour.

Joseph de Maistre regrette doublement cette humiliation ; le chrétien, fidèle à Dieu, la regrette pour l'Eglise à laquelle aucune autorité humaine ne saurait faire courber la tête ; le sujet fidèle de la monarchie légitime la regrette encore pour le Roi très chrétien auquel le Pape vient, par sa consécration même de l'usurpateur, d'infliger le plus sanglant affront. Maistre nous dira plus tard que l'une des plus brillantes prérogatives du roi très chrétien était de présider (humainement) le système religieux et d'être le protecteur héréditaire de l'unité catholique. Or, par sa démarche même, Pie VII paraissait avoir, de son autorité privée, donné un successeur au roi légitime qui seul pouvait et devait remplir cette fonction providentielle.

Et quel successeur, le Pape a-t-il choisi ?

« Entre l'Autriche et Napoléon, le pape souverain est allé au plus fort. Mais à Napoléon, empereur d'un jour, succédera quelqu'un. Ouvrez l'histoire et montrez-moi un simple particulier qui soit monté subitement au rang suprême et qui ait commencé une dynastie royale : cela ne s'est jamais vu..... Je dis que ces familles ne tiennent pas et c'est tout ce que je puis dire ; je me crois donc bien fondé à croire que la commission de Bonaparte est de rétablir la monarchie..... après quoi il disparaîtra lui ou sa race..... Tout homme sage doit dire : *Nescio diem neque horam.* »

Et si le pape s'abaisse ainsi devant le plus fort, Maistre s'irrite encore ; car, après Napoléon, le suzerain inévitable, le maître absolu, le plus fort en un mot sera l'immobile, l'implacable cabinet autrichien.

Couronner la Révolution en Bonaparte pour aboutir à l'Autriche est, aux yeux de Joseph de Maistre, le déplorable résultat de la démarche du pape et voilà pourquoi il s'est irrité et il a laissé éclater sa douleur avec d'autant plus d'amertume que Pie VII avait été élu en dépit de l'Autriche et à la grande joie de ceux qui voyaient dans la pensée française, sinon dans la France constituée de l'époque, le véritable salut de l'Europe.

Maistre, d'ailleurs, ne fut point seul alors à désapprouver l'éclatante démarche du sacre : à bien d'autres, ce voyage parut contraire aux maximes de la dignité et de la politique romaine. De fait, si l'on venait à admettre que le pape puisse se déplacer pour d'aussi médiocres intérêts, sa vie entière serait exposée à devenir un pèlerinage dans toutes les parties de la chrétienté.

Le temps seul, et non le pape, pouvait consacrer l'usurpateur.

La même correspondance diplomatique d'où M. A. Blanc a extrait la lettre dont il s'agissait plus haut et autour de laquelle on a fait tant de bruit, contenait un passage qui montrerait bien, à ceux qui feindraient de l'ignorer, les vrais sentiments de Joseph de Maistre à l'égard de la papauté.

« Il n'y a pas longtemps, écrivait-il, qu'un personnage anglais disait dans une très bonne compagnie de cette partie du monde, *que tout homme qui parle d'ôter un pouce de terrain au Pape devrait être pendu.* Pour moi, je consens volontiers, pour éviter le carnage, qu'on change *pendu* en *sifflé.* »

Si donc, en résumé, Joseph de Maistre, en un moment

d'humeur, a eu le tort d'apprécier irrespectueusement ce qui n'était d'ailleurs, ni une encyclique ni un bref, mais un acte politique du pape Pie VII, son affection respectueuse et sa filiale soumission au Saint-Siège n'en sont pas moins demeurées inébranlables. La faute que Maistre a commise réside bien plus en la forme qu'au fond, car, si l'expression est regrettable, l'appréciation était permise et la foi la plus scrupuleuse à l'infaillibilité doctrinale du Saint-Siège n'interdisait point aux catholiques de considérer la conduite du pape en cette circonstance comme bonne et habile ou comme inopportune et fâcheuse.

Voici d'ailleurs l'ouvrage « *Du Pape* » qui paraîtra bien au plus sévère l'heureuse réparation d'une faute dont on a *pieusement* grossi avec tant de plaisir l'importance et les conséquences funestes.

C'est à Pétersbourg que Maistre prépara cet ouvrage : l'un des plus beaux et des plus solides qui soient sortis de sa plume. C'est bien, ainsi que l'ont écrit les éditeurs, le livre de la *Religion visible*.

Selon Maistre, le Pape est, si l'on peut parler ainsi, la *religion visible*. De ce principe découlent des conséquences nombreuses et d'un immense intérêt dans leur application à l'ordre social, conséquences « *qu'il a toujours soin de justifier par le raisonnement et par l'histoire.* »

Maistre, en effet, fidèle à son principe, s'est encore ici servi, auprès de son siècle, de la raison ainsi que de la tradition, bien plus que des enseignements de la foi, pour arriver à son but. Ce n'est pas le chrétien, sûr de lui-même et confiant en l'enseignement catholique, qui procède par voie d'autorité ; c'est le prédicant, l'apôtre qui veut prodiguer à tous un enseignement religieux, en un certain sens philosophique et raisonnable et prêcher à toutes les bonnes volontés l'accord possible et sincère de la raison humaine avec le dogme catholique.

A l'apparition « Du Pape, » les objections ne manquèrent point, et, çomme toujours (chose digne de remarque), quand il s'agit de Joseph de Maistre, on les voit se produire des côtés les plus opposés. Qu'il me suffise ici de signaler le fait, j'insisterai plus loin.

Joseph de Maistre est bien toujours le même : Dieu et la France ; Dieu, d'abord , l'Eternel auteur de tout bien ; la France, ensuite, cette nation privilégiée dont la mission est providentielle et qui, pour l'accomplir, a besoin de la Religion, plus que toute autre nation du monde.

La Révolution est venue, qui, *satanique* dans son essence, a séparé la France de Dieu, sans lequel elle n'est pas seulement affaiblie, mais mutilée. Cette révolution même s'est faite contre toutes les vérités et les institutions chrétiennes et surtont contre le Saint-Siège, car le christianisme, nous dit Joseph de Maistre, repose entièrement sur le Souverain Pontife. C'est pourquoi le livre « *Du Pape* » a été écrit, car *si la vérité a besoin de la France*, la France ne pourra être relevée qu'après sa réconciliation avec Dieu, et avec le Pape, car, « sans le Souverain Pontife, tout l'édifice du christianisme est miné. »

Mais nous le disions déjà plus haut, la nature de la Souveraineté pontificale est complexe. Cette souveraineté est religièuse et politique. Aussi Maistre étudie-t-il l'un après l'autre ces deux points importants :

Du Pape dans son rapport avec l'Eglise catholique : souveraineté religieuse et infaillibilité.

Du Pape dans son rapport avec les souverainetés temporelles : souveraineté temporelle elle-même et suprématie pontificale.

CHAPITRE V

Du Pape.

Du Pape dans son rapport avec l'Eglise catholique.

> « Si le comte de Maistre rendait à
> l'Eglise de France, au génie de Bos-
> suet, à l'esprit profondément catholi-
> que qui les avait arrêtés sur une mau-
> vaise pente, les éloquents hommages
> dont nous avons rapporté quelque
> chose, il malmenait fort l'esprit gallican
> lui-même ; et son dessein avoué était
> de travailler à le détruire en mettant à
> nu son mauvais principe et ses consé-
> quences funestes. »
> A. de Margerie, *Le Comte Joseph
> de Maistre*, p. 232.

A question de l'autorité pontificale et de son éten-
due dans l'Eglise n'est et ne peut plus être discutée
de nos jours. Mais il était bien loin d'en être ainsi
au temps où vivait Joseph de Maistre et, durant les deux
derniers siècles, cette question même avait été vivement
agitée, en France surtout.

Le roi Louis XIV, peu disposé à voir discuter ses ordres
et contredire à sa volonté, avait oublié bien souvent qu'à
Dieu seul appartient l'absolue et souveraine puissance. De
ce qu'il considérait comme ses prérogatives royales, nul,
au monde, n'eût pu, sans coup férir, le décider à rien abandonner. En matière religieuse, notamment, même la crainte
d'un schisme n'eût point arrêté son orgueilleuse résolution.

Louis XIV et le Pape !

Le conflit qui mit aux prises ces deux autorités souveraines fut l'affaire célèbre et déplorable *de la régale*.

Sous ce nom on désignait certains droits dont les rois de France jouissaient sur *quelques églises* de leur royaume, pendant la vacance des sièges. Ces droits consistaient principalement dans la perception des revenus, la présentation aux bénéfices et même la collation directe de ces bénéfices par l'autorité royale.

Jusqu'en 1673, ces privilèges avaient été maintenus au pouvoir civil *pour les évêchés auxquels la coutume, les traités et les règlements les rendaient applicables*. Mais, à cette époque, ils furent, comme tout droit, étendus, de par l'autorité civile seule, à tous les évêchés du royaume de France. Louis XIV dut, pour cela, appeler à lui ses Parlements qui, d'ailleurs, fort intéressés à être dociles, désiraient renforcer leurs prérogatives en donnant un avis que rien n'autorisait le roi à leur demander.

Ainsi fut fait le règlement de 1673, œuvre d'orgueil, d'une part, acte d'opposition religieuse et d'intérêt professionnel, de l'autre.

D'un mot, de par Louis XIV et les Parlements, la force primait le droit.

Le pape Innocent XI protesta : les évêques de France se turent.

Au demeurant, la question de la régale était, il faut bien le reconnaître, étrangère à toute question de doctrine, touchant la souveraineté religieuse du Pape.

Louis XIV le comprit si bien que, exaspéré dans son orgueil, il eut l'audace singulière de convoquer solennellement les évêques de France, non seulement pour se prononcer sur l'unique question de la régale, mais encore *pour régler l'étendue du pouvoir du Saint-Siège dans le royaume* et dans l'Eglise de France.

Les évêques se rendirent à la convocation et aucune protestation ne se fit entendre. Ce silence de l'épiscopat français m'a toujours semblé singulièrement compromettant pour sa dignité et cet abaissement devant l'orgueil du roi est, à mon humble avis, justement flagellé par Joseph de Maistre. Je sais bien qu'à cette conduite, il y a une excuse. A cette époque, en effet, l'exaltation du roi Louis XIV était telle que, rien ne devant plier sous son orgueilleuse volonté, un schisme était à craindre au moindre obstacle. Pour éviter de plus grands maux, dont l'Eglise paraissait menacée, les évêques de France crurent devoir céder aux exigences souveraines.

Assurément, l'embarras des membres de l'auguste assemblée dut être grand, quand il s'agit pour eux de concilier avec le principe religieux de la souveraineté pontificale les orgueilleuses exigences du roi de France.

De cet embarras même naquit la déclaration de 1682.

Chose étrange, cette déclaration fut faite *pour défendre la tradition de l'Eglise gallicane,* et ce, sur l'ordre du roi et sous l'impulsion des Parlements de France. Or, chacun sait que l'Eglise gallicane avait toujours été, jusqu'à cette époque de 1682, poursuivie et traquée par ces mêmes Parlements pour son intraitable fidélité au Saint-Siège.

Au fond de cette déclaration, qu'y avait-il donc ? Non point les maximes du clergé de France, humble et soumis jusqu'à l'excès, mais bien celles du Parlement et du roi, l'un, jaloux de toute autorité supérieure ou rivale, l'autre, ennemi déjà de Dieu et de toute religion.

Joseph de Maistre eut toujours pour le gallicanisme en général et la déclaration de 1682 en particulier, la plus profonde aversion. Il ne pouvait pardonner aux théologiens gallicans les divisions apportées par leurs disputes au sein même de la monarchie romaine *sans laquelle il n'y a plus d'Eglise* et il ne savait leur pardonner ni leur esprit séparatiste, ni le mal qu'ils avaient faits, ni leur abaissement devant le pouvoir temporel. A ses yeux, l'esprit gallican était trop voisin de l'esprit révolutionnaire qu'il abhorrait.

C'est pourquoi il écrivit son livre *Du Pape.*

C'est pourquoi encore il s'attacha, ainsi qu'il le dit lui-même, aux idées générales ; c'est pourquoi il s'y préoccupa plus particulièrement de la France.

Dans l'Eglise le Pape est souverain.

Il ne s'agit ici que de la souveraineté *religieuse* et *doctrinale,* c'est-à-dire de l'infaillibilité.

Mais, cette souveraineté, le Pape la doit-il partager avec les Conciles ou bien réside-t-elle en lui seul? C'est ici que Maistre retrouve son adversaire : le gallicanisme de 1682. Selon celui ci, en effet, l'autorité réside, non dans le Pape seul, mais dans le corps de l'Eglise. Telle est bien la doctrine expresse de la déclaration de 1682 :

« Quoique le Pape ait la part principale dans les questions de la foi et que ses décrets regardent toutes les Eglises et chacune d'elles, son jugement n'est cependant pas irré-formable, *à moins que le consentement de l'Eglise n'intervienne.* »

Telle n'est point la doctrine de Joseph de Maistre.

Les Conciles, selon lui, peuvent être, en certains cas fort utiles et les choses qu'ils exécutent ne dépassaient pas le *droit,* mais les *forces* seules du Souverain Pontife. Ce qui revient à dire que les questions dans lesquelles le Pape se sent assisté d'assez de lumière, il les décide lui-même et les autres, pour lesquelles il ne se sent pas assez assisté, IL LES REMET aux Etats généraux présidés par lui.

Mais toujours il est souverain, c'est-à-dire *infaillible.*

Après cela, la question tant discutée aux derniers siècles et qui consiste à savoir si le Pape est au-dessus du Concile ou le Concile au-dessus du Pape, cette question, dis-je, perd de son intérêt.

« Otez la reine d'un essaim, nous dit Maistre, vous aurez des abeilles tant qu'il vous plaira, *mais de ruche jamais.* »

Inquiet de son audace, Maistre proteste de son orthodoxie : « Jamais, s'écrie-t-il, le Souverain Pontife ne se montrera plus infaillible que sur la question de savoir si le Concile est indispensable et jamais *la puissance temporelle* ne pourra mieux faire que de s'en rapporter à lui sur ce point. »

Et, en vérité, quelque vénération que l'on aie pour les Conciles, ne peut-on pas affirmer avec Joseph de Maistre que le Pape, souverain religieux et infaillible, est seul juge de leur opportunité ?

Donc le Pape et l'Eglise, c'est tout un.

Chose digne de remarque, ce Concile même, seule autorité infaillible pour les gallicans, est venu condamner le gallicanisme même un demi-siècle après la mort du comte de Maistre et, plus tôt peut-être que celui-ci n'osait le prévoir, le sacerdoce français et la papauté, en s'embrassant, ont étouffé les maximes gallicanes.

Le livre « *Du Pape* » n'a pas peu contribué à ce prodigieux résultat..

Maistre en avait, en quelque sorte, le pressentiment.

Le 26 janvier 1820, il écrivait à l'abbé Rey, alors vicaire général de Chambéry, plus tard évêque d'Annecy : « Il n'y a rien de si aimable que ce que vous me dites dans votre lettre du 24. Je passe sur les exagérations : c'est un vice de l'amitié ; on ne l'en corrigera jamais. Il me paraît cependant, toute humilité et toute vanité à part, que l'ouvrage fera quelque bien... Je me suis appliqué à mettre les questions les plus ardues au niveau de toutes les intelligences, et je puis dire comme Boileau : C'est par là que je vaux, si je vaux quelque chose... »

Et plus tard Maistre écrivait encore :

« ..... Ce livre me donnera peu de contentement dans les premiers temps ; peut-être me donnera-t-il beaucoup de désagréments ; mais il est écrit et il fera son chemin en silence. Rodolphe peut-être recevra les compliments... Soutenez-moi de toutes vos forces, mon très cher abbé, car il faut que j'aie un grand-vicaire pour moi [1]. »

De ce que l'autorité du Pape est souveraine, Joseph de Maistre n'entend point conclure que cette autorité soit au-dessus des lois et qu'elle puisse s'en jouer. « Demandez au Pape s'il entend gouverner sans règle et se jouer des canons, vous lui ferez horreur. »

(Souvenons-nous toujours qu'il ne s'agit ici que de la souveraineté religieuse et doctrinale du Souverain Pontife.)

Et Maistre continue : « Demandez à tous les évêques du monde s'ils entendent que des circonstances extraordinaires ne puissent légitimer des abrogations, des exceptions, des dérogations ; et que la souveraineté, dans l'Eglise, soit devenue stérile comme une vieille femme, de manière qu'elle ait perdu le droit inhérent à toute puissance de produire de nouvelles lois à mesure que de nouveaux be-soins les demandent. Ils croiront que vous plaisantez... *Je le demande alors, sur quoi dispute-t-on ?* »

Maistre, d'ailleurs, n'est guère exigeant. Il ne demande, en effet, pour le Pape d'autre droit que celui qui est attri-bué à tous les souverains.

Il n'est point, quant à lui, le moins du monde effrayé par ce grand mot d'infaillibilité. Il sait trop bien que, de-puis dix-huit siècles, les Papes ne se sont jamais trompés *incontestablement en doctrine* et que si, pour me servir de son expression, on leur a fait des chicanes, jamais on n'a

---

[1] *Lettres et Opuscules,* pages 486 et 488.

pu élever rien de décisif contre les résolutions prises par eux *ex cathedrâ*.

Maistre sait aussi que cette infaillibilité est redoutée de son siècle et c'est la conversion même de ce siècle qu'il veut tenter. Il est, pour cela, résigné à se faire petit et à prendre le ton et le langage de son temps. Il n'hésite donc pas à montrer qu'en vertu des seules lois sociales toute souveraineté est infaillible de sa nature, que les grands tribunaux eux-mêmes jouissent de cette prérogative sans laquelle nul gouvernement ne serait possible. Partant de ce principe il dit : « Puisque la souveraineté est infaillible de sa nature, Dieu n'a donc fait que diviniser ce principe en le portant dans son Eglise qui est une société soumise à toutes les lois de la souveraineté. Si donc vous êtes forcés de supposer l'infaillibilité, même dans les souverainetés temporelles où elle n'est pas, sous peine de voir l'association se dissoudre, comment pourriez-vous refuser de la reconnaître *dans la souveraineté spirituelle qui a cependant une immense supériorité sur l'autre, puisque, d'un côté, ce grand privilège est seulement humainement supposé et que, de l'autre, il est divinement promis ?* »

Le but que poursuit Joseph de Maistre est celui-là : prouver qu'en vertu seulement des lois générales de toute agrégation sociale, les mots de souveraineté et d'infaillibilité sont deux synonymes naturels. L'analogie des dogmes et des croyances catholiques avec les traditions et les pratiques constantes de l'Univers doivent ne laisser aucun doute à l'esprit sincère.

« L'infaillibilité dans l'ordre spirituel et la souveraineté dans l'ordre temporel sont deux mots parfaitement synonymes. L'un et l'autre expriment cette haute puissance qui les domine toutes, dont toutes les autres dérivent, qui gouverne et qui n'est pas gouvernée, qui juge et qui n'est pas jugée.

« Quand nous disons que l'Eglise est infaillible, nous ne demandons pour elle, il est bien essentiel de l'observer, aucun privilège particulier ; nous demandons seulement qu'elle jouisse du droit commun à toutes les souverainetés possibles qui toutes agissent nécessairement comme infaillibles..... Dans l'ordre judiciaire, qui n'est qu'une pièce du gouvernement, ne voit-on pas qu'il faut absolument en venir à une puissance qui juge et qui n'est pas jugée..... Il est un point où il faut s'arrêter..... Cette vérité, dépendant à son tour de la nature même des choses, n'a nullement besoin de s'appuyer sur la théologie. C'est absolument la même chose dans la pratique, de n'être pas sujet à l'erreur ou de ne pouvoir en être accusé. Ainsi quand même on demeurerait d'accord qu'aucune promesse divine eût été faite au Pape, il ne serait pas moins infaillible, ou censé tel, comme dernier Tribunal. »

On a reproché à Joseph de Maistre la manière dont il a envisagé l'infaillibilité. Il l'a, dit-on, trop humanisée en ne l'appuyant que sur des considérations philosophiques. Sur ce point, il a cru devoir s'expliquer. Son explication se réduit à ces termes : « Les dogmes et mêmes les maximes de haute discipline catholique ne sont, en grande partie, que des lois du monde divinisées, et, quelquefois aussi des notions innées ou des traditions vénérables sanctionnées par la révélation. »

Certes, cette théorie générale ne suffisait point au chrétien ; mais l'apôtre la recommandait néanmoins à tous les bons esprits et pensait ainsi faire, en son temps, œuvre de bien.

Maistre, quant à lui, était bien loin d'ignorer que l'assimilation de la société civile à l'Eglise ne peut être faite d'une manière absolue. Si la société peut se contenter d'enjoindre à ses membres de faire ce que diront les tribunaux sans essayer de les contraindre à croire qu'ils ont bien dit, l'Eglise, au contraire, va plus loin : société spirituelle dont le but est de conserver la foi, elle interdit même de penser autrement qu'elle n'enseigne et *ordonne de croire*. Sa décision n'a donc point seulement la valeur d'une opinion à laquelle on doit, *en fait*, se conformer, mais bien celle d'une doctrine que, dans son for intime **même, nul** ne peut songer à discuter. *Una fides*.

Mieux que personne, Maistre savait cela et sa foi était entière. Mais, faut-il le répéter, il s'était imposé la lourde tâche de parler à son siècle, athée, sceptique ou **indiffé-rent**, et pour atteindre son but, les raisons de prudence et d'utilité, loin de lui sembler aussi blâmables qu'elles le parurent plus tard à Villemain, lui paraissaient au contraire les meilleures en son temps...

Et c'est pourquoi, voyant que la souveraineté est la con-dition d'existence de toute société et que, sans infaillibilité, cette souveraineté même ne peut être qu'un vain mot, Maistre applique à l'Eglise, société religieuse, ce qui n'est en somme que le droit commun. Il garde, pour plus tard, quand l'éducation de son siècle sera faite, la tâche de ré-duire le principe à ses vraies limites. Pour le moment du moins, il ne faut pas effrayer, mais se faire accepter.

On me demandera après cela ce que Maistre serait au-jourd'hui et je réponds : ce qu'il a été.

Catholique avant tout et par dessus tout, mais non point intransigeant, dur à ses contemporains, il n'a été inflexible, ni sévère. Si son résultat est un, invariable, éternel, ses moyens sont appropriés aux circonstances et à l'esprit de son siècle ; il est, a été et serait encore essentiellement po-litique dans l'action.

Que les pieux objurgateurs se rassurent, car, s'ils sont sin-cères, ils auront remarqué cette phrase typique : « L'Eglise ne demande rien de plus que les autres souverainetés quoiqu'elle ait au-dessus d'elles une immense supériorité, puisque l'infaillibilité est d'un côté humainement supposée et de l'autre divinement promise. »

Est-ce assez clair ? Maistre démontre-t-il assez par là que son livre *Du Pape* renferme uniquement le *minimum* de ses revendications ? Ne permet-il pas d'affirmer que, quant à lui, sa foi s'étend plus loin ? N'oblige-t-il pas à reconnaître que son apostolat est la meilleure preuve de sa foi profonde et de son incommensurable dévouement à Dieu et à l'homme ?

Voilà pourtant celui dont Villemain a noirci la conviction et auquel Lamartine reprochait d'avoir voulu éteindre la liberté civile dans le monde.

CHAPITRE VI

Du Pape dans son rapport
avec les souverainetés temporelles.

———

« Dans son livre sur le Pape, Joseph
de Maistre montre plus de respect encore pour le Souverain Pontife que
pour le roi et il n'est pas éloigné de
placer le Pape comme un arbitre, presque comme un juge, au-dessus des souverains temporels, même pour les affaires temporelles... Mais je ne m'aperçois
jamais dans son œuvre qu'il ait subor-
donné la religion à la politique, je vois
le contraire à peu près partout. »
Fr. PAULHAN, *Joseph de Maistre et sa
philosophie*, p. 104.

LA souveraineté temporelle est une émanation de la puissance divine, que les nations de tous les temps ont toujours mise sous la garde de la religion, mais que le Christianisme surtout a prise sous sa protection particulière, en nous prescrivant de voir dans le souverain un représentant et une image de Dieu même. »

Joseph de Maistre, s'exprimant ainsi, ne se préoccupe point de la forme empruntée par la souveraineté. Le principe est absolu et s'étend à tous les gouvernements[1]. « Il

———

[1] MAISTRE, *Du Pape*, p. 228 : « Tout gouvernement est bon et légitime lorsqu'il est établi et qu'il subsiste depuis longtemps et sans contestation. » — Et ailleurs, page 229 : « Toutes les formes possibles de gouvernements se sont présentées dans le

ne s'agit pas de monarchie, mais de souveraineté, ce qui est tout différent. »

Mais, si l'autorité temporelle est ainsi d'essence divine, à Dieu devra bien appartenir le droit de surveillance et de contrôle sur le mandataire qui tient de lui tout son pouvoir.

La conclusion nécessaire est alors que la souveraineté humaine doit reconnaître la supériorité « de ce haut pouvoir spirituel, unique sur la terre, dont les prérogatives sublimes forment une portion de la révélation. »

Cette doctrine a pu paraître effrayante et monstrueuse, son application était-elle pourtant bien redoutable ?

Les gouvernants, d'abord, auraient-ils eu quelque raison de se plaindre ? Non, assurément. En effet, contre toute autorité, le dogme catholique, proscrivant la révolte, donne à l'esprit humain une règle de conduite invariable : l'obéissance. Cette autorité est la condition même du maintien de l'unité et pour exister, nous l'avons vu, elle doit être infaillible.

Les peuples eux-mêmes n'eussent eu rien à craindre, car Joseph de Maistre proclame la nécessité d'une garantie contre la souveraineté, dure parfois à supporter, et à côté de l'autorité humaine, trop sujette à faillir, il place, pour la contenir et la contrôler, une puissance *dispensante*.

« Il n'est pas au pouvoir de l'homme de créer une loi qui n'ait besoin d'aucune exception... De là résulte dans toute législation la nécessité d'une puissance *dispensante*. Car partout où il n'y a pas dispense, il y a violation. Mais toute violation de la loi est dangereuse ou mortelle pour la loi, au lieu que toute dispense la fortifie ; car l'on ne peut

monde, et toutes sont légitimes dès qu'elles sont établies. » Et encore: « Aucune puissance n'a d'autre fondement que celle de la possession. » (P. 233.)

demander d'en être dispensé, sans lui rendre hommage, et sans avouer que de soi-même on n'a pas de force contre elle. La loi qui prescrit l'obéissance envers les souverains est une loi générale comme toutes les autres : *elle est bonne, juste et nécessaire en général ; mais si Néron est sur le trône, elle peut paraître un défaut.*

« Pourquoi donc n'y aurait-il pas, dans ce cas, dispense de la loi générale fondée sur des circonstances absolument imprévues ? Ne vaut-il pas mieux agir avec connaissance de cause *et au nom de l'autorité*, que de se précipiter sur le tyran avec une impétuosité aveugle qui a tous les symptômes du crime ? »

Assurément, lorsqu'il dénonçait Joseph de Maistre comme l'aveugle partisan de la monarchie absolue et l'ennemi né de toute liberté, Villemain n'avait point médité les premiers chapitres du livre *Du Pape.*

Maistre est, au contraire, singulièrement exigeant à l'égard des souverains et s'il revendique pour eux l'autorité, c'est pour leur imposer des devoirs et non pour leur permettre de ne pas les remplir. « Ceux qui représentent l'autorité n'ont de droits que pour faire leur devoir. S'ils faillissent à leur tàche, sans doute le peuple leur doit encore le respect et l'obéissance, mais ils sont, eux, les plus coupables des hommes ». Et Maistre ne se représente nullement le pouvoir idéal sous la forme d'une insupportable tyrannie... Lui-même exprimait sa pensée habituelle par deux phrases : « Les abus valent mieux que les révolutions », ceci était pour les peuples ; mais « les abus amènent les révolutions », et ceci était pour les rois.

En résumé, l'autorité, ou pour mieux dire la souveraineté, sous quelle forme qu'elle se présente, commande l'obéissance ; car elle est l'image de Dieu.

Mais contre l'arbitraire menaçant, contre la souveraineté oublieuse de sa divine essence, *la loi*, protectrice de la liberté, doit nécessairement prévaloir. Dans ce but, cette loi même doit, organisant le système de la résistance, rare sans doute, mais possible, confier l'exercice *du droit disposant* au représentant du Dieu qui seul est grand.

De cette suprématie du pouvoir pontifical, Joseph de Maistre ne se flattait d'annoncer ni l'heure ni le jour..... Mais pourrait-on aujourd'hui affirmer qu'il a été, suivant son expression familière, *pipé* par les événements ?

Non, certes, car, sur le théâtre social et politique, d'où on l'avait crue à jamais bannie et alors même que le siècle paraissait se complaire à la repousser loin du monde, la Papauté apparaît de nos jours plus grande et plus influente que jamais.

D'ailleurs, Maistre n'entend point dogmatiser.

« Je ne suis point, ajoute-t-il, obligé de répondre aux objections qu'on pourrait élever contre les idées que je viens d'exposer ; car je n'entends nullement prêcher le droit indirect des Papes. Je dis seulement que ces idées n'ont rien d'absurde. J'argumente *ad hominem*, ou, pour mieux dire, *ad homines* ; je prends la liberté de dire à mon siècle qu'il y a contradiction manifeste entre son enthousiasme constitutionnel *et son déchaînement contre les Papes.* »

Le Vicaire de Jésus-Christ prononçant de sa voix auguste entre les gouvernants et les peuples, les ouvriers et les patrons, les pauvres et les riches, c'était là une conception qui pouvait et peut encore paraître irréalisable, mais dont on ne saurait méconnaître la grandeur.

La souveraineté temporelle est et doit être limitée.

En vertu de la loi de Dieu, il y a toujours à côté de l'autorité humaine une force quelconque qui la contient. « C'est une loi, c'est une coutume, c'est la conscience » toutes inutiles parfois, mais alors « c'est une tiare, c'est un poignard, mais c'est toujours quelque chose. »

« S'il en fallait venir à poser des bornes légales à la puissance souveraine, j'opinerais de tout mon cœur pour que les intérêts de l'humanité fussent confiés au Souverain Pontife. »

Ainsi s'exprime Maistre et pour gagner la cause du Pape, il s'adresse aux indifférents, en disant ce qu'est en définitive cette souveraineté pontificale qui les fait trembler pour leur liberté.

« Elle est par essence la moins sujette aux caprices de la politique. Celui qui l'exerce est de plus toujours vieux, célibataire et prêtre ; ce qui exclut les quatre-vingt-dix-neuf centièmes des erreurs et des passions qui troublent les Etats. »

D'ailleurs le véto du Pape pourra être exercé contre tous les souverains et s'adaptera à toutes les constitutions et à tous les caractères nationaux.

« L'intérêt du genre humain demande un frein qui retienne les souverains et qui mette à couvert la vie des peuples : ce frein de la religion aurait pu être, par une convention universelle, dans la Maison des Papes. Ces premiers pontifes en ne se mêlant des querelles temporelles que pour les apaiser, en avertissant les rois et les peuples de leurs devoirs, en réprimant les crimes, en réservant les excommunications pour les grands attentats, auraient toujours été regardés comme des images de Dieu sur la terre[1].. »

Maistre ne demande pas autre chose. Ce n'est point, en effet, la toute puissance temporelle, mais bien la toute puissance spirituelle qu'il réclame en faveur de la Papauté et pour le bonheur du monde.

« On s'est plaint justement de l'exagération qui voulait soustraire l'ordre sacerdotal à toute juridiction temporelle ; on peut se plaindre avec autant de justice de l'exagération

---

[1] VOLTAIRE, *Essai....* etc., tome II, chap. LX.

contraire qui prétend soustraire le pouvoir temporel à toute juridiction spirituelle. »

Maistre est là tout entier. Jamais, pour lui, un droit n'a pu exister sans un devoir qui lui corresponde, et le devoir n'est autre chose que le respect du droit égal du voisin.

« Réprimer l'arbitraire des souverains, protéger les peuples, apaiser les querelles temporelles par une sage intervention, *avertir les rois et les peuples de leurs devoirs*, frapper d'anathèmes les grands attentats qui ne pouvaient être prévenus », tel est l'objet de la puissance que Maistre revendique pour la Papauté.

Il est fort intéressant de suivre, à travers les siècles, les diverses manifestations et reconnaissances de cette suprématie pontificale respectée par les peuples autant que par les rois, et jamais contestée sauf par ceux qu'elle frappait.

Joseph de Maistre termine par cette éloquente profession de foi que l'on n'a peut-être jamais citée, quoi qu'elle soit d'une admirable profondeur et d'une vérité saisissante :

« L'hypothèse de toutes les souverainetés chrétiennes résumée par la fraternité religieuse en une sorte de république universelle, sous la suprématie *mesurée* du pouvoir spirituel même, cette hypothèse, dis-je, n'avait rien de choquant et pouvait même se présenter à la raison comme supérieure à l'institution des amphictyons. Je ne vois pas que les temps modernes aient imaginé rien de meilleur, ni même d'aussi bon. Qui sait ce qui serait arrivé si la théocratie, la politique et la science avaient pu se mettre tranquillement en équilibre, comme il arrive toujours lorsque les éléments sont abandonnés à eux-mêmes et qu'on laisse faire le temps ? Les plus affreuses calamités, les guerres de religion, la Révolution française, etc..., n'eussent pas été possibles dans cet ordres d'idées ; et telle encore que la puissance pontificale a pu se déployer, et malgré l'épouvantable alliage des erreurs, des vices et des passions qui ont désolé l'humanité à des époques déplorables, elle n'en a pas moins rendu les services les plus signalés à l'humanité. »

De bonne foi, pourra-t-on, après cela soutenir que Maistre ait été l'apôtre d'un Dieu cruel, intransigeant et féroce ? Pourra-t-on parler encore de la trinité monstrueuse faite du Roi, du Pape et du Bourreau ?

Pourra-t-on enfin voir dans cette doctrine autre chose que l'affirmation éloquente des principes les mieux entendus de la vraie liberté et de la fraternité chrétienne ?

Maistre sait bien d'avance que, malgré toute sa sincérité, sa voix ne sera guère écoutée.

« Le Pape ne délie plus du serment de fidélité, mais les peuples se délient eux-mêmes ; ils se révoltent, ils déplacent les princes, ils les poignardent, ils les font monter sur l'échafaud, ils font pire encore. — Oui ! ils font pire, je ne me rétracte point, ils leur disent : Vous ne nous convenez plus, allez-vous-en ! Ils proclament hautement la souveraineté originelle des peuples et le droit qu'ils ont de se faire justice. Une fièvre constitutionnelle, on peut, je crois, s'exprimer ainsi, s'est emparée de leurs têtes et l'on ne sait ce qu'elle produira. Les esprits *privés de tout autre commun* et divergeant de la manière la plus alarmante, ne s'accordent que dans un point, celui de limiter les souverainetés. Qu'est-ce donc que les souverains ont gagné à ces lumières tant vantées et toutes dirigées contre eux ? J'aime mieux le Pape. »

Dans ces dernières années, n'avons-nous pas vu des nations, catholiques ou non, consentir à soumettre leurs discussions au jugement désintéressé du Père commun des fidèles et à remplacer par son arbitrage des guerres meurtrières et interminables ?

Durant leur longue histoire, les Papes se sont, dans leurs rapports avec la puissance temporelle, proposé trois buts dont ils ont invariablement poursuivi la réalisation :

1° Inébranlable maintien des lois du mariage ;

2° Conservation des droits de l'Eglise ;

3° Liberté de l'Italie.

Le cadre même de cette étude ne comporte pas l'examen des deux premiers articles. Le troisième seul doit être signalé.

La liberté de l'Italie prêchée par Maistre ! Pour des esprits superficiels, la chose peut, au premier abord, paraître étonnante. Mais prenons-y bien garde, Maistre ne fait qu'exposer ici l'idée pontificale pour laquelle il prend d'ailleurs visiblement parti. Mais de quoi s'agit-il donc ? De l'indépendance de *l'Italie* contre *l'Allemagne*.

« Le plus grand malheur pour l'homme politique, c'est d'obéir à une puissance étrangère. Aucune humiliation, aucun tourment de cœur ne peut être comparé à celui-là. Nulle nation ne veut obéir à une autre... Or, si les peuples sont convenus de placer au premier rang ceux qui ont eu l'honneur d'arracher leur pays au joug étranger, pourquoi excepter les Papes de cette apothéose universelle et les priver de l'immortelle gloire d'avoir travaillé sans relâche à l'affranchissement de leur patrie ! »

CHAPITRE VII

Correspondance intime de Joseph de Maistre.

———

TANDIS que l'étude consolait Maistre de ses décep-
tions et de ses soucis, la correspondance avec les
siens procurait au père de famille et à l'ami
l'oubli de ses affaires et de ses tourments. Dans cette
correspondance même, il touche à tous les sujets. La
famille, les amis, les ennemis, Dieu, le roi, la politique, la
philosophie, tout et tous y trouvent leur place. Mais ici
plus de discussion dogmatique, sèche et aride ; çà et là
des paradoxes, souvent de l'humour, toujours de l'indulgence et de la finesse, par dessus tout, une exquise affection.
A lire ces lettres, on sourit ou l'on s'émeut ; mais, sans
trêve, on se délecte.

« Joseph de Maistre a bien la saveur savoisienne et
l'on trouve entre les hauteurs sévères où sa pensée se com-

plait des vallées comme celles de son pays, imprévues, riantes, pleines de fraîcheur[1]. »

Je veux donc oublier dans ce chapitre, l'homme politique, l'ambassadeur, pour essayer de saisir l'homme privé, le père de famille dans l'intimité de sa vie et le laisser-aller d'une correspondance affectueuse et tendre.

Ses amis lui demandent souvent ce qu'il peut faire en son exil. On le plaint d'être si loin de ceux que son cœur chérit et il répond : « Ce que je fais et comment je vis ? C'est ce que vous connaissez, c'est le mouvement de la pendule : tic, tac, hier, aujourd'hui, demain et toujours. Il me semble cependant que je suis devenu un peu plus maussade depuis que je suis veuf ; je sens ma vie diminuée. J'ai beaucoup de peine à me traîner hors de chez moi... Je lis, j'écris, *je fais mes études,* car enfin il faut bien savoir quelque chose. Après neuf heures, j'ordonne qu'on me traîne chez quelque dame, car je donne toujours la préférence aux femmes... Ici donc ou là, je tâche avant de terminer ma journée, de retrouver un peu de cette gaieté native qui m'a conservé jusqu'à présent. Je souffle sur le feu comme une vieille femme souffle pour rallumer sa lampe sur le tison de la veille. Je tâche de faire trêve aux rêves de bras coupés ou de têtes cassées qui me troublent sans relâche ; puis, je soupe comme un jeune homme, puis je dors comme un enfant et puis je m'éveille comme un homme, je veux dire de grand matin[2]. »

Dans ce cercle, Maistre se meut tous les jours « comme un âne qui tourne la meule d'un battoir. »

Les incessantes variations de la politique européenne, au commencement du siècle, modifiaient tous les jours les négociations entamées et la correspondance de l'ambassa-

---

[1] **AMÉDÉE DE MARGERIE**, *Le Comte de Maistre*, p. 65.
[2] *Lettres et Opuscules*, t. I⁰ʳ, p. 43.

deur avec son gouvernement, toujours disposé à la méfiance vis-à-vis de lui, rendait sa tâche singulièrement absorbante et difficile.

« Il y a dans mon pays un proverbe plein de sens qui dit : J'ai tant d'affaires que je vais me coucher.

« C'est précisément ce qui m'arrive. J'ai tant d'affaires que je vais me coucher. *Il n'est pas bon à l'homme d'être seul,* dit la Bible, je m'en aperçois trop. Je suis seul, et la plus juste délicatesse m'empêche de demander des aides. Je plie sous le faix, d'autant plus que c'est ici un devoir de conscience de perdre la moitié de la journée, et qu'on passe une grande partie de la vie en carosse...

« Voilà, Madame la Comtesse, ce qui m'est arrivé de plus remarquable dans le genre triste. Le chapitre du bonheur n'est malheureusement pas saillant, néanmoins il est passable. On continue à me montrer ici beaucoup de bonté. Le climat (chose étrange !) me convient extrêmement... Je suis certainement le seul être humain vivant en Russie qui ait passé deux hivers sans bottes et sans chapeau...[1]. Je vis dans une parfaite liberté, le souverain est adorable..... Enfin, je n'aurais nullement à me plaindre de mon sort, s'il ne me manquait pas deux petits articles : ma famille et quarante mille roubles de rente[2]. »

---

[1] Joseph de Maistre avait toujours la tête découverte. Un jour d'hiver où il passait le Grand-Saint-Bernard au milieu de l'une de ces tourmentes si fréquentes dans les Alpes, le chapeau qu'il avait mis cette fois par exception fut emporté et jeté dans un précipice. Le voyageur continua sa route, tête nue, sans éprouver aucune incommodité. Il en avait toujours usé de même en Russie, malgré la rigueur du climat. Il avait conservé toute sa chevelure que l'âge avait complètement blanchie, ce qui fit dire à un seigneur sicilien qui le vit à Paris : Il ressemble à notre Etna, il a la neige sur la tête et le feu dans la bouche. *Pare il nostro Etna ; la neve in terya ed il fuoco in bocca.* (RAYMOND, *Eloge historique du comte Joseph de Maistre.)*

[2] *Lettres et Opuscules,* t. Ier, p. 40.

Pour avoir, si possible, l'un et l'autre, Maistre nous indique sa ligne de conduite.

« En toutes circonstances il faut faire ce qui est bon, juste et noble, sans s'embarrasser de l'avenir. » Aussi **néglige-t-il** la prudence que lui conseillent ses amis ; son caractère est ainsi fait que, pour lui, les affaires se perdent bien plus par la finesse que par l'imprudence.

Voici sa thèse aussi profondément délicate que merveilleusement exprimée :

« Je fais consister *la* prudence ou *ma* prudence bien moins dans l'art de cacher ses pensées que dans celui de nettoyer son cœur, de manière à n'y laisser aucun sentiment qui puisse perdre à se montrer. *Si vous veniez à toucher ma poche, par hasard, je n'en serais nullement inquiet, car vous ne sentiriez que mon mouchoir, ma lorgnette et mon portefeuille : si je portais un poignard ou un pistolet de poche, il en serait autrement. Je tiens donc mes poches nettes, mais je les tourne volontiers...* [1]. »

Le sentiment est d'une noblesse rare, la pensée est d'une profondeur admirable, l'expression en est d'une indicible délicatesse.

Maistre tout entier est ici : « Je continuerai à dire ce qui me paraît bon et juste sans me gêner le moins du monde. C'est par là que je vaux, si je vaux quelque chose. »

Voilà bien l'homme fait d'un seul bloc ; celui que rien n'arrêtera jamais dans l'expression des vérités que sa conscience droite et honnête lui enjoint de dire et de répéter à son siècle.

Et certes, Maistre se connaissait bien et ne se faisait aucune illusion sur ses défauts.

« Tout caractère a ses inconvénients. Croyez-vous que je ne sache pas que je bâille quand on m'ennuie ; qu'un

---

[1] *Lettres et Opuscules*, t. Ier, p. 50.

certain sourire mécanique dit quelquefois : Vous dites une
bêtise ; qu'il y a dans ma manière de parler quelque chose
d'original, de *vibrante*, comme disent les Italiens, et de
tranchant qui, dans les moments surtout de chaleur et
d'inadvertance, a l'air d'annoncer un certain despotisme
d'opinion auquel je n'ai pas plus droit que tout autre
homme ?

« Je sais tout cela, chassez le naturel il revient au galop.
Tirons donc part du nôtre, mais ne cherchons pas à le
changer. Ce qui soit dit cependant avec la réserve nécessaire ; car il est toujours bon de se surveiller, et quand on
n'éviterait qu'une faute en dix ans, ce serait quelque
chose [1]. »

La séparation d'avec ses enfants est pour de Maistre le
plus douloureux de ses tourments. Rodolphe est bien auprès
de lui, mais Adèle et Constance en sont bien loin. Aussi,
le pauvre père ne peut-il s'empêcher de s'écrier : « Cette
séparation devient tout à fait contre nature... je me suis
passé de mes enfants pour leur propre avantage ; cependant
il faut bien que cela finisse. »

Rien de plus attachant que sa correspondance avec sa
fille Constance.

Constance de Maistre était une jeune fille n'entendant
point se laisser condamner à la médiocrité, sous le fallacieux
prétexte qu'elle était femme. Mais son père qui l'aimait,
d'autant plus passionnément qu'il se retrouvait en elle,
par ses qualités autant que par ses défauts, avait le devoir
de réprimer ceux-ci chez sa fille.

« Tu ne saurais croire, lui écrivait-il, combien je me
suis fait d'ennemis jadis pour avoir voulu en savoir plus
que mes bons Allobroges. J'étais cependant bien réellement

---

[1] *Lettres et Opuscules*, t. Ier, p. 51.

homme, puisque j'ai, depuis, épousé ta mère. Juge ce qu'il en est d'une petite demoiselle qui s'avise de monter sur le trépied pour rendre des oracles[1]. »

Combien le père se reconnaît ici !

Joseph de Maistre continue :

« **Si (ta sœur Adèle et toi) vous êtes destinées à ne point vous marier, comme il paraît que la Providence l'a décidé, l'instruction (je ne dis pas la science) peut vous être plus utile qu'à d'autres ; mais il faut prendre toutes les précautions possibles pour qu'elle ne vous nuise pas. Il faut surtout vous taire et ne jamais citer jusqu'à ce que vous soyez _duègnes_.** »

J'ai pris mon parti de tout ce que ce chapitre pourra m'attirer de dédaigneux reproches. On pourra m'accuser de vouloir, en approuvant la thèse de Joseph de Maistre, reléguer la femme loin, bien loin de l'homme, dans une cuisine ou une nursery. Je n'ai qu'un mot à répondre à ces reproches : l'idée de Joseph de Maistre est quelquefois peut-être paradoxalement exprimée, mais elle est, à mon sens, d'une incontestable vérité.

Cette thèse même n'est d'ailleurs que l'expression de ce bon sens vulgaire dont Molière s'est déjà, plus d'un siècle auparavant, rendu l'interprète.

« Chaque être doit tenir sa place et ne point affecter d'autres perfections que celles qui lui appartiennent... et lui doivent appartenir, sous peine de déchéance... Or, « faire des enfants », ce n'est que de la peine ; mais le grand honneur est de faire des hommes et c'est ce que les femmes font mieux que nous. Crois-tu que j'aurais beaucoup d'obligation à ta mère si elle avait composé un roman au lieu de faire ton frère ? Mais faire ton frère, ce n'est pas le mettre au monde et le poser dans son berceau : c'est en

____
[1] _Lettres et Opuscules_, t. Ier, p. 149.

faire un brave jeune homme qui croit en Dieu et n'a pas peur du canon. »

De bonne foi, si, en d'autres temps moins violemment troublés, sans doute, mais aussi difficiles, on a essayé de faire des femmes, non point instruites, mais **savantes,** la raison en est celle exprimée par Joseph de Maistre, en son éloquente simplicité : « On ne veut plus de jeunes gens croyant en Dieu. » — Est-ce à dire que les femmes soient, comme paraît le craindre Constance de Maistre, dans sa juvénile ardeur, condamnées à la médiocrité.

Non, mille fois non.

« Il ne faut rien exagérer ; je crois que les femmes, en général, ne doivent point se livrer à des connaissances qui contrarient leurs devoirs ; mais je suis fort éloigné de croire qu'elles doivent être parfaitement ignorantes. Je ne veux pas qu'elles croient que Pékin est en France ni qu'Alexandre-le-Grand demanda en mariage une fille de Louis XIV [1]. »

Les femmes peuvent prétendre au sublime, mais au sublime féminin.

Je n'ose reproduire ici la comparaison faite par Maistre. Elle n'est ni convenable, ni même exacte et ne pouvait être proposée que par un père à sa fille. Je préfère finir par une autre citation :

« Si une belle dame m'avait demandé il y a vingt ans : « Ne croyez-vous pas, Monsieur, qu'une dame pourrait être un grand général comme un homme ? », je n'aurais pas manqué de lui répondre : « Sans doute, Madame, si vous commandiez une armée, l'ennemi se jetterait à vos pieds, comme j'y suis moi-même. Personne n'oserait tirer et vous entreriez dans la capitale ennemie au son des violons et des tambourins. » Si elle m'avait dit : « Qui m'empêche

---

[1] *Lettres et Opuscules*, t. Ier, p. 146.

d'en savoir en astronomie autant que Newton ? », je lui aurais répondu : « Rien du tout, ma divine beauté. Prenez le télescope, les astres tiendront à honneur d'être lorgnés par vos beaux yeux et ils s'empresseront de vous dire leurs secrets. »

« Voilà comment on parle aux femmes en vers et même en prose. Mais celle qui prend cela pour argent comptant est bien sotte [1]. »

Je conclus avec Maistre « que rien de plus excellent dans le monde ne peut se trouver : qu'un excellent homme et une honnête femme. A qui les devons-nous ? à la femme, mais non point à la femme savante, toujours orgueilleuse et, dès lors, malheureuse ou ridicule. »

Mais avec sa chère Constance, Maistre n'en est pas toujours aux admonitions ou aux reproches. La tendresse indicible pour sa fille qui dictait le sermon de tout à l'heure vient s'exprimer ici en un délicieux élan :

« Parmi toutes les idées qui me déchirent, celle de ne pas te connaître, celle de ne te connaître peut-être jamais, est la plus cruelle. Je t'ai grondée quelquefois, mais tu n'es pas moins l'objet continuel de mes pensées. Mille fois, j'ai parlé à ta mère du plaisir que j'aurais de former ton esprit, de t'occuper, pour ton profit et pour le mien, car tu pourrais m'être fort utile *col senno e colla manno*. Je n'ai pas de rêve plus charmant et quoi que je ne sépare pas ta sœur de toi dans les châteaux en Espagne que je bâtis sans cesse, cependant, il y a toujours quelque chose de particulier pour toi, par la raison que tu dis : parce que je ne te connais pas.

« Tu crois peut-être, chère enfant, que je prends mon parti sur cette abominable séparation ! Jamais, jamais et jamais. Chaque jour, en rentrant chez moi, je trouve ma

---

[1] *Lettres et Opuscules*, t. Ier, p. 145.

maison aussi désolée que si vous m'aviez quitté hier. Dans
le monde, la même idée me suit et ne m'abandonne presque
pas... Tu peux bien te fier sur ma tendresse et je puis aussi
t'assurer que l'idée de partir de ce monde sans te connaître
est une des plus épouvantables qui puisse se présenter à
mon imagination. Je ne te connais pas, mais je t'aime
comme si je te connaissais... C'est la tendresse multipliée
par la compassion. Tout en te querellant, j'ai cependant
toujours soutenu ton parti et toujours bien pensé de toi. Je
ne te gronde pas sur ta gloriomanie ; c'est une maladie
comme la fièvre jaune ou la pleurésie : il faut attendre ce
que pourront la nature et les remèdes [1]. »

Plus tard, Maistre écrit encore à sa fille.

« Je n'aime pas *moi*, je ne crois pas *moi*, je me moque
de *moi*. Il n'y a de vie, de jouissance, d'espérance que dans
toi. Il y a longtemps que j'ai écrit dans mon livre de
maximes : *L'unique antidote contre l'égoïsme, c'est le
tuisme.* C'est toi surtout, ma chère Constance, qui me
verse cet antidote à rasades ; j'en boirai donc de ta main et
de celles d'un petit nombre d'autres TOIS jusqu'à ce que je
m'endorme sans avoir pleinement vécu [2]. »

Peut-on exprimer, en un style meilleur et plus délicieux,
des sentiments d'une plus merveilleuse finesse ? C'est vraiment un tableau émouvant que celui de ce père, condamné
par sa fidélité même à vivre seul, loin de son pays, loin
de sa femme, loin de ses enfants, de sa chère Constance
qu'il n'a jamais connue, qu'il redoute de ne jamais connaître. Ses regrets s'exhalent simples, sincères, indulgents en
quelque sorte : il se plaint sans accuser personne, et les
larmes qu'il verse sont des larmes de tendresse et de
compassion pour ceux que Dieu et le Roi retiennent loin

<hr>

[1] *Lettres et Opuscules,* t. I⁽ᵉʳ⁾, p. 195.
[2] *Idem.* t. I⁽ᵉʳ⁾, p. 431.

de lui et au milieu desquels, en ses heures de rêverie solitaire, il se figure quelquefois « vivre d'une vie fantastique
et patriarcale [1]. »

Ce sujet de la séparation, Joseph de Maistre ne le traite
que bien rarement avec les siens. Il ne veut point les
attrister sans raison et sans profit, par le récit de ses déboires et de ses chagrins. C'est à ses amis qu'il s'adresse,
en termes sincères et navrants, quand le dégoût, la défiance
et le découragement font mine d'entrer dans son âme.

Qu'il me soit permis de terminer ce chapitre par une
dernière citation qui montrera au lecteur combien peu
Maistre était égoïste et quelle part son cœur savait prendre
aux douleurs qui venaient atteindre ses amis :

« Il n'y a rien, écrivait-il à l'amiral Tchitchagoff, qui
venait de perdre sa femme, il n'y a rien que je conçoive
mieux que le charme du désespoir. C'est ce qui vous
retient en Angleterre ; mille souvenirs tendres et déchi-
rants vous attachent à cette terre où votre bonheur naquit
pour durer si peu. Moi, je ne suis qu'un ami, je suis
cependant visité souvent par l'ombre de votre chère
Elisabeth. Elle m'apparaît toujours entre vous et moi ; je
crois la voir, l'entendre et lui tenir quelques-uns de ces
discours dont elle avait la bonté d'écrire de temps en
temps quelques mots dans ce journal que vous feuilletez le
jour et qui vous garde la nuit. Combien ce même souvenir
doit être horriblement doux pour l'époux qui l'a perdue,
qui se promène sur cette même terre où son cœur rencontra le sien, où il entendit, pour la première fois, ce *oui*
sérieux, dont le suivant n'est qu'une répétition légalisée,
et que l'homme le plus heureux n'entend qu'une fois dans
sa vie ! Je voudrais que les objets qui vous environnent et

---

[1] *Lettres et Opuscules*, t. Ier, p. 433.

qui ne vous parlent que de votre perte vous apprissent à pleurer : vous auriez fait un grand pas vers la consolation, je veux dire vers la douleur sage. Dieu vous a frappé, mon cher ami, très justement comme juge et très amoureusement comme père, il vous a dit : *C'est moi !* Répondez-lui : *Je vous connais*, et venez pleurer avec nous, quand vous aurez assez pleuré ailleurs [1]. »

[1] *Lettres et Opuscules*, t. Ier, p. 254.

CHAPITRE VIII

Guerre d'Espagne. — Cinquième Coalition. — Traité de Vienne. — Divorce de Napoléon. — Captivité de Pie VII. — La Franc-Maçonnerie. — Guerre de Russie. — Campagne de France. — Abdication de l'Empereur.

> « Jamais aucun souverain n'a mis la main sur un Pape quelconque (avec ou sans raison, c'est ce que je n'examine point) et n'a pu se vanter d'un règne long et heureux. Cela ne prouve rien, dira-t-on. A la bonne heure. Tout ce que je demande, c'est qu'il en arrive autant à un autre, *quand même cela ne prouverait rien*, et c'est ce que nous verrons. »
>
> (Lettre au Roi de Sardaigne, 25 mai (6 juin) 1810. — *Lettres et Opuscules*, t. I, p. 189.)

ux premiers mois de l'année 1808, des divisions éclatèrent en Espagne, entre le roi Charles IV et son fils Ferdinand. Napoléon conçut alors la pensée de s'emparer encore de cette couronne. Il se proposa donc pour arbitre entre le souverain et son fils. Puis, dans l'entrevue de Bayonne (9 mai 1808), il les amena tous deux à abdiquer entre ses mains, et son frère Joseph fut par lui placé sur le trône d'Espagne.

Blessée dans ses sentiments les plus chers, l'Espagne s'insurgea contre le souverain étranger qu'on voulait lui imposer. Les Portugais s'unirent à elle et l'Angleterre prit part à la guerre.

Lord Wellington obligea Junot à sortir du Portugal et le roi Joseph, à peine proclamé, fut contraint d'abandonner Madrid pour se retirer derrière l'Ebre.

Le nouveau souverain avait eu cependant le temps d'accréditer en Russie un ambassadeur, le général Pardo, et c'est de lui que Maistre apprit à Pétersbourg la prise de Madrid.

Le ministre sarde nous fait, dans une lettre du 19 janvier 1809, le récit, fort piquant, de cette aventure.

« Le général Pardo, écrit-il, a fait un pas plus hardi que les autres. Il me vint voir il y a peu de temps ; je lui restituai sa visite ; j'arrivai par hasard au moment où il venait d'apprendre la prise de Madrid. *Eh bien ! lui dis-je, Monsieur le Général, point de nouvelles ? Hélas*, me répondit-il, *il n'y en a que trop : Madrid est pris*, et il me montra le *Moniteur ;* il m'ajouta : *Il n'y a plus de moyen de vivre en Europe, je m'en vais en Amérique.* Comment trouvez-vous ce discours de l'envoyé de Joseph ? Je lui répondis : *Vous avez bien raison, Monsieur le Général, que voulez-vous faire ici ? Quelques personnes qui vous connaissent auront pitié de vous, mais tout le reste vous blâmera et se moquera de vous ; tirez-vous de là et allez-vous-en en Amérique.*

« Avouez que cela paraît fabuleux. Quel dommage que cet homme se soit laissé entraîner à présenter les lettres de créance de Joseph... Il appartient à une famille qui a de la grandesse : il avait épousé la fille du dernier vice-roi du Mexique, et le voilà qui donne à Joseph un bras, *quo graves Galli melius perirent* Qu'est-ce que l'homme ? Qu'est-ce que l'homme ? Qu'est-ce que l'homme ?[1] »

----

[1] *Lettres et Opuscules*, p. 153.

L'insurrection de l'Espagne contre le roi Joseph causa à Maistre, comme on pouvait s'y attendre, le plus vif plaisir. « Il y a bien longtemps, écrit-il, qu'un plus grand spectacle n'a pas été donné aux hommes ». L'Espagne, *mise dans l'état de nature, s'est irritée contre l'usurpateur et combat pour sa foi*, pour son existence politique, pour l'honneur national, et c'est pourquoi Maistre se croit fondé à regarder le succès des Espagnols non seulement comme possible, mais comme probable. « La cause du genre humain, s'écrie-t-il, se décide aujourd'hui en Espagne, et tous les yeux doivent se tourner vers cette nation. *Elle n'a pas voulu souffrir un illustre usurpateur au moment où elle souffrait tout de ses maîtres*. Voilà le mot que l'histoire écrira en lettres d'or et qui met ce peuple au dessus de tous les autres, quel que soit l'événement final qui dépend de la Providence et qu'elle rendra conforme à nos vœux, malgré toutes les probabilités contraires. Il paraît que l'Angleterre n'épargne aucun effort pour la soutenir, rien n'est plus sage et rien n'est plus glorieux. L'état où je vis ici, en attendant les nouvelles, pouvait s'appeler travail comme les douleurs d'une femme : Que verrons-nous paraître?[1] »

Cependant Napoléon franchissait les Pyrénées et réparait les désastres que ses généraux avaient essuyés. Joseph fut rétabli à Madrid.

Mais à peine fut-il rentré à Paris qu'il dut quitter la capitale pour résister à la cinquième coalition que l'Europe venait de former contre son empire. L'Autriche, en effet, le voyant occupé au-delà des Pyrénées, crut le moment favorable pour s'unir à l'Angleterre, donner la main à la Westphalie et au Tyrol soulevés et envahir la Bavière.

---

[1] *Lettres et Opuscules*, p. 169.

Napoléon délivra la Bavière par la bataille d'Eckmül (22 avril) et emporta Vienne. Il occupa ensuite l'île de Lobau et gagna sur l'archiduc la bataille d'Essling (22 mai) ; enfin, il remporta la victoire de Wagram (6 juillet) qui décida de la campagne et obligea l'empereur François II à demander la paix. Elle fut signée à Vienne le 14 octobre. Le jour même de la bataille de Wagram, Napoléon fit enlever le Pape Pie VII de son palais et répudia ensuite l'impératrice Joséphine.

« Le voilà qui vient de donner un nouveau spectacle à l'Europe avec son divorce, après avoir fait écrire dans ses lois que le divorce ne pourrait jamais être proposé dans la famille impériale sous aucun prétexte quelconque... On ne peut s'empêcher d'admirer l'art infini avec lequel ils ont su donner à ce brigandage le ton de la nécessité et de la dignité [1]. »

Et d'un ton d'inexpressible sincérité, Maistre, que tant de fausseté indigne, s'écrie : « A cette exclamation du grand homme : « Dieu sait ce qu'il en a coûté à mon cœur ! », je ne puis exprimer ce que le mien a ressenti. Je n'ai jamais lu rien d'égal [2]. »

Le 11 avril 1810, Napoléon épousait la princesse Marie-Louise, fille de l'empereur d'Autriche. La princesse commençait sa seizième année. Elle était promise au duc de Saxe-Cobourg.

Enivré de sa puissance et exaspéré par la résistance du pape Pie VII, il convoqua à Paris un Concile composé de tous les prélats de l'empire et du royaume d'Italie et chercha à se passer du Pontife qu'il retenait prisonnier.

« Nous recevons dans ce moment, écrit alors Maistre à son roi, la nouvelle de la convocation du Concile de Paris .

---

[1] *Lettres et Opuscules,* p. 187.
[2] *Idem,* p. 188.

avec la lettre menaçante de Napoléon qui a cassé la glace et menace ouvertement de déposer le Pape. Voilà un autre ordre de choses, et qui sait ce que nous verrons ? Il me paraît impossible que, d'un côté ou d'un autre, il ne s'élève pas quelque opposition, quelque protestation sublime. Quoi qu'il en soit, Votre Majesté assiste avec nous à l'une des plus grandes expériences qui puissent avoir lieu sur ce sujet. Jamais aucun souverain n'a mis la main sur un pape quelconque (avec ou sans raison, c'est ce que je n'examine point) et n'a pu se vanter d'un règne long et heureux... Cela ne prouve rien, dira-t-on. A la bonne heure. Tout ce que je demande, c'est qu'il en arrive autant à un autre, quand même cela ne prouverait rien, et c'est ce que nous verrons [1]. »

Maistre ne tarda pas, nous le savons maintenant, à voir accomplir sa prophétie.

Dès 1809, à l'occasion de la bulle d'excommunication lancée le 10 juin par le pape Pie VII contre le tout-puissant empereur, il écrivait ces lignes que, de nos jours encore, on pourrait méditer avec quelque fruit :

« Il ne paraît pas que ce clergé qui montait si courageusement sur l'échafaud, il n'y a que deux jours, ait fait seulement mine de résister en ce moment ; je ne sais comment il a conçu cette affaire. Peut-être qu'il s'est appuyé d'une maxime gallicane que nulle bulle n'a de force si elle n'a obtenu le *pareatis* dans l'Etat. Je ne sais si Votre Majesté a fait attention à une chose bien remarquable : la résurrection de la franc-maçonnerie dans toute la France et l'ouverture d'une loge à Rome au moment même où on s'empare de la personne du Pape. Votre Majesté pense bien que le plus soupçonneux et le plus jaloux des hommes ne permettrait pas, dans ses Etats, la

---

[1] *Lettres et Opuscules*, p. 189.

réunion de trois ou quatre personnes, s'il ne savait ce qui s'y passe et s'il ne l'approuvait pas. Ainsi toutes ces loges ne peuvent être que des instruments approuvés. *Il est le chef d'une grande société qui le mène, mais il faut aussi que Votre Majesté remarque une chose moins importante : c'est qu'il ne cherche point à détruire officiellement la religion catholique. Au contraire, sa prétention est de la maintenir dans tout son extérieur et de se dire lui-même catholique, de manière qu'il n'admet légalement aucune autre religion ; or, cette prétention, qui semble une pure comédie (et qui l'est, en effet, par rapport à lui), jointe à l'abaissement du Pape...,* PRODUIRA UN RÉSULTAT ENTIÈREMENT DIFFÉRENT DE CELUI QU'ON POURRAIT IMAGINER. »

Tel était, en 1809, le mot d'ordre des loges maçonniques. Protester sans cesse de fidélité à l'Église pour la miner plus tranquillement par dessous. C'est le dernier mot de *l'opportunisme* du commencement du siècle, dont Napoléon paraissait être le maître, mais dont, en vérité, il était l'esclave.

Du commencement à la fin, la Révolution devait conserver un caractère *vraiment satanique.*

Au moment où l'Europe toute entière tremblait devant Napoléon, celui-ci même rencontra, de la part de la Russie, une résistance qu'il ne sut ou ne put vaincre. C'est alors que, mécontent du czar Alexandre, l'Empereur résolut d'envahir les immenses États de son fier adversaire. Il franchit le Niémen, le 24 juin 1812, à la tête d'une armée de 600,000 hommes et lança ses troupes en avant jusqu'à ce qu'il eût rencontré l'armée russe sur les plateaux de la Moskowa. Là, s'engagea une terrible bataille, dans laquelle les Russes furent vaincus et sept jours après Napoléon entrait à Moscou (14 septembre). Mais cette ville fut incendiée. Napoléon perdit alors un temps précieux en négociations

inutiles. Il ne se décida à la retraite que le 19 octobre. Il
fallut se retirer à travers un pays couvert de ruines et par
un hiver d'une dure et précoce rigueur. A partir du passage de la Bérésina, l'armée française n'offrit plus que le
spectacle d'une affreuse déroute. Le 2 mai 1813, Napoléon
remporta sur Blücher et les Prussiens la victoire de Lutzen.
Il battit ensuite les Russes à Bautzen et à Wustzen sans
pouvoir par ses succès attirer à lui l'Autriche et les princes
allemands. Le Congrès de Prague (5 juillet) ne servit qu'à
donner à François II le temps de s'armer. La coalition,
victorieuse à Leipzig, envahit la France.

Durant tout ce temps, Maistre « était sur les charbons ardents. » — « Pendant les jours où j'ai pu craindre pour mon
fils Rodolphe, écrivait-il plus tard à sa fille Constance, repré-
sente-toi ma situation, n'ayant pour témoins de mes angoisses
que des valets qui peut-être supputaient ce qu'ils gagneraient
à ma mort. Toujours vous m'êtes nécessaires, toujours je
pense à vous ; mais dans ces moments et surtout lorsque je
me couchais, lorsqu'on éteignait les bougies et que je me
disais : En voilà jusqu'au jour avec la pensée de mon pauvre Rodolphe, avec la certitude de ne pouvoir fermer l'œil
et sans avoir un être à qui parler ; alors je vous désirais
avec une telle force qu'il me semblait quelquefois que vous
alliez m'apparaître[1]. »

A Rodolphe lui-même, vaillant soldat qu'il ne fallait
point émouvoir, Maistre écrivait : « *En ce temps-là, malheur
aux pères !* Cependant, mon cher ami, *ou avec cela ou sur
cela !* Dieu me préserve de vous donner des conseils lâches...
Vous faites une guerre juste et presque sainte. Vous com-
battez pour tout ce qu'il y a de plus sacré parmi les hommes,
on peut dire même pour la société civile. Allez donc, mon
cher ami, et revenez ou emmenez-moi avec vous[2]. »

[1] *Lettres et Opuscules*, t. Ier, p. 230.
[2] *Idem*, t. Ier, p. 222.

Cependant les alliés avaient envahi la France à la tête de onze cent mille combattants ; Napoléon n'avait à leur opposer que 72,000 hommes. Pendant un temps son génie sut faire face à tout : il réduisit même ses ennemis à une grande détresse. Il attaqua Blücher et Schwartzemberg, les vainquit à Saint-Dizier et à Brienne et se replia sur Troyes (3 février 1814). Les alliés, effrayés de ces succès, ouvrirent le Congrès de Châtillon et proposèrent la paix à Napoléon, à condition toutefois que la France resterait dans les limites de 1792. C'était effacer toutes les conquêtes de l'Empire. A cette pensée, la fierté de l'Empereur s'indigna et il repoussa leurs propositions en disant : « Je suis plus près de Vienne qu'ils ne le sont de Paris. »

Blücher et Schwartzemberg reprirent alors leur marche sur Paris. Napoléon les battit l'un après l'autre, mais il ne put les arrêter. Le 31 mars, Paris fut envahi par les troupes alliées et Napoléon fut déclaré déchu du trône. Il dut signer son abdication en termes absolus, comme les alliés le demandaient, et accepter pour retraite l'île d'Elbe (11 avril 1814). Le 23, un traité de paix fut conclu et le lendemain Louis XVIII débarquait à Calais.

CHAPITRE IX

Premier traité de Paris. — Démembrement de la Savoie. — Désolation du comte Joseph de Maistre. — Les Cent jours. — Deuxième traité de Paris. — Restauration du roi Victor-Emmanuel Ier. — Rentrée du czar Alexandre à Saint-Pétersbourg. — Expulsion des Jésuites de Russie. — Maistre et Mme Swetchine.

> « Le retour de Bonaparte est tout aussi merveilleux que sa chute... Rien ne réussira si l'empereur de Russie n'est pas généralissime... Point de succès sans unité. »
>
> (Lettre à M. le chevalier Rossi, 29 mars (11 avril) 1815. — *Lettres et Opuscules*, t. I, p. 260.)

L'HEURE si longtemps attendue de la restauration semblait avoir enfin sonné pour le roi Victor-Emmanuel Ier. Les puissances coalisées n'avaient, en effet, cessé d'affirmer que la France vaincue serait réduite à ses frontières de 1792. La Sardaigne eût dû retrouver dès lors ses anciennes limites. Il n'en fut rien pourtant et les stipulations du traité de Paris (30 mai 1814) démembrèrent la Savoie dont une partie fut encore laissée à la France.

Une députation vint à Paris pour tâcher, selon l'expression de Joseph de Maistre, d'émouvoir les entrailles alliées. Mais rien ne put empêcher cette fatale division.

« La Savoie fut coupée en deux par une frontière absurde qui laissait au roi de France les trois principales villes : Chambéry, Rumilly, Annecy, et réservait au roi de Sardaigne la vallée de l'Isère et toutes les positions militaires des Alpes occidentales, depuis Chamoux jusqu'à Collonges. Tel fut le secret des §§ 7 et 8 de l'art. III du traité du 30 mai 1814 : reconstituer le Piémont sans le rendre trop fort et créer entre lui et la France un motif permanent d'antagonisme et d'irritation [1]. »

Maistre, découragé autant qu'irrité, s'écriait :

« Cette division de l'indivisible est insupportable. *Si au moins la Savoie n'était pas divisée, en pleurant son ancien maître, elle aurait du moins la consolation de conserver son intégrité.* »

Et la désolation du patriote ardent et fidèle s'exhalait en termes amers :

« Des événements entièrement miraculeux m'ont rendu tout à fait étranger à la France, à la Savoie et au Piémont, écrit-il au comte de Blacas. Ma patrie appartient à votre maître. Ma personne et ma foi sont au roi, tant qu'il daignera s'en servir... Pour moi, je me traîne comme je puis vers le terme, appliquant sur mes blessures tout le baume dont je puis disposer. Voici les ingrédients : bienveillance publique, amitié, étude, bonheur domestique... Quand je dis que je ne tiens plus à aucun pays, cela s'entend, dans le moment présent, car l'état actuel de ma petite patrie n'est pas durable. Ou elle appartiendra toute à votre maître par quelque moyen possible, c'est-à-dire juste, ou elle reviendra toute à son maître antique [2]. »

---

[1] Victor de Saint-Genis, *Histoire de Savoie*, t. III, p. 206.
[2] *Lettres et Opuscules*, t. Ier, p. 259.

La Savoie fut unanime à protester contre l'acte injuste et cruel que venait de commettre une diplomatie oublieuse des promesses faites. Le comte Anthelme Marin publiait une brochure ayant pour titre : *Les Alpes sont les limites naturelles et nécessaires du territoire français*. — De hauts dignitaires de l'Empire, originaires de Savoie, ralliés à Louis XVIII, tels que les généraux Curial et Dessaix, adressaient au Congrès de Vienne un appel suprême en faveur de leur malheureuse patrie si cruellement divisée.

De si généreux efforts devaient être inutiles.

Mais, ainsi que Joseph de Maistre le prédisait, un si déplorable état de choses ne pouvait durer.

Dès le 26 février 1815, en effet, Napoléon quittait brusquement son île et débarquait en Provence, sur la plage de Cannes. Quelques jours après, Grenoble lui ouvrait ses portes. Le 20 mars, il rentrait aux Tuileries.

A ces nouvelles, le ministre sarde ne s'étonne point trop. Il n'ignore pas que les suites de cette rentrée triomphale vont être épouvantables, car la guerre recommencera avec fureur. Mais cette guerre même et les maux qu'elle entraînera sont, à ses yeux, un remède nécessaire. Le but, pour lui, est le rétablissement de l'autorité ; le moyen, c'est la dictature déférée à l'empereur de Russie et fondée sur la persuasion et la conviction universelles.

Joseph de Maistre, bien que cette épreuve nouvelle puisse être fatale à son pays, ne ménage point sa généreuse admiration à ses ennemis. Tandis que les vieux soldats licenciés reprennent la cocarde tricolore, répondant aux clameurs enthousiastes du Dauphiné, il élève son âme au-dessus des rancunes vulgaires et des indignations de commande.

« L'armée française, écrit-il, est fidèle par essence. Elle ne sait ce que c'est que les Bourbons qui nous sont chers... Elle suit l'homme qui l'a fait vaincre. Ce sentiment est inné dans l'esprit du soldat, toutes les pages de l'histoire en font foi. Au lieu de nous étonner de cette fidélité, il faudrait nous frapper la poitrine pour l'avoir créée en grande partie. *Le traité de Paris accouple malheureusement dans la tête de tout soldat français l'idée de ses revers à celle des Bourbons, comme celle de ses triomphes à Bonaparte.* »

Aussi Joseph de Maistre n'était-il que très peu rassuré sur l'avenir de son pays et la restauration de son roi. Il tenait la balance égale entre l'espérance et la crainte, s'en remettant à Dieu.

De l'armée française il redoutait tout.

« L'homme par lui-même n'est rien : c'est un ballon qui n'est par lui-même qu'un vaste chiffon dont la grandeur, la beauté et la puissance dépendent uniquement du gaz qui le remplit ; ce gaz se nomme religion, liberté, orgueil, colère, etc., en un mot, tout dépend du sentiment moral qui enflamme l'homme et qui augmente ses forces sans mesure [1]. »

Le caractère du chef lui-même et sa puissance sur les esprits venait encore augmenter son effroi, qu'il n'essayait point d'ailleurs de dissimuler :

« S'il s'avisait (Bonaparte) de rappeler les émigrés rentrés avec le roi, de leur donner des pensions, de vanter la fidélité partout où elle se trouvera, DE FAIRE RÉPARATION AU PAPE et le soutenir dans ses fonctions et dans ses Etats, le danger serait porté au comble [2]. »

Une telle clairvoyance est bien faite pour forcer notre admiration.

Malgré tout, Maistre n'avait point perdu espoir.

« Nous verrons encore de grands malheurs, s'écrie-t-il ;

---

[1] *Lettres et Opuscules*, t. Iᵉʳ, p. 263.
[2] *Eod. loc.*, t. Iᵉʳ, p. 264.

la France sera baignée dans le sang et le mérite bien. L'armée qui a replacé Bonaparte sera détruite. Il peut se faire qu'il fasse quelque conquête, qu'on sera même obligé de ratifier ; mais à la fin il tombera et la famille royale reprendra sa place[1]. »

Le temps s'est chargé de démontrer la vérité de cette prophétie. Bonaparte chassa les émigrés ; il plaisanta le roi sur ses vingt ans de règne. Il fut à son tour vaincu et exilé à Sainte-Hélène.

Le traité de Paris du 20 novembre 1815 déclara, entre autres stipulations, que la Savoie toute entière serait restituée au roi de Sardaigne et que la limite serait désormais celle-là même qui, en 1790, séparait la France du royaume voisin. La question de frontières, si débattue en 1814, était définitivement résolue au profit de l'intégrité du territoire savoyard.

Napoléon vaincu, le czar Alexandre (30 novembre 1815) réintégra ses Etats.

« La grande âme, écrivait Joseph de Maistre, est enfin rentrée dans son grand corps... Sa Majesté Impériale a repris les rênes *déjà un peu flottantes* avec beaucoup de grâce et de vigueur. Je ne doute pas qu'elle soit arrivée avec la tête pleine d'idée et d'expérience[2]. »

Bien que les campagnes d'Alexandre Ier eussent été glorieuses pour le nom russe, l'opposition était vive contre le souverain qui, trop longtemps, avait abandonné le soin de son vaste empire.

Pendant la si longue absence du souverain, un mouvement religieux d'une singulière gravité avait agité la Russie. Ce mouvement venu de Londres était dirigé contre le catho-

---

[1] *Lettres et Opuscules*, t. Ier, p. 266.
[2] *Eod. loc.*, t. Ier, p. 282.

licisme en général, auquel on reprochait son prosélytisme,
et contre les Jésuites en particulier, artisans prétendus de
quelques grandes conversions qui avaient frappé les yeux.

Dès le mois d'octobre 1815, Joseph de Maistre écrivait :

« Le ministre des cultes, prince Alexandre Galitzin, sur-
veille les Jésuites avec une sévérité colérique qui peut
amuser les spectateurs et l'on espère obtenir de Sa Majesté
Impériale, à son arrivée, quelques mesures de rigueur [1]. »

Et le grand penseur ajoutait ces lignes éclatantes de
vérité :

« En attendant d'autres événements, on peut tenir pour
certain que l'épouvantable Révolution dont nous venons
d'être les témoins n'est que la préface d'une autre. Il faut
être en garde contre les nouveautés en rétablissant surtout
l'éducation religieuse et la rendant pleinement au sacerdoce.
Jamais je n'ai disputé sur les mots, ni sur les habits ; mais
je dis que nous avons besoin d'une société amie contre les
sociétés ennemies [2]. »

Les mesures de rigueur prévues par Maistre furent, en
effet, demandées au czar qui, par son ukase du 20 décembre
1815, prononça l'expulsion des Jésuites.

Lorsqu'en 1773, le pape Clément XIV eut signé le bref
d'abolition de cette célèbre Compagnie, les Jésuites avaient
trouvé asile en Russie où Catherine II se fit un point
d'honneur de les protéger, le bref de suppression n'ayant
point été promulgué dans cet empire.

En 1801, leur situation fut officiellement régularisée par
le pape Pie VII qui, sur les sollicitations du czar Paul Ier,
rétablit la Compagnie sur le territoire russe. A la mort de
Paul Ier, Alexandre, malgré ses préventions, protégea les

---

[1] *Lettres et Opuscules*, t. Ier, p. 279.
[2] *Eod. loc.*, t. Ier, p. 279.

Jésuites durant quatorze ans « uniquement, nous dit Maistre, par défiance de lui-même et par déférence pour les opinions d'autrui [1]. »

A son arrivée en Russie, l'ambassadeur sarde avait donc trouvé cet ordre dans une situation florissante. Rien ne pouvait lui agréer davantage.

« Je n'aime rien tant, écrivait-il, que l'esprit de famille : mon grand-père aimait les Jésuites, mon père les aimait, je les aime, mon fils les aime, son fils les aimera. »

Mais à peine la bienveillance du czar avait-elle permis à l'illustre Compagnie de conquérir de brillants et rapides succès, que la jalousie haineuse et protestante en vint, contre elle, à commencer son œuvre de dénonciation.

Or, à ce moment même, le czar rentrait à Saint-Pétersbourg. Sa Cour, longtemps abandonnée, s'était affiliée aux sociétés *bibliques* et s'était entièrement adonnée aux sectes allemandes ; son effort se porta, dès le retour de l'empereur, à lutter contre les Jésuites dont le zèle l'effrayait.

« Le sol était miné sous les pas de l'ordre, chaque conversion était épiée, signalée comme une infidélité à la patrie, une trahison envers le souverain, maître absolu des consciences et des cœurs. »

Le czar dut céder aux obsessions de son entourage et les Jésuites furent violemment expulsés de Russie.

Dès ce moment, Maistre se décida à demander son rappel. Il nous dit avec sincérité les motifs de sa résolution :

« Ce mémorable événement renforce les raisons qui m'excluent de ce pays, où j'avais formé tant de liens. Avec une famille surtout, on ne peut se passer d'une liberté absolue de culte et le nôtre est supprimé de fait. »

C'est bien à regret que le ministre sarde a pris cette détermination : « Je ne sais quelle main de fer m'a constam-

____

[1] *Lettres et Opuscules*, t. Ier, p. 345.

ment retenu dans un pays dont je croyais enfin être devenu citoyen pour toujours, car je m'y étais tout à fait accoutumé, acclimaté et acoquiné[1]. »

Malgré tout, Maistre ne garde point, de la mesure violente prise contre les Jésuites, trop de rancune à l'Empereur. « Les personnes mêmes qui liront cet ukase avec le plus de chagrin trouveront de quoi louer le czar. Il était en colère contre l'ordre ; chaque ligne le prouve ; et, néanmoins, au lieu de l'expulser de ses Etats, il s'est borné à lui interdire les deux capitales ; c'est un devoir de rendre justice à cette modération... Dans cette brusque exécution, on peut découvrir le calme et la bonté... En second lieu, il peut bien se faire que l'Empereur, par cet ukase, parti du palais comme la foudre part de la nue, ait voulu calmer une foule de têtes échauffées en leur donnant cette satisfaction sans aucun préjudice sensible pour l'humanité. »

Mais, dans l'orage qui venait ainsi atteindre l'Eglise catholique de Russie, le comte Joseph de Maistre lui-même s'était trouvé enveloppé. Il nous raconte les raisons de cette défaveur dans une lettre adressée à l'archevêque de Raguse :

« D'abord, j'étais lié d'amitié avec quelques-unes des personnes les plus marquantes de la nouvelle Eglise longtemps avant les derniers événements, et lorsque le moment du danger est arrivé, j'aurais trouvé indigne de leur fermer ma porte. En second lieu, le prince Alexandre Galitzin, *ministre des cultes*, et prodigieusement irrité contre nous, s'était mis, je ne sais pourquoi, à me regarder comme l'arc-boutant du *fanatisme*. Je ne me suis jamais d'ailleurs gêné pour faire entendre que je ne voyais aucun milieu logique entre le catholicisme et le déisme. Enfin, l'Empereur a cru devoir charger un de ses ministres de me parler des soupçons qui étaient arrivés jusqu'à lui. J'ai prié ce

____

[1] *Lettres et Opuscules*, t. Ier, p. 364.

ministre d'assurer Sa Majesté Impériale que jamais je n'avais changé la foi d'aucun de ses sujets, mais que si quelques-uns d'eux m'avaient fait par hasard quelques confidences, ni l'honneur ni la conscience ne m'auraient permis de dire qu'ils avaient tort [1]. »

Il est facile de reconnaître la confidente à laquelle Maistre pensait en écrivant ces lignes : Madame Swetchine.

Née à Moscou le 22 novembre 1792, Sophie Soymonof fut de la part de son père, secrétaire intime de l'Impératrice Catherine II, l'objet des soins les plus intelligents et les plus assidus. Dès ses plus tendres années, elle manifesta d'étonnantes dispositions pour les études sérieuses et la méditation. Une qualité singulière pour une enfant se développa chez elle : la fermeté de caractère.

« M. Soymonof, qui possédait toutes les qualités de son temps, en partageait aussi toutes les illusions. Il était généreux, libéral, sensible à toute perspective d'amélioration sociale, mais oublieux de l'expérience, accessible à l'utopie et complètement égaré par les préjugés *irreligieux*.

« L'éducation de sa fille s'acheva dans ces conditions ; rien n'y fut négligé, sauf l'idée d'une loi divine [2]. » A peine mariée au général Swetchine, Sophie Soymonof perdit son père qu'une disgrâce imméritée avait soudainement terrassé.

« Cette première solitude de l'âme, ce besoin d'un appui qui ne lui avait jamais manqué et dont sa pensée n'avait jamais envisagé la perte, élevèrent tout d'un coup son regard vers le Ciel ; sa première prière jaillit de sa première épreuve et, ne pouvant plus dire : Mon père ! elle s'écria : Mon Dieu ! [3] »

---

[1] *Lettres et Opuscules*, t. Ier, p. 369.
[2] Cte DE FALLOUX, *Vie de Madame Swetchine*, p. 18.
[3] *Eod. loc.*, p. 24.

Mme Swetchine n'en continua pas moins à vivre à Saint-Pétersbourg au milieu d'amis nombreux et choisis dont son salon était le lieu de rendez-vous. C'est dans ce salon même que, par un jour de printemps de 1803, arriva le comte Joseph de Maistre.

M. de Maistre et Mme Swetchine ne pouvaient tarder à deviner la parité de leurs âmes. Tout d'abord, le dévouement fidèle et désintéressé du comte de Maistre à son roi et à son pays avait quelque chose de singulièrement attrayant pour cette femme, au cœur de laquelle tenait le plus ardent et le plus pur patriotisme. Pour tous deux le souverain incarnant la Patrie, était, malgré tout, le centre naturel de toutes les affections, de tous les dévouements et de tous les respects.

Bien d'autres liens encore devaient unir ces deux grandes âmes. La franchise des convictions, le sentiment du devoir, le culte de la vérité convenaient merveilleusement à toutes deux. Elles devaient être enfin attirées l'une vers l'autre par l'indépendance innée de leur nature. Pendant quelque temps, ce qu'elle appelait « le dogmatisme absolu du comte de Maistre » put paraître étonnant à Mme Swetchine, mais elle ne tarda pas à reconnaître que la vérité étant une, unique aussi doit être la voie qui mène à elle et de laquelle on ne peut sortir si on veut lui demeurer fidèle.

De l'amitié qui unit Maistre à Mme Swetchine leur correspondance nous garde de précieux souvenirs. Pensant à Maistre, Mme Swetchine écrit : « Il me semble toujours que les âmes se cherchent dans le chaos de ce monde, comme les éléments de même nature qui tendent à se réunir ; elles se touchent, elles sentent qu'elles se sont rencontrées : la confiance s'établit entre elles sans qu'elles puissent souvent assigner une cause valable ; la raison, la réflexion viennent ensuite apposer le sceau de leur approbation à ce traité et croient avoir tout fait, comme ces ministres subalternes qui s'attribuent les transactions faites entre leurs maîtres, rien que parce qu'il leur a été permis de placer leur nom au bas..... »

Et presque aussitôt après, Mme Swetchine ajoute :

« Le comte de Maistre est venu me voir aujourd'hui... Il vous regrette, ma chère, et vous savez si c'est un nouveau point de contact entre lui et moi. Je voudrais que l'amitié que j'ai pour lui, lui rendît ma société agréable, mais il faudrait pouvoir y joindre la vôtre. Entre nous deux, il semblait content ; il semblait dire comme saint Pierre sur le Thabor : Il fait bon ici.... Rodolphe part demain ; dès que je le saurai parti, j'engagerai la princesse Alexis à aller avec moi voir son père et je n'épargnerai rien pour le distraire de ses peines, de la seule manière dont je conçoive une distraction de ce genre, en les partageant. »

Et une autre fois ;

« J'ai conté au comte de Maistre votre histoire du baron allemand, histoire dont la tournure patriarcale, embellie par toute ma poésie, me semblait devoir le conquérir. Il me charge de vous dire qu'elle est schocking ; voyez comme ma poésie sur votre prose réussit. Ainsi qu'il ne pouvait y manquer, il est parti du point que le divorce ayant été défendu par je ne sais quel concile de je ne sais quelle année, etc... ; et là-dessus est arrivée une belle thèse plus théologique que sentimentale. Mon amie, nous aurons beau faire : Rome se met toujours entre lui et son cœur. »

Mme Swetchine connaissait si bien Maistre qu'elle a pu le définir : « Le comte de Maistre est comme le chien de chasse, il sent à une prodigieuse distance ce qui tient directement ou indirectement aux idées du siècle ; rien n'obtient grâce de lui, du moment où il y a une légère déviation des principes fondamentaux. Pour peu que cette inclinaison se laisse apercevoir, il n'y a ni éloquence, ni élévation de pensées et de sentiments qui la lui fasse pardonner. »

Tel est bien Maistre, *d'un côté.*

Le voici bien *de l'autre.*

« Le comte de Maistre veut vous écrire et je me suis chargé de vous faire passer sa lettre. Son visage si froid cache une âme bien profondément sensible. »

M. le comte de Falloux, dans son admirable ouvrage (*Mme Swetchine, sa vie et ses œuvres*), nous a raconté l'émouvante histoire de sa conversion. Bien respectueusement, nous renvoyons le lecteur à ces pages inspirées par la foi la plus pure, dictées par une fidèle amitié, vivifiées par un réel et sympathique talent. Dès longtemps déjà Maistre avait été initié aux projets de son amie. Mais « il lui refusa toujours son approbation : il blâmait cet élan et en redoutait l'effet. »

Nous trouvons dans sa correspondance une longue lettre dans laquelle il entasse objections sur objections, où il essaie de démontrer à Mme Swetchine qu'elle s'écrasera de fatigue en étudiant comme elle le fait, mais qu'elle n'arrivera à rien ; où il s'efforce enfin de lui faire le triste tableau du sort misérable qui l'attend après tant de veilles et de labeurs.

« Vous serez en proie à je ne sais quelle rage sèche qui ronge l'une après l'autre toutes les fibres de votre cœur, sans pouvoir jamais vous débarrasser de votre conscience ni de votre orgueil. »

Mais rien n'y fait et Mme Swetchine passe ses journées et ses nuits à compulser, étudier et prier, et le 31 août 1815, elle se convertit.

Une citation encore et je finis en reproduisant une note émanée d'elle et qui consacre la date même de sa conversion.

« Jour heureux où les ténèbres de mon esprit se sont dissipées quelque peu au *Fiat lux* qu'une volonté céleste fait résonner au plus profond de ma conscience. La clarté sans nuage ne la pénètre pas encore, mais le rayon pré-

curseur qui la découvre me montre aussi à moi-même la
route que je dois suivre. Mon Dieu ! vous m'accordez autant
de grâces que j'y opposai jamais d'obstacles ! Mon Dieu !
que votre volonté soit faite ! Apprenez-moi non seulement
à m'y soumettre, mais à l'aimer, à la chérir, à la prendre
pour l'unique guide de mes actions et de mes pensées ! Je
vous dois aujourd'hui les premiers moments de bonheur
que j'aie goûtés depuis nombre d'années ; vous le rendrez
durable, ô Père des miséricordes ! ce bonheur que je vous
dois, pour m'encourager au sacrifice et me donner la force
de l'accomplir. Inspirez-moi : c'est votre vérité que je cherche, c'est votre vérité que je crois avoir trouvée, c'est votre
vérité que j'adore. . . . . . Daignez achever de m'éclairer,
m'inspirer le désir de ne plus vivre que pour vous et la
force dont j'ai besoin pour n'en plus être détournée. »

Pendant quelques mois encore l'abjuration de Mme Swetchine resta secrète. Mais quand parut l'ukase proscripteur,
elle s'avoua catholique et ne put plus souffrir « qu'aucune
entrave ou aucun ménagement personnel lui interdit de
plaider selon son cœur la cause des calomniés et des proscrits. »

Quatrième Partie

TURIN

CHAPITRE PREMIER

Maistre demande son rappel. — Ses appréciations sur la charte. — Des délais de la justice divine sur la punition des coupables. — Maistre est nommé Premier Président dans les Cours suprêmes. — Son départ de Saint-Pétersbourg.

> « Voici l'âge où il faudrait se reposer et penser à cette lessive dont tu me parles fort à propos. Je ne sais ce qu'est la vie d'un coquin, je ne l'ai jamais été ; mais celle d'un honnête homme est abominable. »
>
> (Lettre à M. le chevalier de Saint-Réal, 22 décembre 1816 (3 janvier 1817).
> — *Lettres et Opuscules*, t. I, p. 407.)

JOSEPH DE MAISTRE n'avait point vu sa situation se modifier par le rétablissement de son souverain sur le trône. Son traitement, il est vrai, fut augmenté de quelques livres, à telle enseigne qu'il pût attirer à lui sa famille et se consoler en vivant malheureux avec elle.

« Vous savez, écrivait-il le 8 février 1816 au comte de Blacas, que, pendant que j'étais votre voisin, *je ne cessais de mourir de faim ;* ce petit malheur s'est très peu adouci. J'ai été, comme tant d'autres fidèles, complètement pipé par les événements et je ne sais, en vérité, ce qui arrivera de moi ; l'âge avance et je ne vois devant moi qu'un assez sombre avenir [1]. »

Les faveurs, en effet, ne vont point toujours aux plus fidèles, mais bien aux plus habiles.

Quelques mois après, Maistre exprimait ses soucis à son vieil ami, le marquis Henry Costa : « Qui sait ce que la divine Providence fera de moi ! Mon fils est lieutenant-colonel : je veux me proposer comme tambour dans le régiment où il se trouvera. J'ai de l'oreille et les bras encore très dispos ; c'est le seul emploi pour lequel je me sente des dispositions décidées [2]. »

En attendant les événements, il travaille avec ardeur et sans relâche. « Mes portefeuilles recèlent dans ce moment des ouvrages considérables, ce qu'on appelle des ouvrages ; mais qu'est-ce que cela vaut ? et comment pourront-ils paraître ? C'est ce que j'ignore : la chose dépend en grande partie du sort qui m'attend [3]. »

Maistre avait demandé son rappel à son souverain. Certes, c'était à regret, car, à cet âge, on tient à ses livres, à sa table, à son fauteuil, à mille objets qui n'ont point de nom. On n'aime point à déménager et dire à ce qu'on voit depuis quinze ans : Adieu pour toujours.

Mais le ministre sarde devait penser à d'autres encore que lui. « Si j'avais été garçon, écrit-il à l'amiral Tchitchagoff, j'aurais fini mes jours ici ; mais je suis père de famille, et j'ai vu clairement que je devais à mes enfants de les ramener chez eux [4]. »

Le résultat de ses démarches ne l'absorbe pas d'ailleurs au point de le rendre indifférent à ce qui se passe autour de lui. Il continue donc à observer et à prédire.

[1] *Lettres et Opuscules,* t. Ier, p. 351.
[2] Loc. cit., p. 359.
[3] Loc. cit., p. 378.
[4] Loc. cit., p. 388.

C'est, en France, le spectacle de la charte octroyée qui s'offre aux yeux de Maistre et son ironie dédaigneuse se donne aussitôt libre cours.

« Quant à votre sainte charte, je trouve qu'elle fait beaucoup d'honneur au roi (qui l'octroie), mais point du tout à la nation (qui l'a demandée). Toutes ces têtes folles étant grosses de chartes et d'idées libérales, le roi a fait ce qu'il a pu. Il a tiré fort bon parti de la Constitution anglaise et il l'a ajustée à votre taille, comme les confesseurs donnent l'absolution, *in quantum possum et tu indiges* (dans la mesure de mes pouvoirs et de vos besoins). En vérité, je ne vois pas qu'il eût été possible de mieux faire. Quant aux Français qui tendent la main aux Anglais et vont *gueuser* une Constitution chez eux, comme on demande une soupe lorsqu'il n'y a pas de pain à la maison, ce sont de pauvres gens [1]. »

A cette époque, en effet, les esprits se tournaient vers la Constitution anglaise qui leur paraissait être la forme idéale, propre à abriter les nations des tempêtes futures. Maistre, au contraire, signale cette tendance comme anti-nationale d'abord, ensuite erronée, dégradante enfin pour le pays qui préfère confesser sa pauvreté et *gueuser* une Constitution chez une nation étrangère, plutôt que d'asseoir sur des bases françaises les libertés qui lui conviennent.

Malgré tout, la fidélité l'emporte, chez Maistre. La volonté est plus soumise encore que l'esprit n'est indépendant.

« Je n'en combattrais pas moins jusqu'à la mort pour la charte, si j'avais l'honneur de siéger dans l'une ou l'autre de vos Chambres, quoique je sois très certain qu'elle ne peut durer, parce qu'une chose peut être très bonne aujourd'hui, quoiqu'elle ne doive plus l'être dans cinquante

---

[1] *Lettres et Opuscules*, t. Ier, p. 349.

ans ou demain, et parce qu'il n'y a, en ce moment, d'autre loi, d'autre salut, d'autre Constitution, que de marcher avec le roi, dût-il même se tromper en quelque chose [1]. »

C'est toujours vers l'unité que Maistre veut tendre et l'unité ne pourrait être atteinte par les hommes si une autorité ne les réunissait. Or, dans le domaine temporel, le roi, étant le représentant même de cette autorité, doit être, par là-même, respecté, écouté, obéi. Cette obéissance et ce respect empêchent la division, c'est-à-dire le mal.

Les chartes et autres accidents politiques ne sont point seuls à préoccuper Joseph de Maistre.

C'est à cette époque même qu'il écrit son ouvrage : *Sur les délais de la Justice divine dans la punition des coupables,* traduction du traité de Plutarque, une des plus excellentes productions de l'antiquité.

Mais si le traducteur s'est tenu toujours aussi près de l'auteur qu'il lui était possible, il confesse lui-même (et là est, pour nous, le grand mérite de l'œuvre) avoir pris quelques libertés dont Plutarque ne saurait se plaindre.

« Lorsque, dans le courant de l'ouvrage, sa pensée m'a paru incomplète, j'ai cru pouvoir la terminer, et quelquefois aussi la fortifier par de nouveaux aperçus que je dois à mes propres réflexions ou à la lecture de Platon, *auteur que j'aime et pratique volontiers,* comme disait Montaigne. S'il m'arrive de rencontrer sur ma route de ces pensées qui ne sont, pour ainsi dire, qu'en puissance, je les développe soigneusement. Ce sont des boutons que je fais éclore ; je n'ajoute aucune feuille, mais je les montre toutes [2]. »

A cette œuvre, Maistre a mis tout son cœur. C'est une perle de l'écrin.

<hr>

[1] *Lettres et Opuscules,* t. Ier, p. 350.
[2] *Sur les délais de la Justice divine,* préface, p. xii.

« Je ne me rappelle pas, écrit-il au marquis Henry Costa, d'avoir jamais rien travaillé avec autant de soin ; j'ai écrit trois fois ce beau traité de ma main ; il a été lu ligne par ligne sur le grec par un habile helléniste [1]. »

L'auteur se montre ici, plus que jamais peut-être, défenseur et apologiste de la Providence pour laquelle il souhaiterait d'engager un combat régulier contre des adversaires qui, trop timides et pareils aux Parthes, combattent en fuyant.

L'ordre, tel est le but poursuivi ; l'affirmation est le moyen. Cette théorie convient à qui combat pour la vérité.

Les retards que la justice divine apporte à la punition des méchants paraissent une des plus fortes objections qu'on puisse élever contre la Providence, car la punition qui suit de près le crime est ce qu'il y a de plus efficace pour arrêter ceux qui se laissent aller trop facilement à mal faire.

Après Plutarque, Maistre pose ainsi la question d'autant plus redoutable que le mal, survenant aux méchants longtemps après leur faute, sera, souvent peut être, appelé fortune ou malheur et non plus châtiment.

Mais la réponse vient aussitôt.

D'abord, la vengeance la plus convenable n'est point celle qui suit l'offense de plus près, car la colère produit d'étranges malheurs lorsqu'elle a délogé la raison. La raison, au contraire, qui a chassé la colère, ne produit rien que de sage et modéré.

D'autre part, Dieu devait, en son immanente justice, accorder un délai de grâce à ceux qui se sont livrés au vice, moins par un choix délibéré de la volonté que par ignorance du bien. Il devait, si l'on peut ainsi dire de Dieu, attendre le repentir et l'amendement possibles.

---

[1] *Lettres et Opuscules*, t. Ier, p. 378.

Mais la justification, si complète soit-elle, ne suffit point encore à l'apologiste qui a trouvé, dans l'œuvre même qu'il traduit, la reconnaissance sincère et la solennelle affirmation des principes qu'il a toujours proclamés et dont il n'a jamais déserté la défense.

Les méchants, a dit Plutarque, sont quelquefois dans les mains de Dieu comme des espèces de bourreaux dont il se sert pour châtier d'autres hommes encore plus coupables, puis il détruit à leur tour les bourreaux.

Joseph de Maistre se retrouve tout entier. Il s'écrie :

« Lorsque les nations sont devenues criminelles à ce point qui amène nécessairement les châtiments généraux, lorsque Dieu a résolu de les ramener à l'ordre par la punition, de les humilier, de les exterminer ; de renverser les trônes ou de transporter les sceptres ; pour exercer ces terribles vengeances, presque toujours, il emploie de grands coupables, des tyrans, des usurpateurs, des conquérants féroces qui se jouent de toutes les lois : rien ne leur résiste, parce qu'ils sont les exécuteurs des jugements divins ; mais pendant que l'ignorance humaine s'extasie sur leurs succès, on les voit disparaître subitement comme l'exécuteur, quand il a fini. »

Bref, pour toutes les raisons qui viennent d'être dites, la justice, faite à propos, vaut mieux que celle rendue sur-le-champ. D'ailleurs et, en vertu de la loi divine, par le remords, le supplice commence toujours avec le crime.

Enfin, « si le châtiment suivait infailliblement et immédiatement le crime, il n'y aurait plus ni vice, ni vertu, puisque l'on ne s'abstiendrait du crime que comme l'on s'abstient de se jeter au feu. La loi des esprits est bien différente : la peine est retardée parce que Dieu est bon ; mais elle est certaine, parce que Dieu est juste. »

Le méchant pourra bien, il est vrai, être puni dans sa descendance, bien que celle-ci n'aie point participé au crime. Mais de même que la récompense des vertus ne doit point se borner à celui qui les possède, si tout le monde admet au contraire qu'elle se propage et se continue à la postérité de l'homme vertueux ; de même, il est juste que la punition ne cesse point avec les fautes et qu'elle atteigne encore les descendants du malfaiteur. Ce qui est engendré provient de la substance même de l'être générateur; tellement qu'il tient de lui quelque chose qui est très justement puni ou récompensé par lui, car ce quelque chose est lui.   .

Certes, l'hérédité des maladies et des vices est une vérité incontestable et reconnue par la tradition universelle.

Ce serait folie pourtant de regarder cette hérédité comme quelque chose de régulier et d'instantané. Le fils ne succède point immédiatement aux maux et aux vices comme au patrimoine de son père. Quoique perverti, l'homme obéit toujours à la raison et à la loi. Sa conscience combat les inclinations mauvaises et elle peut vaincre sa malice originelle.

« L'on voit encore ici la raison pour laquelle les dieux ne rendent pas toujours les enfants responsables des fautes de leurs parents ; car, s'il arrive qu'un enfant bon naisse d'un père mauvais, comme il peut arriver qu'un fils sain et robuste naisse d'un père maladif, ce fils pourra se voir exempté des peines de la race : car il est bien de la famille, mais il est étranger au vice et à la dette de la famille. »

Ainsi s'exprimait Plutarque et Maistre, ancien magistrat, ajoute : « Comme un fils qui se serait prudemment abstenu de l'hoirie d'un père dissipateur, tandis que le jeune homme qui s'est volontairement mêlé à la malice héréditaire sera tenu au châtiment des crimes comme aux dettes de la succession. »

Nous retrouvons toujours, dans la doctrine de Joseph de Maistre, la même idée première d'unité. C'est ici l'unité du

genre humain, devinée par Plutarque, du genre humain
dont tous les éléments sont solidaires les uns des autres, et
souffrent les uns pour les autres.

Le roi de Sardaigne voulut bien enfin songer à son fidèle
serviteur. Il se décida à écouter sa requête et à y faire
droit. Joseph de Maistre fut nommé Premier Président
dans ses Cours suprêmes.

« C'est une forme usitée chez lui, écrivait alors le ministre sarde, et qui ne décide nullement si je serai réellement
placé à la tête d'un Sénat, ou si mon titre ne me servira que
de marchepied pour me placer ailleurs. Il en sera tout ce
qui plaît à Dieu et au roi, mais, à vous dire la vérité,
Monsieur le Comte, quoique le poste qui m'est annoncé ou
montré soit au rang des places qu'on appelle éminentes à
Turin, cependant je ne me sens pas du goût pour l'occuper.
Mes idées ont pris un cours étranger à l'administration pratique de la justice. Il y a, dans tous les états, un certain
mécanisme qu'il n'est pas permis de suspendre pendant
vingt ans et j'ai peur qu'on écrive sous mon portrait :
Il prit, quitta, reprit la simarre et l'épée[1]. »

L'inquiétude, chez Maistre, n'est d'ailleurs que bien
modérée. Ce titre de Président des Cours suprêmes lui
plaît au fond, quoiqu'il ne décide rien. Il l'avoue fort simplement à son beau-frère, le chevalier de Saint-Réal :

« Jusqu'à présent, tout se réduit à des titres ; non seulement je n'en suis pas fâché, mais tu ne saurais croire
combien cette suspension me convient. Le roi ne me connaît que par mes lettres ; c'est une très mauvaise et impar-
faite manière de connaître les gens. Je suis bien aise qu'il
me voie et qu'il me tâte, pour ainsi dire, avant de m'employer[2]. »

---

[1] *Lettres et Opuscules*, t. Ier, p. 393.
[2] *Eod. loco*, p. 404.

Le ministre sarde est d'ailleurs résigné, et, sans ses enfants, il se retirerait volontiers sous la tente.

« Voici l'âge, écrit-il, où il faudrait se reposer et penser à cette lessive dont tu me parles fort à propos. Je ne sais ce qu'est la vie d'un coquin, je ne l'ai jamais été ; mais celle d'un honnête homme est abominable. Qu'il y a peu d'hommes dont le passage sur cette sotte planète ait été marqué par des actes véritablement bons et utiles ! Je me prosterne devant celui dont on peut dire : *Pertransiit benefaciendo ;* celui qui a pu instruire, consoler, soulager ses semblables ; celui qui a fait de grands sacrifices à la bienfaisance ; ces héros de la charité silencieuse, qui se cachent et n'attendent rien dans ce monde. Mais qu'est-ce que le commun des hommes et combien y en a-t-il sur mille qui puissent se demander sans terreur : Qu'est-ce que j'ai fait dans ce monde ? En quoi ai-je avancé l'œuvre générale et que reste-t-il de moi en bien et en mal ? — Tu vois, mon cher Alexis, que je m'entends en linge sale aussi bien que toi. Quant à la lessive, je ne sais lequel de nous deux est le plus savant ; tout ce que je crois pouvoir affirmer sans impertinence, c'est que, dans ce genre, on ne saurait mieux faire que de s'éloigner des coutumes vulgaires et de n'employer jamais les blanchisseuses[1]. »

Cette page d'éloquence simple et sans apprêt serait bonne à méditer et je me demande pourquoi les recueils de nos prosateurs ne contiendraient pas quelques extraits de l'admirable correspondance de Joseph de Maistre. N'y a-t-il pas, dans cette correspondance même, le style le plus pur ? La pensée n'y est-elle pas de la plus rare élévation ? Notre jeunesse française n'aurait-elle rien à gagner au contact de cet admirable génie ?

« Je vous ai trouvé excessivement Français dans quel-

____
[1] *Lettres et Opuscules*, t. Ier, p. 407.

ques-unes de vos pensées, écrivait à M. de Bonald le
ministre savoyard. On vous en blâmera ; mais, moi, je
vous le pardonne. *Je le suis bien, moi qui ne le suis pas.* »
Et il ajoute : « On pourrait dire aussi qu'une nation n'est
qu'une langue. Voilà pourquoi la nature a naturalisé ma
famille chez vous en faisant entrer la langue française jusque dans la moëlle de mes os. Savez-vous bien, Monsieur
le Vicomte, qu'en fait de préjugé sur ce point, je ne le
céderais pas à vous-même. — Riez, si vous voulez ; mais
il ne me vient pas seulement en tête qu'on puisse être éloquent dans une autre langue qu'en français[1]. »

Le cœur s'égare un peu, car il n'est point français, mais
l'esprit l'est et le demeurera.

Le 27 mai 1817, à onze heures du matin, le ministre
sarde quittait Saint-Pétersbourg. Une flotte russe partait
ce jour même pour la France où elle devait prendre, pour
les ramener, les troupes demeurées à Paris. Le czar avait
autorisé Maistre à monter un de ces vaisseaux, avec toute
sa famille. Avant de rentrer en Italie, celui-ci voulait voir
Paris qu'il ne connaissait point encore.

Dans les premiers jours d'août, il arriva « dans cette
sage, folle, élégante, grossière, sublime, abominable cité ».
Là, ainsi qu'il arrive à tous ceux qui ne la connaissent
encore, le tourbillon le saisit pour ne l'abandonner qu'au
moment où, tout étourdi et haletant, il monta dans la voi-
ture qui le devait ramener à Turin.

« La Cour, la ville, les Tuileries, les Variétés, le Musée,
les montagnes, les ministres, les marchands, les choses et
les hommes se sont si fort disputé ma pauvre personne
qu'il me semble aujourd'hui n'avoir rien fait et n'avoir
rien vu et que je ne suis pas bien sûr d'avoir été à Paris.

[1] *Lettres et Opuscules*, t. Ier, p. 435.

Je crois néanmoins, en y pensant mûrement, que réellement j'y ai été et que j'ai pu même y faire quelques obser-
vations. J'ai bien senti, par exemple, *ce je ne sais quoi* qui
fait de Paris la capitale de l'Europe. Il est certain qu'il y a
dans cette ville quelque chose qui n'est pas dans les autres ; il n'en est pas où l'étranger soit plus à son aise, plus
chez lui, si je puis m'exprimer ainsi. »

Maistre arriva enfin à Turin où son souverain et la Cour
le reçurent fort bien et le traitèrent avec les plus profonds
égards. Avec une naïveté touchante, il avoue qu'il ne peut
prévoir ce que tout cela signifie.

Il s'occupa dès lors à mettre la dernière main aux ouvrages qu'il avait apportés en portefeuille. Nous avons déjà
traité de l'œuvre *Du Pape;* nous nous occuperons ici de
l'*Examen de la Philosophie de Bacon* et des *Soirées de
Saint-Pétersbourg.*

CHAPITRE II

Examen de la Philosophie de Bacon.

> « Avec ses *desiderata*, Bacon a l'air
> d'un homme qui trépigne à côté d'un
> berceau, en se plaignant de ce que
> l'enfant qu'on y berce n'est point en-
> core professeur de mathématiques ou
> général d'armée. »
> *(Soirées de Saint-Pétersbourg, t. I,
> p. 312.)*

Un désir ardent d'engager un combat régulier contre la Philosophie a été, pour Joseph de Maistre, la raison déterminante de son Etude sur Bacon. L'œuvre est intéressante et profonde. Mais le paradoxe est là moins que jamais dédaigné. L'auteur n'épargne ni le sarcasme ni l'ironie.

C'est qu'un abîme, pareil à celui qui sépare la Philosophie de la Religion, éloigne Maistre de Bacon. Si l'intelligence de l'un est éclairée par la science, l'âme toute entière de l'autre est envahie et possédée par la foi. Tandis que les doctrines philosophiques de Bacon ont formé son esprit à de hautes et vastes spéculations et l'ont fortifié par la logique, chez Joseph de Maistre, au contraire, le Christianisme, dont les enseignements réchauffent autant qu'ils éclairent, s'est emparé de l'intelligence autant que de la volonté : de l'une, pour la régénérer, de l'autre, pour la tirer de ses ténèbres. Bacon est un philosophe ; Maistre, un apologiste religieux : ces deux génies ne pouvaient s'entendre.

Par-dessus tout, l'orgueil du chancelier d'Angleterre exaspère le grand penseur : « Il a manifesté la prétention de refaire l'entendement humain et de lui présenter un nouvel instrument. *Novum organum*[1]. »

Telle était, en effet, la mission que le philosophe anglais s'était assigné. « Il lui semblait que, durant cinquante-cinq siècles, l'intelligence humaine fût demeurée un vaste chaos ; que lui, philosophe, était attendu pour créer les sciences et que sa logique, Verbe nouveau, allait féconder l'abîme et enfanter un monde[2]. »

Aussi n'hésita-t-il point à décorer sa première œuvre de ce titre superbe : *The greatest Birth of time*, la plus grande production du temps[3].

Maistre ne ménage point ses railleries à cette vocation supposée, singulièrement prétentieuse et naïvement déclarée.

Il ne faudrait pas pourtant dire, avec lui, que l'ignorance et l'orgueil fussent les seules sources du droit que s'arrogeait ainsi le philosophe anglais. En vérité, Bacon entendait démontrer à son siècle que la méthode scolastique a fait son temps, que l'heure est venue de préférer les méditations utiles aux discussions éclatantes et oiseuses de l'école, que les vieux axiômes d'Aristote doivent enfin faire place aux principes nouveaux. A cette condition seule, la science peut accomplir quelque progrès. Il faudra bien, après cela,

---

[1] *Examen de la Philosophie de Bacon*, t. I, p. 1.
[2] Ozanam, *Œuvres complètes*, t. VII, p. 393.
[3] De Vauxelles, *Histoire de la vie et des ouvrages de Bacon*.

reconnaître à Bacon le mérite d'avoir réveillé son temps et d'avoir porté le dernier coup à la vieille méthode scolastique, en révélant la véritable destinée de la science.

« Le style de Bacon, nous dit Maistre, est, pour ainsi dire, matériel : il ne s'exerce que sur les formes, sur les masses, sur les mouvements. Sa pensée semble, s'il est permis de s'exprimer ainsi, se corporiser et s'incorporer avec les objets qui l'occupaient uniquement. Toute expression abstraite, tout verbe de l'intelligence qui se contemple elle-même lui déplait. Il renvoie à l'école toute idée qui ne lui présente pas les trois dimensions. Il n'y a donc pas dans toutes ses œuvres une ligne, un mot qui s'adresse à l'esprit : celle de nature ou d'essence, par exemple, le choque, il aime mieux dire forme parce qu'il la voit[1]. »

Bacon rapporte tout en effet à la physique, même la morale. Il confond toutes les sciences sous une même règle. Pour la connaissance du monde moral, par exemple, la conscience et la tradition ne sont rien, car la méthode d'observation et d'expérience est applicable à toutes les branches des connaissances humaines sans exception. Suivant le philosophe anglais, le grand malheur de l'homme, celui qui a retardé infiniment le progrès de la véritable science, c'est que « l'établissement du Christianisme tourna les grands esprits vers la théologie[2]. »

La métaphysique même, pour Bacon, ne cherche rien hors de la nature : elle est, en vérité, et suivant les commentateurs et les interprètes les plus autorisés, le complément et le dernier résultat des sciences physiques. Le principe capital de la doctrine théologique du philosophe

---

[1] *Examen de la philosophie de Bacon*, p. 54.

[2] *At manifestum est, postquam christiana fides recepta fuisset et adolevisset, longe maximam ingeniorum prœœstantissimorum partem ad theologiam se contulisse* (*Nov. Org.* 1, nº 79. *Opp.*, t. VIII, p. 32).

anglais est que : « Dieu ne pouvant être comparé à rien si l'on parle sans figure et rien ne pouvant être connu que par comparaison, Dieu est absolument inaccessible à la raison et ne peut être par conséquent aperçu dans l'univers, en sorte que tout se réduit à la révélation. Il ajoute pieusement : « *Da fidei, quæ fidei sunt.* »

Donc, et, par une singulière contradiction, Bacon, aux yeux duquel toutes les sciences devaient se confondre sous une même règle, prétend maintenant établir les divisions les plus absolues et creuser l'abîme entre la théologie et la philosophie.

Cette doctrine devait nécessairement aboutir au sensualisme. Cette école s'est formée qui a fait de la sensation le principe de toute connaissance et a fatalement enseigné le matérialisme et l'athéisme. La sensation ne rendant en effet témoignage que des phénomènes du monde visible, ceux qui se rapportent exclusivement à elle doivent ignorer les choses invisibles, c'est-à-dire Dieu et l'immortalité. La philosophie s'accoutumant à étudier l'homme isolé de Dieu et de la société devait enfin nier la révélation.

Si de cette école la philosophie du XVIIIe siècle a revendiqué la succession pour la France, Bacon, homme profondément religieux, n'en saurait être rendu responsable. Mais il n'en est pas moins l'auteur inconscient et coupable et la réfutation de sa doctrine par Joseph de Maistre ne se fera point attendre. Il ne l'entreprend point en philosophe, mais en apologiste. Aussi je ne crois pas qu'aucun libre-penseur se laisse convaincre par lui. Il pourra même paraître suspect à quelques catholiques pour sa hardiesse à tout démontrer par la raison, système qui, en vérité, ne manque point de quelque danger. Le paradoxe enfin rebutera quelques esprits : Maistre en use et abuse peut-être même dans cette œuvre. Malgré tout, elle contient le développement d'une philosophie supérieure qui élève l'homme, en quelque sorte, au-dessus de lui-même et qui ne manque ni d'éclat ni de grandeur.

« Ne soyons point la dupe de l'hypocrisie qui ne cesse d'en appeler à la Bible et de nous inviter à donner à la foi ce qui est de la foi : le respect de comédie ne tend point à élever l'Ecriture Sainte, mais à dégrader la raison en la rendant pour ainsi dire étrangère à Dieu. »

Tel est bien le but poursuivi par l'esprit philosophique. Sans nier formellement la souveraineté de Dieu sur ses créatures, bien qu'il la reconnaisse même et l'admette quelquefois, le philosophe voudrait le cantonner, en quelque sorte, dans son invisible domaine, en même temps qu'il prétend soustraire à sa puissance les choses visibles et corporelles.

La foi enseigne au contraire et la raison démontre que Dieu contient toutes choses, qu'il est en tout, que tout est en lui. Dès lors, la science qui donne la raison dernière de toutes choses ne peut être que la science de Dieu, dont l'objet ne saurait demeurer inaccessible à l'homme et ignoré de lui.

« Les philosophes qui, tels que Bacon et son interprète, en appellent uniquement à l'Ecriture Sainte, en croyant dire quelque chose ne disent rien. Qu'est-ce que la révélation ? C'est un enseignement divin. Et qu'est-ce que c'est que l'enseignement divin ? C'est une révélation humaine. Un théorème mathématique démontre à qui l'ignorait ce qu'est une révélation. Or, comment apprendre ce qu'on ne sait point encore, sinon en vertu de ce qu'on sait déjà ? Comment l'homme recevra-t-il déjà une vérité nouvelle s'il ne porte en lui une vérité intérieure, une règle innée sur laquelle il juge l'autre. »

Le but de la révélation est ainsi, pour Joseph de Maistre, d'amener l'esprit à lire dans lui-même ce que la main divine y traça et cette révélation même serait nulle, si la raison, après l'enseignement divin, n'était pas rendue capable de se démontrer à elle-même les vérités révélées.

Et l'apologiste d'ajouter :

« Dès que vous séparez la raison de la foi, la révélation ne pouvant plus être prouvée ne prouve plus rien : ainsi il faudra toujours en revenir à l'axiôme si connu de saint Paul : La foi est justifiée par la raison... La révélation, dans le vrai, n'a fait que tirer le voile fatal qui ne permettait pas à l'homme de lire dans l'homme. »

Je ne pense point que, d'une part, l'on puisse pieusement en apparence, mais au fond, dans des vues impies, abandonner légèrement à la foi ce que la raison est accusée de ne pouvoir saisir. Ce serait tout à la fois, pour me servir d'un terme juridique, donner et retenir. Je pense, au contraire, que plus on pénètre dans les profondeurs des dogmes chrétiens, plus on en saisit la convenance et la merveilleuse harmonie.

Mais si Bacon me parait avoir trop séparé les domaines de la foi et de la raison, Joseph de Maistre, je dois reconnaître d'autre part, les a peut-être un peu trop confondus. Au dehors de la théologie et à ne prendre que la nature de l'homme et sa raison, essayer de trouver l'explication de tout, même du mystère, me semble être l'effet d'un zèle généreux et louable, mais exagéré. Ce serait, en quelque sorte, anéantir le surnaturel que d'en imposer l'explication par le naturel.

Le principe de l'alliance intime de la foi avec la raison me paraît indiscutable. L'application du principe même aurait dû être limitée. Mais Joseph de Maistre, fait d'un seul bloc, n'était point de ceux qui s'arrêtent avant d'avoir, à l'aide d'une impitoyable logique, épuisé toutes les conséquences d'une vérité première.

Chez lui, encore, la foi est hardie et ambitieuse ; elle aspire passionnément à envahir et à dominer. Elle possède aussi et déploie, en vue de l'accomplissement de ses desseins, une énergie indomptable. Il veut être, auprès de son siècle, l'apôtre de Dieu. Mais, comme il écrit en des jours de fièvre antireligieuse, il a résolu de justifier la Foi par la Raison. Voilà pourquoi il crie à son siècle : « Tu as chassé de partout ce Dieu qui t'a paru inutile et encombrant, parce que tu ne le vois pas ; parce que tu ne peux le toucher, tu ne veux y croire... Regarde en toi-même... Regarde en dehors de toi... Au fond de ta conscience, à la lumière de ta seule raison, tu trouveras les vérités que l'Eglise t'enseignerait, si tu voulais l'écouter... Dans la nature, ainsi que dans le monde moral, tu verras le Dieu de l'Evangile qui, à chaque minute de chaque jour, prend soin de se manifester de quelque façon... Homme, quoi que tu fasses, tu es naturellement chrétien. »

Les dogmes de la Religion ne sont autre chose que les vérités *traditionnelles* et les vérités *révélées*. Ces dernières, selon Maistre, étaient, avant la connaissance de toute Révélation, inscrites en notre esprit par la main divine. Cette Révélation même n'a donc rien pour effrayer : ce n'est qu'un réveil.

La raison la vient d'ailleurs justifier, en nous permettant d'affirmer que l'objet de cette révélation même est possible... intelligible... probable. Sans cela le travail de notre esprit, si grand fût-il, n'aurait pu nous amener à ces idées qu'un voile fatal nous cachait. Parmi les philosophes de l'antiquité, Platon n'avait-il pas déjà pressenti et désiré la révélation divine, quand il désespérait de connaître sans elle l'origine et la destinée de l'homme que sa raison, bornée et obscurcie, ne lui permettait pas d'apercevoir ?

La philosophie du dix-huitième siècle elle-même a fait son aveu.

Bayle, d'abord, a écrit ces lignes :

« Notre raison n'est propre qu'à brouiller tout, qu'à

faire douter de tout ; elle n'a pas plutôt bâti un ouvrage qu'elle nous montre les moyens de le ruiner... Le meilleur usage qu'on puisse faire de la philosophie est de connaître qu'elle est une voie d'égarement et que nous devons chercher un autre guide qui est la lumière révélée [1]. »

Rousseau a dit ensuite :

« Que si la religion naturelle (qui n'est autre que la raison) est insuffisante, c'est par l'obscurité qu'elle laisse dans les grandes vérités qu'elle nous enseigne. C'est à la révélation de nous enseigner ces vérités d'une manière sensible à l'esprit de l'homme, de les mettre à sa portée, de les lui faire concevoir afin qu'il les croie [2]. »

La Révélation est donc possible, intelligible et probable : mieux encore, elle était nécessaire. C'est la Divinité qui a réfléchi sur nous son éclat, comme l'astre du jour sur celui qui préside à la nuit.

Loin de soustraire à la raison le dogme révélé, ainsi que l'a fait Bacon, Joseph de Maistre a pensé pouvoir démontrer que si notre esprit adhère à cette vérité, ce n'est point uniquement par obéissance à l'autorité extérieure qui la déclare vraie et l'impose à la foi, mais parce que les idées auxquelles s'attache cette adhésion se trouvent en nous et sont innées.

Si j'insiste aussi longuement sur cette théorie de Joseph de Maistre, c'est que, selon moi, rien n'est meilleur pour bien dépeindre son intention, son désir, son but.

« Voilà donc, s'écrie Lamennais que tant de rationalisme effarouche, voilà donc la révélation qui sera jugée par une règle intérieure. Voilà le dogme, la Trinité, par exemple, sur lequel le raisonnement reprend tous ses droits et qui lui appartient comme s'il l'avait découvert. La religion devient science. Elle ne diffère de la géométrie qu'en cela

[1] BAYLE, *Disc. crit. Art. Bunel*, p. 740.
[2] *Emile*, t. III, p. 150.

seul que, dans la géométrie, le révélateur est un homme et
que, dans la religion, le révélateur est Dieu. »

Le compétent et sévère critique ajoute encore :

« Comment alors savoir ce que c'est que Dieu? Par la
règle intérieure ou par la raison qui prononce et juge définitivement. Elle juge qu'il y a ou non révélation divine et
juge après de la chose révélée. »

Maistre n'en a jamais dit ni voulu dire autant. Il a, demeurant en cela bien orthodoxe, je pense, commenté le
mot de saint Paul. « La foi est justifiée par la raison. » Mais
cela ne veut point dire que la raison puisse suffire à elle
seule, à nous faire connaître la chose révélée, ni même à
nous faire savoir s'il y a eu ou non révélation divine. La foi
seule est capable de nous enseigner et la réalité de la révélation et l'essence même de la chose révélée.

Jamais Joseph de Maistre n'a pensé à constituer la raison
individuelle arbitre exclusif des vérités revélées. Il eût par
là-même donné à chacun le droit d'opposer raison à raison
et admis, en quelque façon, autant de symboles que d'indi-
dividus. Tout lien religieux eût été brisé ; toute unité eût
disparu. Maistre ne peut pas être considéré comme ayant,
à un moment quelconque de sa vie ni en un .endroit quelconque de sa doctrine, voulu semer la division et le mal.

Mais il a entendu seulement affirmer que, loin d'exclure
la raison, la foi la suppose et en consacre tous les droits.
C'est à l'intelligence que s'adresse la révélation : pour
qu'elle constate son existence, celle-ci, a-t-on dit, lui
exhibe en quelque sorte ses titres de créance et ce n'est
qu'après qu'ils ont été admis par celle-là que la révélation
commande en souveraine. Laisser soutenir que les mystères
et les dogmes de notre foi catholique sont ou peuvent être
opposés à la raison, Maistre ne le pouvait. Il ne voulait
même pas admettre que la foi et la raison eussent des
domaines distincts et séparés.

Si la première refuse à la seconde tout brevet d'infaillibilité, elle lui accorde la faculté d'arriver à la connaissance
du vrai, quand il s'agit de crédibilité et de faits historiques
et traditionnels. La foi, il est vrai, a des mystères ; mais
loin que la raison s'oppose à la croyance de ces dogmes in-
compréhensibles, elle y invite : parce que pour être au-
dessus de notre intelligence, ils ne reposent pas moins sur
un motif de certitude inébranlable. Le motif de la foi, c'est
Dieu s'imposant avec l'inséparable ensemble de ses perfections infinies, c'est sa toute-puissance de véracité et d'infaillibilité.

En résumé, la philosophie et la religion, Dieu et l'homme,
la raison et la foi ne peuvent point être confondus, mais
c'est à tort que Bacon les a séparés. Sans la raison, la foi
serait inaccessible à l'esprit de l'homme, comme l'âme ne
saurait se révéler sans l'intermédiaire des sens. Telle est la
doctrine de Joseph de Maistre qui prêche, ici encore,
l'unité. Le Dieu qui nous éclaire par la raison est celui-là
même qui nous éclaire par la révélation. On ne le peut dès
lors opposer à lui-même.

Unis par la nature, que ne le sommes-nous par la foi ?

CHAPITRE III

Les Soirées de Saint-Pétersbourg.

'HOMME propose et Dieu dispose !

C'est ainsi que nous avons vu plus haut définir l'idée qui paraissait avoir, par dessus toute autre, préoccupé Joseph de Maistre dans les *Considérations*. L'homme est libre dans son domaine et maître de lui-même. Il a le pouvoir de substituer le désordre à l'ordre, le mal au bien. Mais, quoi qu'il fasse, il ne peut rien changer à l'ensemble des choses et tout est dirigé par une volonté supérieure.

Les *Considérations* écrites au milieu du carnage, des proscriptions et du bouleversement de l'Europe entière, devaient nécessairement se ressentir de la fièvre qui, dans les temps de lutte, agite les meilleurs esprits. Les préoccupations de l'auteur sont souvent politiques. Pour dégager les causes de la Révolution française et en préjuger les suites, « il se décide trop, comme il le dit lui-même, par les idées du moment et par les motifs de pure inclination[1]. »

Le contingent vient trop coudoyer l'absolu ; l'éternel et le variable paraissent se confondre. Les temps le veulent ainsi. Mais il y a, dès lors, du vrai et du faux dans les prédictions. Pour raisonner librement en politique, l'homme, si sincère qu'il soit, si dégagé qu'il se fasse de toute question d'intérêt, ne peut demeurer impartial.

Les proscriptions ayant eu leur fin, le ciel s'est rasséréné. Si ce n'était point la paix définitive, c'était, du moins, un armistice, pendant lequel l'humanité, en venant presque à regretter son ardeur si mal dépensée, songeait à rendre à Dieu une part de l'autorité qui lui revient.

Maistre écrivit alors son livre *Du Pape,* œuvre de profond et admirable génie, dans lequel l'auteur développe la thèse de l'infaillibilité et de la suprématie pontificales.

Jusqu'ici, il n'a étudié que les lois qui nous donnent la raison d'être de l'autorité en ce monde. Cette autorité, il l'a placée dans le roi et dans le pape, qui, tous deux, représentants de la puissance divine, doivent participer du caractère sacré de cette puissance même. Mais l'un et l'autre ne sont encore, si je puis ainsi m'exprimer, que de respectables intermédiaires dont la mission consiste à préparer l'accomplissement des augustes desseins de la Divinité.

Ces desseins mêmes devraient, en quelque sorte, être légitimés pour forcer la confiance d'un siècle indifférent et sceptique et décider son retour à l'unité par l'autorité.

Telle est l'œuvre, merveilleusement vaste, des *Soirées de Saint-Pétersbourg.* L'auteur va donner ici à la Providence toute son expansion en l'appliquant à l'histoire du monde. Son but n'est point de prouver philosophiquement que

---

[1] *Lettres et Opuscules,* t. I⁰ʳ, p. 6.

Dieu existe, mais bien de montrer partout et de rendre sensible le soin que le Créateur a de toutes les créatures. Si les choses, en effet, ont reçu l'existence parce que Dieu les a créées, elles ne la gardent et ne subsistent que parce que Dieu leur conserve l'être par une action incessante qui a nom Providence.

Affirmer la Providence, c'est affirmer l'ordre dans l'Humanité, et tel était le but poursuivi par Maistre dont la philosophie attribue tout à Dieu.

Dans une série d'entretiens dont la forme familière attire et retient l'attention, l'apologiste commence par réfuter les objections qu'évoque le spectacle des inégalités et des souffrances dont cette terre est le théâtre et, sans se laisser émouvoir, il les résoud conformément aux enseignements de la révélation, corroborés par la tradition universelle.

« Il y a jongtemps qu'on se plaint de la Providence dans la distribution des biens et des maux, mais je vous avoue que jamais ces difficultés n'ont pu faire la moindre impression sur mon esprit. Je vois avec une certitude d'intuition que, sur ce point, l'homme se trompe dans toute la force du terme »

Tel est l'acte de foi du chrétien. Mais l'apôtre doit à son siècle de soulever sans retard l'objection qu'il doit résoudre.

« Si, comme on le dit tous les jours, *tout réussit aux méchants*, comment justifier la Providence aux yeux de la pauvre raison humaine que tant d'injustice scandalisera? »

Il serait absurde, en vérité, de soutenir que le crime, parce qu'il est crime, soit nécessairement heureux, tandis que la vertu serait, à cause d'elle-même, malheureuse en ce monde. Les biens et les maux sont, au contraire, « une espèce de loterie où chacun peut tirer un billet blanc ou noir. »

Or, le juste voudrait bien, parce qu'il est ou se dit juste, être exempté des maux qui ne devraient frapper que le méchant. Que d'hommes, en effet, et parmi les meilleurs, pensent que, si le bonheur vient à leur échoir, il était bien dû à leurs mérites et à leur vertu !

Mais la conscience et la raison réprouvent une aussi absurde prétention, car si la loi est juste, c'est, avant tout, qu'elle est faite pour tous. Dès lors, son effet sur tel ou tel individu n'est plus qu'un accident, toujours insignifiant en soi.

Où finirait d'ailleurs le juste ?

Où commencerait le méchant ?

« Ayons le courage de visiter nos cœurs avec des lampes et nous n'oserons plus prononcer qu'en rougissant les mots de justice, de vertu et d'innocence... Songeons surtout à cette épouvantable communication des crimes qui existe entre les hommes, complicité, conseil, exemple, approbation, mots terribles qu'il faudrait méditer sans cesse... »

Cette sévérité peut effrayer, mais elle est bien fondée. On eût désiré peut-être que l'apologiste eût ici nettement défini les qualités qui, d'une manière absolue et par elles seules, doivent caractériser l'homme bon et indemne de malheur. Chacun eût espéré sans doute que, dans ce Code de vertu, les qualités qu'il possède ou se flatte de posséder fussent de celles qui procurent le brevet. Mais il faut bien avouer qu'il y aurait eu quelque témérité à entreprendre cette singulière tâche qui eût été la source de quelque embarras.

Si on vient encore à ajouter que la société humaine se modifiant tous les jours et les idées se transformant à chaque heure, justice dans un temps peut paraître à l'homme méchanceté dans l'autre, on en arriverait par là-même à exiger de Dieu qu'il tînt au courant et augmentât, sans perdre haleine, son grand livre des miracles, au gré du prétendu progrès humain.

L'homme, quel qu'il soit et puisse être, est ainsi, en sa
seule qualité d'homme, sujet à tous les malheurs de l'humanité.

A la guerre, tous ne sont pas morts, mais tous pouvaient
mourir. Dès lors plus d'injustice.

Mais cette égalité ne suffit point encore à Joseph de
Maistre qui n'y trouve point une justification assez complète de la Providence. Il veut pousser plus loin son œuvre
d'apologiste

Les maladies sont, elles aussi, les résultats accidentels
d'une loi générale. C'est ainsi que l'homme le plus juste
doit mourir et que « deux hommes qui font une course
forcée, l'un pour sauver son semblable, et l'autre pour
l'assassiner, peuvent, l'un et l'autre, mourir de pleurésie »

Mais si, jusque-là, règne l'égalité entre les hommes, cette
égalité sera vite rompue, car le plus grand nombre des
maladies et des accidents est dû à nos vices. Puis, ces
maladies, une fois établies, vont se propager, s'amalgamer.
Au bout de peu de temps, l'égalité n'est plus ou du moins
semble ne plus exister, mais l'homme ne peut s'en prendre
qu'à lui-même.

D'où la conséquence que l'innocent, d'innocente lignée,
ne souffrira qu'en sa qualité d'homme, tandis que l'immense
majorité des maux tombera sur le vice.

Cette doctrine tend à l'ordre et à l'harmonie puisque, par
elle, le corps est soumis à la volonté, la volonté à l'intelligence, l'intelligence à la raison ; puisque par elle, enfin,
l'homme, s'il se rend maître de ses passions, resserre par
la vertu l'empire du mal physique.

On a dit que le Christianisme, pour Joseph de Maistre,
confirme et consomme son système de philosophie pessi-
miste. Sa doctrine ne paraît pourtant point dater d'hier.

Le mal est sur la terre, a-t-il dit

Si le mal est dans l'univers, il n'a pu y entrer que par la faute des créatures, car Dieu qui est, par essence, le bien absolu, n'a pas pu mettre dans l'homme ce qui n'est pas en lui. Donc l'homme, créé bon, raisonnable et libre a dû, par suite d'un crime librement commis, se rendre l'auteur de sa propre dégradation et du mal qui en est la peine. Ce mal, c'est la division même de l'intelligence humaine d'avec l'intelligence divine, de la volonté humaine d'avec la volonté divine, c'est-à-dire la rupture éclatante de l'homme avec la vérité et le bien. Tout, jusqu'à la faute, était accord et harmonie ; tout devint tumulte et dissonance.

Nous trouvons, il est vrai, un mystère, celui du péché originel. Mais, aux yeux de Maistre, l'ignorant est seul à ne point vouloir des mystères qui n'ont rien au contraire pour effrayer le grand penseur.

« Parcourons le cercle des sciences, vous verrez que toutes commencent par un mystère. Le mathématicien tâtonne sur la base du calcul des quantités imaginaires quoique ses opérations soient très justes. Il comprend encore moins le principe du calcul infinitésimal. Il n'y a aucune loi sensible qui n'ait derrière une loi spirituelle dont la première n'est que l'expression visible. »

Si d'ailleurs le péché originel est un mystère, l'homme qui le veut examiner de près trouve « que ce mystère a, comme les autres, des côtés plausibles, même pour notre intelligence bornée. »

Il est fort intéressant de voir ici la philosophie païenne pressentant, en son trouble, ce qui devait être plus tard le dogme fondamental du catholicisme.

L'homme, dégradé par sa faute, cherche dans le fond de son être quelque partie saine sans pouvoir la trouver : le mal a tout souillé et l'homme entier n'est qu'une maladie, ainsi que déjà Hippocrate l'écrivait à Demagete.

« Assemblage inconcevable de deux puissances différentes et incompatibles, centaure monstrueux, l'homme sent qu'il est le résultat de quelque forfait inconnu, de quelque mélange détestable qui l'a vicié jusque dans son essence la plus intime. »

L'intelligence peut encore comprendre, mais la volonté est brisée. Cicéron l'a dit : *Voluntas fracta et debilitata*

Le Concile de Trente n'a pu lui-même mieux exprimer l'état de l'homme sous l'empire du péché : *Liberum arbitrium fractum atque debilitatum.*

Nous ne pouvons en effet parvenir à savoir ce que nous voulons ; nous voulons ce que nous ne voulons pas, nous voudrions vouloir

> ..... *Video meliora proboque*
> *Deteriora sequor.......*

Cette funeste inclination au mal n'est-elle point le signe manifeste de notre dégradation ? Cette dégradation peut-elle être à son tour autre chose que la punition d'un crime ? Non, « car nul être être intelligent ne peut aimer le mal naturellement ou en vertu de son essence », à moins que, chose absurde, Dieu très puissant et très bon ait créé l'homme mauvais.

« Ma mère m'a conçu dans l'iniquité », disait le prophète David, et Platon avoue lui-même « qu'en se contemplant il ne sait s'il voit un monstre plus double, plus mauvais que Typhon ou bien plutôt un être moral, doux et bienfaisant qui participe de la nature divine. » Il ajoute que, « tiraillé en sens contraire, l'homme ne peut faire le bien et vivre heureux sans réduire en servitude cette puissance de l'âme où réside le mal et sans remettre en liberté celle qui est le séjour et l'organe de la vertu. »

Nous pouvons bien affirmer que, dès la plus haute antiquité, le péché originel ne pouvait être ni mieux deviné, ni plus clairement confessé. Le mal, c'est donc bien la dualité; le bien, au contraire, est l'unité.

A travers l'histoire de l'humanité, Maistre n'a su percevoir, sur cette question, aucune dissonance :

« Les initiés, les philosophes, les poètes, l'histoire, la fable, l'Asie, l'Europe n'ont qu'une voix. Un tel accord de la raison, de la révélation et de toutes les traditions humaines forme une démonstration que la bouche seule peut contredire. »

De bonne foi, on ne peut reprocher à Joseph de Maistre son prétendu pessimisme pour avoir affirmé, après tout ce que nous venons de voir, que l'homme, auteur du mal, parce qu'il l'était du péché, est soumis à son empire qui s'exerce par le ministère de l'ignorance, de la maladie et de la mort. Ce n'est point à lui que remonte cette doctrine.

« *Catholicæ fidei est omne quod dicitur malum, aut peccatum esse aut pœnam peccati.* » Ainsi disait saint Augustin : c'est bien là l'essence de la foi catholique.

La dégradation de l'homme et son inclination au mal étant démontrées, il faudra bien supposer chez nos premiers parents et avant la punition des connaissances supérieures à celles que nous possédons.

Le sauvage n'est donc point l'homme primitif ainsi que la philosophie matérialiste et athée du dix-huitième siècle l'aurait voulu faire croire. « L'état de nature, nous dit Joseph de Maistre, ne peut être le dernier degré de l'abrutissement... On ne saurait fixer ses regards sur le sauvage sans lire l'anathème écrit, je ne dis pas seulement dans son âme, mais jusque sur la forme extérieure de son corps. C'est un enfant difforme, robuste et féroce en qui la flamme de l'intelligence ne jette plus qu'une lueur pâle et intermittente. Une main redoutable appesantie sur ces races dévouées efface en elle les deux caractères distinctifs de notre grandeur, la prévoyance et la perfectibilité... Mais voulons-nous trembler sur nous-mêmes et d'une manière très salutaire ! Songeons qu'avec notre intelligence, notre science et nos arts, nous sommes précisément à l'homme primitif ce que le sauvage est à nous. »

L'état de nature ne peut être non plus l'état de liberté absolue, mais bien la civilisation.

Si Dieu n'existait point, la société pourrait être le résultat d'une convention. Mais alors l'homme, n'ayant d'autre maître que lui-même, pourrait s'affranchir des règles posées ou acceptées par d'autres que lui. En vertu de son droit naturel et au mépris de ces lois, il pourrait revenir à l'état de liberté absolue. Nul ne le pourrait contraindre à s'incliner, car l'homme ne pourrait ainsi aliéner à perpétuité la libre disposition de lui-même et de ses descendants.

Mais pour celui qui admet l'existence de Dieu, la société et le langage ne peuvent être objets d'invention ou de révélation, mais de création ; attributs essentiels de la nature humaine, l'un et l'autre ont été créés en même temps qu'elle.

La société ne peut donc avoir son origine dans un contrat : elle est au contraire une institution divine en ce sens qu'elle est le résultat et la conséquence forcés des besoins impérieux et de la nature même de l'homme. Elle est le milieu pour lequel il a été fait et où le Créateur a dû le placer dès l'origine même. « C'était là l'atmosphère propre de la liberté et de l'intelligence humaines [1]. »

« On s'imaginerait d'ailleurs avec quelque difficulté ce contrat de société stipulé en présence de Dieu, au milieu des forêts, par de savants sauvages, profondément versés dans les choses divines et humaines et fondateurs de toutes les institutions religieuses, politiques et sociales [2]. »

[1] Donoso Cortès, *Œuvres*, t. II, p. 491.
[2] Donoso Cortes, loc. cit, p. 497.

Comment d'ailleurs supposer que le genre humain naissant dans la barbarie absolue, l'homme ait pu concevoir le désir ou la pensée d'une condition meilleure qui, alors, n'existait nulle part et dont il ne pouvait avoir aucune connaissance ?

La parole, selon Joseph de Maistre, prouverait à elle seule que l'homme est un être sociable par essence.

« Le langage, nous dit-il, est aussi essentiel à l'homme que le vol l'est à l'oiseau. Dire qu'il fut un temps où la parole était en puissance chez l'espèce humaine et dire qu'il fut un temps où l'art de voler était en puissance chez l'espèce volatile, c'est absolument la même chose. Dès que l'aile est formée, l'oiseau vole. Dès que la glotte et les autres organes de la parole sont formés, l'homme parle. Mais si l'homme est fait pour parler, c'est apparemment pour parler à quelqu'un et cette faculté vraiment céleste étant le lien de la société, l'organe de toutes les entreprises de l'homme et le moyen de sa puissance, elle prouve qu'il est social, comme elle prouve qu'il est raisonnable, la parole n'étant que la raison extérieure ou la raison manifestée. Concluons donc toujours comme Marc Aurèle : l'homme est social parce qu'il est raisonnable. »

Maistre, en affirmant l'homme, affirme donc la société et le langage. Il proclame que l'homme créé de Dieu fut fait digne de Lui. Il nous montre à l'origine même : l'homme très sage, le langage très parfait, la société civilisée : puisque l'homme, le langage et la société étaient tous l'œuvre de Dieu.

Une pareille thèse n'a rien pour étonner « les hommes d'avenir de ces temps d'avenir qui sentent confusément monter en eux l'intense mélancolie de la Beauté entrevue[1]. »

Elle ne pourra paraître étrange qu'à ceux aux yeux des-

---

[1] Donoso Cortès, loc. cit.

quels l'univers est une agrégation de molécules réunies au hasard.

Mais, dira-t-on, où était la société pour le premier homme ? Un savant écrivain qui rappelle Maistre par son style, sa grande et majestueuse allure, par l'énergie de ses convictions catholiques, nous donne la réponse :

« Dieu, dit Donoso Cortès, quand il créa l'homme le créa homme et femme, c'est-à-dire variété et unité, société et individu, et lui parlant, il lui dit : Croissez et multipliez ; ce qui était dire : Conservez par la génération ce que j'ai fait par la création ; conservez par l'une ce que vous avez reçu de l'autre ; soyez individu et société perpétuellement. Par où l'on voit qu'à l'instant même où l'homme est sorti du néant, il écoute et entend la parole divine : ce qui le suppose ayant le don de la parole et en société avec Dieu et en société avec l'homme. »

Je ne me dissimule point que les pages qui précèdent produiront chez quelques-uns de ceux qui voudront bien me lire un certain étonnement. On y trouvera trop de théologie, on m'estimera bien osé d'aborder, après Maistre, de si hautes et si difficiles questions.

A ce dernier reproche, je souscrirais sans trop de retard.

Au premier, je me résigne, car la théologie est liée à toutes les sciences. L'indifférent peut donc s'éloigner, le sourire aux lèvres, son insouciance ne m'arrêtera point.

Je dois conclure sur cette première partie des *Soirées*.

Aux yeux de Joseph de Maistre, le désordre est entré dans le monde par la faute du premier homme, mais, par la rédemption, le monde a recouvré les lois qu'il avait perdues au jour de la prévarication. L'ordre a reparu en ce que toutes choses apparaissent assujetties de nouveau au gouvernement de la Providence divine.

CHAPITRE IV

Les Soirées de Saint-Pétersbourg (Suite).

———

> « Il n'y a point de milieu entre le
> fatalisme rigide, absolu, universel, et
> la foi commune des hommes sur l'effi-
> cacité de la prière. »
> *(Soirées de Saint-Pétersbourg,* t. I,
> p. 306.)

ous venons de voir dans le chapitre qui précède que le mal est sur la terre et qu'il est châtiment.

Il suit de là que le crime, acte d'une volonté libre, pouvant n'être point commis, le supplice dès lors pourra être prévenu.

Maistre ne s'arrête point là : il nous signale la prière comme un moyen d'éviter le châtiment, même après la perpétration de la faute.

L'objection tirée contre l'efficacité de la prière de l'immensité de Dieu et de notre petitesse n'arrête pas longtemps l'apôtre de la Providence. Elle ne tend point en effet à exalter Dieu, mais à dégrader l'homme.

« Pour mettre l'infini entre deux termes, il n'est pas nécessaire d'en abaisser un ; il suffit d'élever l'autre sans limites. Images de Dieu sur la terre, tout ce que nous avons de bon lui ressemble et vous ne sauriez croire combien cette sublime ressemblance est propre à éclaircir une foule de questions [1]. »

L'idée me paraît d'une merveilleuse justesse.

Pour éloigner plus sûrement l'homme de son Créateur, la philosophie se plaît à nous rabaisser et, par là-même, à rendre invraisemblables des rapports entre la créature et Dieu. On oublie à dessein qu'Il nous a faits à son image, on néglige de parler de l'investiture que nous avons reçue de Lui sur tout ce qui respire. Dès lors, notre idée de l'immensité divine exclut de nos cœurs tout amour.

Maistre dénonce cet odieux mais habile stratagème :

« Ne craignons jamais de nous élever trop, s'écrie-t-il, et d'affaiblir les idées que nous devons avoir de la grandeur divine. »

Nous pourrons alors prier Dieu avec amour et obtenir de lui les grâces dont nous avons besoin et prévenir les maux qui nous menacent.

Mais, dit-on, que fera la prière contre les lois éternelles et immuables, contre la volonté de Dieu ?

Un mot de Leibnitz, une citation de Joseph de Maistre seront ma réponse :

« Non seulement les soins et les travaux, mais encore les prières sont utiles, Dieu ayant eu ces prières en vue, avant qu'il eût réglé les choses ; et non seulement ceux qui prétendent, sous le vain prétexte de la nécessité des événements, qu'on peut négliger les soins que les affaires demandent, mais encore ceux qui raisonnent contre les prières, tombent dans ce que les anciens appelaient le sophisme paresseux [2]. »

Et Maistre maintenant :

« Trouvez-vous la moindre difficulté dans cette idée que

---

[1] *Soirées de Saint-Pétersbourg,* t. I⁰ʳ, p. 233.
[2] LEIBNITZ, *Théod.,* t. II, in-8°, p. 416.

la prière est une cause seconde et qu'il est impossible de faire contre elle une seule objection que vous ne puissiez faire contre la médecine par exemple ? Ce malade doit mourir ou ne pas mourir ; donc il est inutile de prier pour lui ; et moi je dis : Donc il est inutile de lui administrer des remèdes ; donc il n'y a pas de médecine. Où est la différence, je vous prie ? Nous ne voulons pas faire attention que les causes secondes se combinent avec l'action supérieure. Ce malade mourra où il ne mourra pas : oui, sans doute, il mourra s'il ne prend pas des remèdes et il ne mourra pas s'il en use ; cette condition, s'il est permis de s'exprimer ainsi, fait portion du décret éternel. Dieu, sans doute, est le moteur universel, mais chaque être est mû suivant la nature qu'il en a reçue .. Dieu meut les anges, les hommes, les animaux, la matière brute, tous les êtres enfin ; mais chacun suivant sa nature et, l'homme ayant été créé libre, il est mû librement [1]. »

L'homme est vraiment libre. Mais si l'effet de la volonté humaine se produit même quand celle-ci contrarie la volonté divine quelles sont les bornes de la puissance, quand, par la prière, les deux volontés agissent de concert !

« Prions donc sans relâche, prions de toutes nos forces et avec toutes les dispositions qui peuvent légitimer ce grand acte de la nature intelligente : surtout n'oublions jamais que toute prière véritable est efficace de quelque manière... Comme il est impossible de supplier le prince, sans faire, par là-même, un acte de sujet fidèle, il est de même impossible de prier Dieu sans se mettre avec lui dans un rapport de soumission, de confiance et d'amour ; de manière qu'il y a dans la prière, considérée seulement en elle-même, une vertu purifiante dont l'effet vaut presque toujours infiniment mieux pour nous que ce que nous demandons trop souvent dans notre ignorance. »

[1] *Soirées de Saint-Pétersbourg*, t. II, p. 274.

Maistre se retrouve ici tout entier dans cet élan de foi, de soumission et d'amour.

Mais il y a plus encore.

Le juste en souffrant volontairement ne satisfait pas seulement pour lui, mais pour le coupable, par voie de reversibilité.

Cette croyance l'humanité l'a professée en tous temps et en tous lieux.

« Elle doit donc dériver d'un instinct naturel ou d'une révélation surnaturelle et l'un ou l'autre sont également des opérations de la puissance divine. »

L'homme le plus habile, s'il n'a pas le sens religieux, n'entendra point cette vérité que les nations antiques ou modernes, civilisées ou barbares, ont admise, sans qu'il y ait jamais eu de dissonance. Mais l'homme sans préjugés devra se rendre.

Et vraiment si un homme peut acquitter les dettes d'un autre homme, pourquoi Dieu ne pourrait-il aussi accepter, par les mérites d'une âme sainte, le rachat d'une autre âme ?

Quelle que soit l'origine de ce principe de la reversibilité, nous le voyons implanté dans l'esprit des sauvages les plus éloignés et, sur ce principe même, repose la théorie des sacrifices et de l'expiation par le sang dont l'idée est aussi ancienne que le monde lui-même.

Joseph de Maistre flétrit, avec une énergie indignée, la pratique détestable et monstrueuse des sacrifices humains, mais il en scrute l'origine.

« Ce fut, dit-il, de ces vérités incontestables de la dégradation de l'homme et de sa *reité* originelle, de la nécessité d'une satisfaction, de la reversibilité des mérites et de la substitution des souffrances expiatoires que les hommes furent conduits à cette épouvantable erreur des sacrifices humains. »

Et l'apologiste en arrive à conclure : « Que partout où le vrai Dieu ne sera pas connu et servi, en vertu d'une révélation expresse, l'homme immolera toujours l'homme, et souvent le dévorera …… En réfléchissant sur les maux promis par les fausses religions, bénissons, embrassons avec transport la vraie qui a expliqué et justifié l'instinct religieux du genre humain, qui a dégagé ce sentiment universel des erreurs et des crimes qui le déshonoraient et qui a renouvelé la face de la terre. »

Mais si tout est dit sur les sacrifices humains « qui ont déshonoré toute la famille humaine », Joseph de Maistre n'abandonne point aussitôt le dogme de la reversibilité. Toutes les nations sont d'accord sur l'efficacité merveilleuse du sacrifice volontaire de l'innocence qui se dévoue elle-même à la divinité comme une victime propitiatoire. Toujours les hommes ont attaché un prix infini à cette soumission du juste qui accepte les souffrances.

La rédemption est une idée universelle.

Comme le Sauveur a, par sa Passion, racheté le genre humain, ainsi les épreuves du juste peuvent devenir le prix d'une âme-sœur. « Les deux rédemptions ne diffèrent donc point en nature, mais seulement en excellence et en résultats, suivant le mérite et la puissance des agents. »

Il n'y a pas de père de famille qui n'ait accordé des indulgences chez lui, qui n'ait pardonné à un enfant punissable par l'intercession et les mérites d'un autre enfant dont il a lieu d'être content… Ce principe est si général et si naturel qu'il se montre à tout moment dans les moindres actes de la justice humaine.

Pour moi, je l'avoue, rien de plus naturel et de plus intelligible.

« Le Christianisme nous montre une autre balance. D'un côté, tous les crimes ; de l'autre, toutes les satisfactions ; de ce côté les bonnes œuvres des hommes, le sang des martyrs, les sacrifices et les larmes de l'innocence s'accumulant sans relâche pour faire équilibre au mal qui, depuis l'origine des choses, verse dans l'autre bassin ses flots empoisonnés. Il faut qu'à la fin, le côté du salut l'emporte et pour accélérer cette œuvre universelle, il suffit que l'homme veuille. Non seulement il jouit de ses propres mérites, mais les satisfactions étrangères lui sont imputées par la justice éternelle pourvu qu'il l'ait voulu et qu'il se soit rendu digne de cette reversibilité. »

Il me paraît difficile de rien trouver à redire. Il faudra bien alors admettre et proclamer que la rédemption fut une grande indulgence accordée au genre humain par les mérites infinis de l'innocence volontairement immolée.

On ne pourrait désirer une meilleure preuve du principe fondamental à savoir que les mérites de l'innocent peuvent servir au coupable.

Le principe des indulgences et celui de la reversibilité, c'est la foi de l'univers.

Les supplices et la guerre sont donc faits pour racheter le mal que nous avons commis. La purification par le sang est une vieille croyance que le Christianisme a faite sienne et dont Maistre s'est déclaré l'ardent apôtre, en vue de l'unité, but essentiel qu'il voulait astreindre ou vers lequel il désirait acheminer l'humanité.

« Comme le sang versé par le bourreau, cet envoyé de Dieu, ce soutien de l'ordre, cet indispensable gardien de l'intégrité de la patrie, est la condition nécessaire de l'unité politique, de même le sang versé sur les champs de bataille, les mille souffrances qui assaillent l'humanité, les massacres, les morts violentes, les maladies, les tourments de toute nature sont les moyens employés par la Providence qui dirige tout pour nous ramener au bien, à l'unité, en faisant disparaître par la souffrance les souillures de nos péchés et de nos crimes [1]. »

Le malheur n'est en définitive qu'une expiation du mal. Joseph de Maistre est plus optimiste encore et, selon lui, ce mal même doit disparaître, car le monde marche à grands pas vers l'unité [2].

« La terre entière continuellement imbibée de sang n'est qu'un autel immense où tout ce qui vit doit être immolé sans fin, sans mesure, sans relâche, jusqu'à la consommation des choses, jusqu'à l'extinction du mal, jusqu'à la mort de la mort [3]. »

Si donc Maistre paraît insister sur le mal, c'est en vue de la régénération même à laquelle il croit autant qu'à l'unité future.

[1] **Fr. Paulhan**, *Joseph de Maistre et sa philosophie*, p. 138.
[2] *Soirées de Saint-Pétersbourg*, t. II, p. 285.
[3] *Soirées de Saint-Pétersbourg*, t. II, p. 32.

CHAPITRE V

Maistre est nommé Chef de la Grande-Chancellerie. Ses dernières années. — Sa mort.

> « L'année 1819 m'a nourri d'absinthe ; tout s'éteint autour de moi. Que m'importe un peu de bruit que je fais ! On écrira sur ma triste pierre ! *Periit cum sonitu*; voilà tout. »
>
> (Lettre à M. l'abbé Rey, 9 février 1820. — *Lettres et Opuscules*, t. I, p. 488.)

 NFIN, le comte Joseph de Maistre fut nommé chef de la Grande-Chancellerie du royaume avec le titre de ministre d'Etat.

« Ma place de régent de la Grande-Chancellerie, écrivait-il à M. de Bonald, revient à peu près à vice-chancelier et me met à la tête de la magistrature, au-dessus des premiers présidents. Quant au titre de ministre d'Etat, joint à la dignité de régent, il ne suppose pas des fonctions particulières ni la direction d'un département. Il m'élève seulement assez considérablement dans la hiérarchie générale et donne de plus à ma femme une fort belle attitude à la Cour hors de la ligne générale[1]. »

---

[1] *Lettres et Opuscules*, p. 464.

Mais la situation pécuniaire du vice-chancelier n'en fut point améliorée. Je n'en veux d'autre preuve que la lettre qu'il écrivait, le 29 mai 1819, à M. le comte de Blacas dont les bienfaisantes propositions sont faciles à deviner :

« Si je devais tout à coup faire face à une dépense imprévue, s'il s'agissait d'un voyage nécessaire, d'une fille à marier, d'une terre à acheter et que la somme que vous m'offrez avec tant de grâce me manquât dans le moment, en vérité, mon très cher comte, je m'en prévaudrais sans compliments, bien sûr que, dans certaines occasions et avec certains hommes, on ne peut remercier dignement qu'en acceptant. Mais dans la position où je me trouve que ferais-je de votre argent ? Vous ne pensez pas sans doute que je veuille l'éparpiller en petites dépenses d'argent et de commodité, la somme passerait donc sans fruit de votre cassette dans la mienne. J'aime bien mieux qu'elle demeure dans la vôtre, car si jamais j'en ai besoin, elle sera toujours à ma disposition [1]. »

Maistre disait plus loin : « Je ne dois plus me faire illusion ; il n'y a plus d'espérance pour moi : la Fortune est femme, elle n'aime que les jeunes gens. »

Avec ce ton d'amère douceur et de piété soumise, il ne faut pas être bien grand clerc pour deviner le profond dénument :

« Seul et sans appui, écrit-il encore, je ne peux vaincre l'opposition sourde qui redoute mes opinions et qui est bien plus forte que le roi. Sa main vient enfin de signer notre spoliation définitive en Savoie et à Nice ; le parti qui désirait cette signature avec une ardeur toute-puissante, l'a obtenue enfin sous le voile d'une indemnisation partielle et que je crois tout à fait illusoire ; le père commun a cru bien faire, c'en est assez pour justifier ses intentions. Après

[1] *Lettres et Opuscules*, p. 474.

lui avoir sacrifié nos biens et nos personnes notre devoir est de lui sacrifier encore les révoltes de notre cœur et de le servir avec un redoublement de zèle digne de nous, car le roi trompé n'est pas moins notre roi. Ce grand procès perdu me rend cependant ma chère patrie insupportable ; je resterai donc ici si je le puis : heureux père et heureux époux, je suis toujours bien chez moi, et c'est un grand article ; ajoutez les livres, et vous trouverez que c'est assez pour m'acheminer tout doucement *vers le diocèse de mon pauvre frère* [1]. En vivant comme vous l'avez vu, c'est-à-dire en capucin bien élevé, j'ai fait quelques économies ; je compte m'en servir pour acheter un jardin avec une maison au milieu où je puisse enfin vivre et mourir même si je veux, sous un toit qui m'appartienne ; voilà toute mon ambition [2]. »

Cette lettre simple et désolée nous fait pressentir de quel rigoureux traitement Joseph de Maistre devait être l'objet, à la Cour de Turin, de la part des courtisans du roi, sinon le roi lui-même.

Le 9 février 1820, il écrit encore à M. l'abbé Rey, alors vicaire général à Chambéry : « L'année 1819 m'a nourri d'absinthe ; tout s'éteint autour de moi. Que m'importe un peu de bruit que je fais ! On écrira sur ma triste pierre : *Periit cum sonitu ;* voilà tout [3]. »

Joseph de Maistre, en effet, sut toujours à une fidélité sans borne unir le sentiment de la plus fière indépendance. Durant toute son existence, il voulut se tenir éloigné des ennemis de Dieu et du roi aussi bien que des adversaires implacables de l'honnête et catholique liberté, et, comme

---

[1] C'est ainsi que depuis la mort de son frère André, évêque d'Aoste, Joseph de Maistre désignait la mort.

[2] *Lettres et Opuscules*, t. Ier, p. 476.

[3] *Idem*, t. Ier, p. 488.

nous le disions plus haut, tandis qu'il prêchait aux peuples les bienfaits de l'autorité, il dénonçait aux rois avec quelque impétuosité les dangers sans cesse croissants de l'arbitraire et les actes prochains de la tragédie révolutionnaire.

Ce langage ne pouvait plaire au souverain qui, en 1814, avait, d'un trait de plume, rétabli les privilèges et les tribunaux d'exception, et pour la Cour d'alors, qui préférait fermer les yeux pour ne rien voir, Joseph de Maistre dut être embarrassant.

Et cependant comment l'obliger à se taire ?

Nul parmi les courtisans du roi Victor-Emmanuel Ier n'avait, pendant toute sa vie, plus fidèlement servi son Dieu, son pays et son roi. Nul n'avait souffert, sans murmurer, plus d'injures à ce service.

Aussi fallait-il bien se résigner et supporter les vérités qu'il venait dire et les prophéties qu'il faisait entendre.

D'ailleurs si les leçons qu'il donnait étaient dures quelquefois, toujours ses conseils étaient bons. Lors du retour du roi de Sardaigne dans ses Etats, il écrivait déjà et ne cessa désormais de répéter :

« Laissons de côté tous reproches amers, tous sarcasmes ; occupons-nous beaucoup et sans relâche d'un moyen simple, court, infaillible, quoique malheureusement le moins employé pour corriger tous les gouvernements : c'est de travailler sans cesse sur nous-mêmes pour nous rendre meilleurs, car nous ne pouvons ôter un vice de nos cœurs sans ôter aux gouvernements trompés un moyen de faire le mal [1]. »

Le vent révolutionnaire mugissant sourdement au dehors, Joseph de Maistre, que le calme apparent du Piémont n'aurait pu illusionner, ne cessait de supplier le roi

---

[1] Discours pour le retour du roi de Sardaigne. — *Lettres et Opuscules*, t. II, p. 481.

et ses ministres pour qu'au peuple assoiffé d'indépendance, on dispensât un peu de liberté. Il était indispensable, à ses yeux, non point de suivre, mais de diriger le mouvement qui se produisait alors d'un bout à l'autre de l'Italie.

Cette admirable clairvoyance était, à la Cour de Turin, taxée de radotage enthousiaste et de dangereux jacobinisme.

Aussi Maistre fut-il l'objet du plus injuste abandon.

Le chevalier Sylvain Costa n'avait pas attendu la mort du comte Joseph pour exprimer à sa famille, d'un ton sincère et navré, tout ce qu'il ressentait à un si déplorable spectacle.

« Le comte de Maistre que je viens de voir, écrivait-il, me semble de méchante humeur et non moins soucieux du sort de l'Etat que de son propre sort. Sa femme est aigre-douce, et, ma foi, je trouve qu'ils ont raison. Il est honteux de tenir à l'écart le seul homme qui ait servi le roi. L'opinion générale est qu'on le trouve trop entier. La mienne est qu'on le trouve trop clairvoyant [1]. »

Le comte de Maistre perdit, dans l'année 1818, son frère André, nommé évêque d'Aoste, homme d'une haute distinction par ses talents et son caractère. Ce fut, pour Maistre, une immense douleur.

« Je vous remercie, dit-il à M. de Bonald, du mot que vous dites sur mon excellent frère. Il a emporté avec lui la moitié de ma vie. Cette plaie est incurable. *Il faut encore se taire* [2]. »

Et à M. le comte de Marcellus, il disait :

« Depuis que j'ai perdu l'évêque d'Aoste, mon frère, qui me parlait souvent de vous, car il avait eu l'honneur de vous

---

[1] *La Jeunesse du roi Charles-Albert,* p. 80.
[2] *Lettres et Opuscules,* t. Ier, p. 473.

connaître lorsqu'il n'était encore qu'un pigeon fuyant, je ne vis plus qu'à demi. D'autres épines encore s'enfoncent dans mon cœur, mon esprit s'en ressent : de petit, il est devenu nul : *hic jacet,* mais je meurs avec l'Europe, je suis en bonne compagnie [1]. »

Cependant les dernières années de Joseph de Maistre « s'éteignaient dans le papier timbré [2]. »

En présence de ce que recèle son portefeuille, Maistre, qui se sent décliner, maudit les affaires.

« Je suis attelé au char de la justice, écrit-il à M. l'abbé Rey. Tous les jours je vois mieux que je suis déplacé : on me jette dans les emplois au moment où il faudrait en sortir. Je pourrais servir la bonne cause et jeter dans le monde quelques pages utiles, au lieu que tout mon temps est employé à signer mon nom, ce qui n'est pas une brillante affaire. Malheureusement, je ne puis détacher *ces chaînes qui sont si précieuses pour ma famille.* »

Certes, après la vie de dévouement, qui du premier jour avait été la sienne, Joseph de Maistre était en droit d'espérer une autre fin.

On abreuve ses derniers jours d'amertume.

Les courtisans du roi jalousent ses emplois, son rang et son attitude à la Cour.

Mais la santé de Joseph de Maistre devient peu à peu chancelante, sa démarche incertaine. Sa tête, nous dit le comte Rodolphe, conservait seule toute sa force et il continuait l'expédition des affaires avec la même assiduité. Au commencement de 1821, lorsque de sourdes rumeurs annonçaient déjà l'échauffourée révolutionnaire du Piémont, le comte de Maistre assistait au Conseil des ministres où l'on agitait d'importants changements dans la législa-

---

[1] *Lettres et Opuscules,* t. Ier, p. 482.
[2] *Idem,* t. Ier, p. 485.

tion. Son avis était que la chose était bonne, peut-être
même nécessaire, mais que le moment n'était pas oppor-
tun. Il s'échauffa peu à peu et improvisa un véritable discours. Ses derniers mots furent : « Messieurs, la terre
tremble et vous voulez bâtir ! »

Le 26 février 1821, le comte Joseph de Maistre s'endor-
mit dans le Seigneur, et le 9 mars la révolution éclatait.
Le comte de Maistre succomba à une paralysie lente après
une vie de travaux, de souffrances et de dévouement.
Il pouvait dire avec confiance : *Bonum certamen certavi,
fidem servavi...* Son corps repose dans l'église des Jésuites,
à Turin.

CONCLUSION

***

> « Il aima sa famille, il servit sa patrie, il défendit enfin ses croyances, sa vérité et son Dieu avec un talent infatigable et une ardeur qui ne s'éteignit qu'à sa mort. »
> Fr. PAULHAN, *Joseph de Maistre et sa philosophie*, p. 14.

LA vie de Joseph de Maistre nous donne l'exemple d'un homme aux mœurs simples et graves, qui sut faire au devoir le sacrifice de sa fortune, de ses affections et de sa volonté. Les traditions de famille et les souvenirs d'enfance le soutinrent dans ses épreuves et si, pensant à la sainte figure de sa mère, il pleurait quelquefois comme un enfant abandonné, il reprenait aussitôt tout son courage pour défendre la cause de Dieu et du roi.

La fidélité fut la passion maîtresse de son cœur. Mais comme les grandes passions sont rares autant que les grands hommes, les uns et les autres étonnent la médiocrité qui feint l'indifférence moqueuse et le méprisant abandon.

Ce fut là pour le cœur du comte Joseph de Maistre, et dès le commencement de sa vie, la cause des plus pénibles tourments. Mais son ambition pure et généreuse ne se rebuta point, car c'était l'ambition même du devoir.

Nous avons vu ce magistrat de précoce et rare intelligence, à peine né à la vie publique, se tenant éloigné « des airs évaporés de la frivolité et de l'embarras sauvage d'un solitaire déplacé. »

Le travail fut son moyen.

Il y a peu d'exemples d'une existence aussi laborieuse et l'on a peine à concevoir comment il a pu, au milieu des rapports de société si nombreux pour un homme de son rang, « forcer le temps à lui suffire[1]. »

Si, chez Maistre, la fidélité fut la passion du cœur, l'indépendance devait être celle de l'esprit et elle ne devait pas lui susciter moins d'injures et d'avanies.

Tandis qu'il flétrissait l'esprit révolutionnaire et destructeur de toute autorité, il voulut se garder de toute complaisance et de toute servilité vis-à-vis du pouvoir. Ses premières œuvres elles-mêmes en font foi. Redoutant d'emprunter ses opinions à la mode, il n'hésita point, malgré les déchirements de son cœur, à abandonner ses amis dont il réprouvait, d'un ton imposant et convaincu, les doctrines aveugles, passionnées et rebelles à tout progrès et à toute réforme.

C'est alors que de serviles courtisans, avides de faveurs et jaloux du vrai mérite, voulurent, aux yeux du roi, insouciant et éloigné, faire passer Joseph de Maistre pour un libéral dangereux. Le magistrat savoyard répondit à ces basses accusations par l'*Eloge de Victor-Amédée,* œuvre de fidélité, sans doute, mais aussi de rare perspicacité et de saine raison. Clairvoyant et sincère, il fit preuve tout à la fois d'un admirable esprit de soumission et d'une merveilleuse et fière indépendance.

L'heure ne se fit point attendre à laquelle le fidèle sujet devait manifester, avec crânerie, malgré sa profonde tristesse, son dévouement à la cause du roi. Les mesquines

---

[1] RAYMOND, *Eloge historique du comte Joseph de Maistre.*

querelles d'une Cour envieuse furent vite oubliées : Maistre les dominait de toute la hauteur de son génie.

La Révolution française éclatait à peine que, déjà, il devinait en elle l'*époque* de l'insurrection contre l'autorité divine et humaine. Indigné, il fit entendre ses cris d'appel. L'Europe resta sourde, attendant la fin de la *giboulée* révolutionnaire.

Au prix des plus douloureux sacrifices, Maistre s'exila et vint à Lausanne pour y entamer et conduire, par la parole et les écrits, toujours avec un désintéressement admirable et une foi irréductible, sa lutte contre la Révolution.

Les intermèdes furent tour à tour d'une frissonnante tristesse ou d'une amère raillerie. Ils se nomment :

Discours à la Marquise Costa, chef-d'œuvre de foi, d'émotion et de grâce.

Jean-Claude Têtu, maire de Montagnole (district de Chambéry) *à ses chers concitoyens*, pamphlet plein de verve-et de sarcastique gaîté.

Lettres d'un royaliste savoisien à ses compatriotes, dans lesquelles la fidélité se donne libre carrière en des pages étincelantes d'esprit et de bon sens.

Durant son séjour à Lausanne, nous avons vu Maistre, qu'on aime à représenter comme impatient de répressions impitoyables et affamé de représailles et de sang, donner à tous ceux qui l'approchent l'exemple d'une modération touchante et d'une dignité pleine de tact. Contre les Piémontais injustes et sévères, il défend la cause des émigrés. Ce n'est point qu'il les approuve et qu'il ignore leurs fautes, mais il déplore tant de méchanceté à leur égard, de la part de l'Europe entière qui, lasse de les soutenir sans succès, ne veut point avouer la peur qu'elle ressent de la France révolutionnaire.

De cette France même, l'ambassadeur sarde défend ailleurs l'intégrité contre la coalition et, réservant pour l'Autriche ses colères et ses mépris, il proclame la supériorité incontestable et nécessaire du génie français.

Tout à coup la grande voix éclate dans les *Considérations sur la France*.

Il faut laisser ici de côté la politique et ses incessantes variations pour ne songer qu'à l'apologiste convaincu de l'autorité, alors de toute part poursuivie, vilipendée, chassée en un terrible et douloureux bouleversement.

La Révolution, nous dit Maistre, est un miracle de Dieu qui opère en se jouant et se sert des hommes les plus criminels pour punir et régénérer la France, l'Europe et le monde coupables. Tout est souple dans les mains de la souveraine puissance, même l'obstacle. La Révolution est un de ces obstacles et le plus merveilleux qui emporte comme une paille légère tout ce que la force humaine a su lui opposer. La guerre, les sacrifices, le sang, sont, pour Dieu, des moyens nécessaires et légitimes de régénération de l'homme et des nations, de la France surtout, fille aînée de l'Eglise et conductrice des peuples en ce monde.

Sur le caractère anti-religieux de la Révolution française, Maistre a vraiment tout dit : son éloquence, sa science et sa foi font de cette œuvre l'une des plus importantes du siècle et qui est bien loin d'avoir perdu toute actualité.

Un acte du grand drame révolutionnaire s'est déroulé sous les yeux du ministre sarde, le plus criminel et le plus féroce assurément ; mais d'autres sont venus après, moins sanguinaires, mais non moins dangereux pour l'autorité. Nous n'en avons point encore fini et les doctrines de Joseph de Maistre demeurent éternellement vraies pour l'esprit sincère et religieux que le souci de la nature n'est point seul à agiter.

Si les nations sont ainsi punies, Maistre n'hésitait point

à le proclamer, c'est que les gouvernements étaient viciés et pourris, que les Cours offraient l'exemple de la plus scandaleuse licence, que les uns et les autres s'étaient endormis loin de Dieu, dans une fastueuse et coupable tranquillité. Aussi l'apologiste que rien ne décourage venait-il prêcher aux grands la réforme des mœurs et des institutions, le respect de Dieu et l'amour des petits.

Durant tout ce temps, le *Caleb de la diplomatie*, qui a tout sacrifié à son roi, souffre la pauvreté sans murmurer, éloigné des siens, abandonné de tous.

« J'ai encore, écrit-il, de quoi vivre sans me gêner pour plus de quinze jours, je m'en moque. »

Maistre sait bien que ses remontrances ne lui valent guère d'affection à Turin. Les ministres sont gens à lui faire attendre les appointements qu'on lui doit. Mais il n'arrête point pour cela « ses admonestations habillées en louanges. » Confiant dant dans les hardiesses de la vérité, il ne dissimule point ses sentiments.

Grâce aux machinations de la politique autrichienne, si souvent et si durement dénoncée par le ministre sarde comme l'implacable ennemie du genre humain, la Sardaigne fut enfin sacrifiée. Maistre dut alors revenir à Turin. A peine y était-il arrivé qu'il dut fuir encore devant l'occupation française. Nous l'avons vu, toujours calme et fidèle :

A Venise d'abord, où la misère l'attendait ;

A Cagliari, ensuite, où il devait, au milieu d'une population indolente et presque sauvage, passer trois années heureusement adoucies par les joies de la famille ;

A Saint-Pétersbourg enfin, l'ère des tribulations et des épreuves pour le père, des missions ingrates et des douloureux loisirs pour le ministre, des œuvres profondes et admirables pour le savant.

C'est dans cette période de sa vie qu'apparaissent plus

étincelantes que jamais les qualités maîtresses de Joseph de Maistre.

Il paraît à la Cour de Russie. Certes, son train est humble. Ambassadeur d'un roi malheureux, il doit couvrir à force de privations personnelles son déplorable dénûment. Mais son intrépide et noble fierté a été bien vite devinée et la considération autant que le crédit ne se font point attendre. L'amabilité enjouée de l'envoyé sarde, son esprit, ses connaissances profondes et variées lui attirent les faveurs du czar Alexandre et de la haute société russe. Hélas ! tant de témoignages flatteurs ne peuvent l'empêcher d'être bien triste en sa cruelle solitude. Son fils Rodolphe est venu à lui, mais la guerre le lui a presque aussitôt enlevé et le malheureux père, terminant ses journées monotones, se jette sur son lit. Alors des idées poignantes de famille le transpercent. « Je crois entendre pleurer à Turin, écrit-il en une de ces nuits agitées ; je fais mille efforts pour me représenter la figure de cette enfant de douze ans que je ne connais pas. Je vois cette fille orpheline d'un père vivant[1]. » Une si réelle douleur ne saurait pourtant arrêter Maistre qui, dès le lendemain, reprend, avec plus de courage, d'enjouement et d'entrain le service de son roi.

Malgré tout cela, l'ambassadeur est tous les jours plus humilié par les ministres de son souverain. On lui refuse les honneurs qu'il sollicite dans l'intérêt même de son gouvernement. On méprise ses avis, on feint de ne point le comprendre. Il se sait en butte aux ricaneurs.

Quelquefois alors, il parle de haut. Son indépendance et sa sincérité éclatent en coups de tonnerre et la Cour de Sardaigne, n'osant plus résister, cède de mauvaise grâce à l'homme qu'elle redoute peut-être d'autant plus qu'elle l'estime. Ce dut être pour un si noble et si fier caractère

[1] *Lettres et Opuscules*, t. Ier, p. 67.

un supplice douloureux bien fait pour nous indigner nous-
mêmes.

Cette lutte mesquine de courtisans envieux et jaloux nous
est la preuve manifeste de la supériorité de Maistre que
ses adversaires ne comprenaient point.

« Que de gens, disait le chevalier Sylvain Costa, qui,
pour ne pas passer pour des sots, agissent comme des
coquins [1]. »

Bien autrement on en avait agi avec Maistre, à Pétersbourg, où le czar et ses ministres n'hésitaient pas à implo-
rer, de l'ambassadeur sarde, les conseils que lui dictaient
ses hautes connaissances, son expérience sûre et son merveilleux désintéressement. C'est à Maistre d'ailleurs, nous
l'avons vu, et au crédit dont il jouissait auprès de l'empereur que le roi de Sardaigne dut, pendant ses années
d'infortune, la pension qui, malgré sa dépossession, lui
permit de tenir son rang en Europe et de conserver quelque
dignité.

Maistre se consola de tous ses déboires par le travail.
C'est pendant son séjour en Russie qu'il composa ses plus
merveilleux ouvrages. Les uns ont un caractère spéculatif
et doctrinal : tel, l'Essai sur le principe générateur des
constitutions politiques. Les autres, comme les Lettres sur
l'Education publique en Russie, sont de forme et de but
pratiques.

Le principe développé dans ce dernier traité peut être
facilement résumé. Au point de vue de l'éducation morale
(celle-là préoccupe avant tout Joseph de Maistre, car sur
elle repose l'éducation scientifique), l'homme ne doit point
être considéré comme un être abstrait. Il a, en effet, son
caractère, ses habitudes et ses inclinations qu'il faut avant

---

[1] M^ᵉ A. Costa, *La Jeunesse du roi Charles-Albert*, p. 108.

tout interroger pour tenter œuvre pareille. Là est l'erreur du siècle qui, pour la science, a négligé la morale et fait de celle-ci une espèce de hors-d'œuvre, un remplissage de pure convenance. L'auteur signale alors ce système pour avoir abouti à la destruction des Jésuites et avoir produit en moins de trente ans l'épouvantable génération qui a renversé les autels et égorgé le roi de France.

La question ne paraît point encore avoir perdu de son actualité : mais pour la développer, il faudrait encore un livre.

Il faut conclure et signaler une dernière fois l'idée maîtresse de Joseph de Maistre telle qu'elle se dégage des *Soirées de Saint-Pétersbourg*.

Tandis que, parmi les philosophes, les uns n'ont voulu remarquer dans l'homme que son abaissement, méconnaissant par là-même sa dignité, d'autres se sont refusés à voir autre chose que sa grandeur, décriant sa misère. Ce dernier système avait pour conséquence une impie et orgueilleuse présomption, l'autre était de nature à engendrer le désespoir de l'athéisme. Joseph de Maistre, lui, concilie ces deux idées. L'homme naît dépravé, sans quoi il possèderait le bien et le vrai dans toute leur plénitude : or, la nature humaine proteste à cette idée de bonheur absolu. Mais cette dépravation même est la peine d'une déchéance encourue par l'homme lui-même, qui n'a point été créé tel, car s'il en était autrement il n'aurait aucun sentiment de la vérité. Une première faute dont la lourde responsabilité nous échoit est donc cause de notre corruption, du mal qui en est la peine et du désordre, suite de ce mal.

Mais la Providence divine est là qui veille pour convertir en un ordre parfait ce désordre, œuvre de l'homme. Telle est bien la pensée qui domine l'œuvre de Joseph de Maistre. Dieu est partout, conduisant vers leurs destinées futures l'homme et la société, êtres libres pourtant dont les devoirs sanctionnés par des récompenses et par des peines peuvent être ou non accomplis sans déranger les plans éternels.

, La Providence veille, attendant la prière à laquelle la volonté humaine peut, pour ainsi dire, devoir sa dernière victoire contre la volonté du Dieu infiniment juste, mais aussi infiniment bon.

Voilà donc où en est venu « l'apôtre de la trinité monstrueuse faite du roi, du pape et du bourreau ». Il termine son œuvre en proclamant la régénération de l'humanité par la prière et sa réconciliation avec Dieu.

En un temps de scepticisme, d'indifférence et de folie pareil à celui durant lequel vivait et écrivait Joseph de Maistre, il faut avouer que d'aussi solennelles affirmations dénotaient, chez leur auteur, un rare esprit de foi et un merveilleux courage. Maistre qui, religieux dans la pratique, n'avait pourtant rien du dévôt, peut être donné comme le plus conséquent et le plus logique des hommes, celui de tous chez qui la foi était passée le plus *in succum et sanguinem*. Sa doctrine, c'est la doctrine chrétienne tout entière, son Dieu est celui de l'Evangile. De système philosophique il n'en a point et n'en veut point avoir. Devant la Révélation, sa grande intelligence s'est inclinée et s'il est venu la justifier et la défendre à la lueur tremblottante de la raison humaine, c'est qu'il voulait, auprès de son siècle indifférent et sceptique, se faire l'apôtre de Dieu et de son Eternelle Providence.

, FIN

TABLE DES MATIÈRES

Pages.

QUATRIÈME PARTIE

Turin.

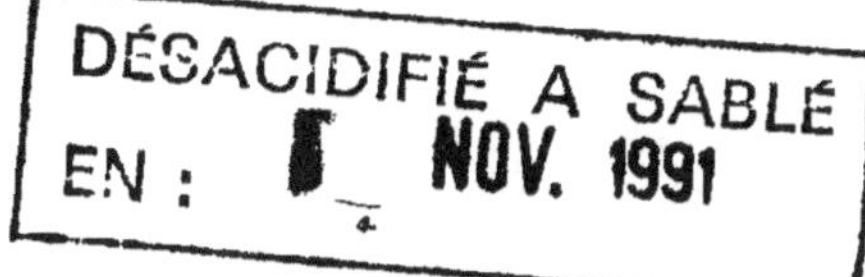